● 君塚直隆 [著]

# 近代ヨーロッパ
# 国際政治史

有斐閣コンパクト
YUHIKAKU COMPACT

　　　　　　　は　し　が　き


　2008‐09年には，日本がオランダとの交易を開始してから四百周年を迎え，「日本・オランダ年」としてさまざまな行事が行われた。日本は徳川時代に入った17世紀初頭から19世紀半ばに至るまで，オランダを通じてヨーロッパ国際政治の情勢をある程度認識していた。その日本がヨーロッパの諸列強に直に接するようになったのは，同じく2008‐09年に交流百五十周年を迎えたイギリスやフランスを通じてのことである。2008年10月には「UK–JAPAN 2008」の一環としてイギリスのチャールズ皇太子が来日し，日英両国の友好関係を深めた。日本がこのイギリスを筆頭に，フランスやプロイセン（ドイツ）などから政治・経済・社会に関するあらゆる文化を吸収し，さらに彼らから「外交儀礼」も学んで，当時ヨーロッパが支配していた「国際政治」に参入してから150年の月日が流れた。
　これを機に，現代の国際社会における規範(ルール)を生み出した，近代ヨーロッパの国際政治史をもう一度学び直してみることはできないであろうか。本書は，そのような問い掛けから執筆されたものである。
　本書で扱う16世紀から20世紀にかけての国際政治を扱った優れた著作は，わが国でもすでにいくつか出されている。岡義武『国際政治史』（岩波全書，1955年／岩波現代文庫，2009年）はその草分けとも言える名著である。しかし，同書が特に解説を加えているのは，フランス革命後のヨーロッパ世界であり，それは同書が「市民的政治体制」の形成・発展・動揺の過程としての近現代ヨーロッパを国際政治史の中核に据えているからである。これに対して本書では，高坂正堯が『古典外交の成熟と崩壊』（中央公論社，1978年）で鋭く

指摘しているように，近代ヨーロッパに国際社会を形成した立役者は，岡の述べる「市民」ではなく，同質性・自立性を備えた各国の「王侯貴族」たちであったと考える。言い換えるならば，本書は，王侯たち（16世紀〜17世紀半ばは王侯・貴族，17世紀半ば〜19世紀初頭は絶対君主）が国際社会を形成・発展・崩壊させた過程として近代初期のヨーロッパ国際政治史をとらえ，その後のヨーロッパ国際政治は主権国家を中心として発展したととらえているのである。

また，有賀貞『国際関係史』（東京大学出版会，2010年）は，ヨーロッパを扱いながらも，より地球規模な（グローバル）視点から，南北アメリカ，アジア，アフリカや日本にまで細かく言及し，ダイナミックに国際関係の歴史を説くスケールの大きな著作である。しかし本書では，これから述べていくように，近代ヨーロッパこそが国際法や外交儀礼といった「外交の作法」を形成したとする視点から，現代国際政治の源流と伝統の創造者であるヨーロッパに焦点を絞って考察を進める。ただし，近代ヨーロッパから直接的な影響を受け，20世紀にはそのヨーロッパを凌駕する存在ともなる，アメリカ合衆国については一章を設けて解説し，19世紀末から20世紀初頭にかけてのいわゆる「帝国主義」の時代においては，アジア，アフリカの状況についても言及する。

さらに，日本では，国際政治（外交）と戦争（軍事）とのかかわりを歴史的にも理論的にも解説した，欧米の優れた研究の翻訳書も数多い。ポール・ゴードン・ローレンほか『軍事力と現代外交』（原書第4版，有斐閣，2009年）やジョセフ・S. ナイ，ジュニア『国際紛争』（原書第7版，有斐閣，2009年）がその代表的な存在である。また，本書の後半部分で扱う1870年代から第一次世界大戦の勃発までの時代については，ルネ・ジロー『国際関係史 1871〜1914年』（未來社，1998年）が国際政治の構造までを解き明かし，鋭い分析を示している。

はしがき

　そして，本書では扱っていない，第一次世界大戦以後の国際政治の状況については，石井修『国際政治史としての二〇世紀』（有信堂高文社，2000年），福田茂夫・義井博・草間秀三郎『二〇世紀国際政治史』（増補，名古屋大学出版会，1993年）が，日本を中心とした東アジアの状況については，川島真・服部龍二編『東アジア国際政治史』（名古屋大学出版会，2007年）が，それぞれきわめて有用である。また，本書の「主人公」とも言うべきヨーロッパの国際関係を，ウェストファリアの時代（17世紀半ば）からヨーロッパ連合（EU）の時代（21世紀初頭）までを視野に入れてわかりやすく解説した名著として，渡邊啓貴編『ヨーロッパ国際関係史』（新版，有斐閣，2008年）を挙げておかなければなるまい。

　本書は，これら優れた先人たちの名著にも教えられながら，現代国際社会の源流と伝統を築き上げた「近代ヨーロッパ国際政治」の諸相を，その形成（第Ⅰ部），発展（第Ⅱ部），崩壊（第Ⅲ部）に分けて，400年のスパンから解き明かしていくものである。それぞれの章に一人ないし二人の「主人公」がおり，彼らを取り巻く国際政治の情勢を中心におのおのの時代の特色を示している。また各章ごとに「コラム」を設け，重要な用語の解説なども行った。

　本書の作成にあたっては，数多くの方々のお世話になった。特にお名前を挙げさせていただきたいのは，田所昌幸先生（慶応義塾大学教授），細谷雄一先生（慶応義塾大学准教授），飯田洋介先生（早稲田大学非常勤講師）の三先生である。そしてこれまでの著作と同様に，きめの細やかな編集作業でお手伝いくださったのが，有斐閣書籍編集第二部の青海泰司氏である。ここに記して謝意を表したい。

　2010年7月31日

君塚　直隆

# 目　次

はしがき　i

## 序　章　近代ヨーロッパ国際政治史の視点　　　　　　　　　　1

### 1　「国際政治」の誕生　2
「国際政治」とは何か(2)　外交の起源——対等な関係の始まり(4)　類い稀なる領域的主権国家群の「社会」(6)

### 2　「西洋の衝撃」と国際政治の拡張　8
「長い18世紀」と東西逆転への道(8)　「ヨーロッパ」の拡大(10)　近代ヨーロッパ国際政治史を学ぶわけ(13)

# 第Ⅰ部　近代国際社会の黎明

## 第1章　近世最大の封建領主と宗教戦争　　　　　　　　　　21

### 1　カール5世の登場と宗教改革の始まり　22
71の称号を持つ男(22)　宗教改革の始まり(25)　最大のライバル——フランソワ1世の存在(27)

### 2　カールの苦境——異端・異教徒との衝突　30
プロテスタント諸侯の団結(30)　オスマン帝国の脅威(31)　叔父ヘンリの裏切り——イングランド国教会の形成(33)

### 3　「大帝」の退場と帝国の分割　35
シュマルカルデン戦争(35)　アウクスブルクの和議と皇帝の退位(37)

## 第2章　弱小国イングランドの苦悩　　　　　　　　　　　　41

### 1　混乱の最中の女王即位　42

「平和の調整役」?(42)　　結婚の代償——メアリ1世時代の悪夢(44)　　スコットランド女王メアリの脅威(49)

　2　カトリック大国の狭間で　50
　　　メアリの亡命とエリザベスの結婚問題(50)　　ネーデルラント戦争の光と影(52)　　フランス宗教戦争の余波(55)

　3　「大英帝国」の幕開け?　59
　　　アルマダの戦い(59)　　「アルマダ後」のヨーロッパと女王の死(60)

## 第3章　三十年戦争と帝国の再編　　65

　1　ベーメンで燃え上がった炎　66
　　　宗教対立と皇帝たちの憂鬱(66)　　フリードリヒ「冬王」の悲劇(67)　　皇帝フェルディナントの勇み足(70)

　2　軍事革命と国家理性の時代　72
　　　スウェーデンの登場(72)　　フランスの参入(74)

　3　「ウェストファリア講和条約」の虚と実　76
　　　三十年戦争の終結(76)　　「ウェストファリア」の神話(78)　　新たなる大戦争の時代へ(82)

# 第Ⅱ部　「長い18世紀」のヨーロッパ国際政治

## 第4章　ルイ14世の野望と「長い18世紀」の始まり　　87

　1　少年王から太陽王へ　88
　　　フロンドの乱と少年王の運命(88)　　親政の開始と「3人組」の時代(90)　　最初の戦争——フランドル戦争(91)

　2　九年戦争と「勢力均衡」の始まり　93
　　　オランダ戦争とウィレムの登場(93)　　「統合政策」とラティスボンでの勝利(95)　　九年戦争での誤算(97)

## 目　次

### 3　スペイン王位継承戦争と太陽王の死　101
スペイン分割と最大の危機(101)　　ユトレヒト条約と太陽王の死(104)

## 第5章　ロシア帝国の台頭と拡張　109

### 1　「アジアの専制国」からの脱皮　110
モスクワ大公国からロシアへ(110)　　皇帝ピョートルの登場(112)　　アゾフ遠征の教訓(114)

### 2　国内改革と北方戦争の始まり　115
大使節団への参加(115)　　ナルヴァの敗戦と軍制改革(118)

### 3　ロシアの勝利と「帝国」への道　121
北方戦争での大勝利(121)　　ヨーロッパ国際政治と「大帝」の挫折(124)　　アジアでの動向と「大帝」の死(127)

## 第6章　「大王」と「女帝」の確執　神聖ローマ帝国の運命　131

### 1　国事勅書と帝国の行方　132
カール6世と後継問題の深刻化(132)　　国事勅書と列強の反応(134)

### 2　オーストリア王位継承戦争と「大王」の勝利　136
フリードリヒの登場(136)　　マリア・テレジアの反撃(140)　　「大王」と「女帝」の攻防戦(143)

### 3　外交革命と七年戦争　145
オハイオ川から始まった外交革命(145)　　「大王」最大の危機(148)　　「ブランデンブルクの奇跡」と戦争の終結(149)　　二人の傑物の死(151)

## 第7章　「愛国王」の孤立とアメリカの独立　157

### 1　ジョージ3世の登場とイギリス政治の動揺　158
「愛国王」の即位(158)　　イギリス議会政治の動揺

(159)

   2 「有益なる怠慢」の終焉と革命への道　162
            イギリス帝国の拡張(162)　「有益なる怠慢」からの逸
            脱(165)　「強圧的諸法」と革命への道(167)

   3 まさかの敗退——ヨーロッパ国際政治での孤立　169
            独立戦争の始まり(169)　イギリス外交の失敗——同
            盟者の欠如(171)　アメリカの独立とイギリスの再起
            (175)

## 第8章　フランス革命とナポレオン戦争　179

   1 対仏大同盟の光と影　180
            フランス革命の衝撃(180)　干渉戦争の始まり(182)
            初期の大同盟の失敗(184)

   2 皇帝ナポレオンの即位と帝国の形成　186
            ナポレオンの野望と戦争再開(186)　神聖ローマ帝国
            の消滅(188)　大陸体制の形成(190)

   3 「第二次英仏百年戦争」の明と暗　192
            ロシア遠征とナポレオンの凋落(192)　ナポレオン帝
            国の終焉(194)　「長い18世紀」とイギリスの勝利
            (198)

# 第Ⅲ部　「ヨーロッパの時代」の栄光と衰退

## 第9章　ウィーン体制の確立と勢力均衡　205

   1 「会議は踊る」——ウィーン体制の始まり　206
            ウィーン会議(206)　神聖同盟と四国同盟(207)
            「ヨーロッパ協調」の形成(210)

   2 「会議体制」とメッテルニヒの時代　214
            アーヘン会議(214)　トロッパウ会議(216)　ライバ
            ッハ会議(217)　ヴェローナ会議(218)

   3 「会議体制」の動揺　220

カニングの登場と「新世界」の独立(220)　アレクサンドル1世とサンクト・ペテルブルク会議(223)　カニング外交とギリシャ独立(225)

## 第10章　クリミア戦争とウィーン体制の崩壊　229

### *1*　パーマストンと「会議外交」の時代　230
フランス七月革命の余波(230)　ロンドン会議とベルギー独立(231)　シリア戦争とパーマストン外交の勝利(233)

### *2*　クリミア戦争とウィーン体制の動揺　235
1848年革命の衝撃(235)　クリミア戦争とヨーロッパの変容(237)　ナポレオン3世の野望とウィーン体制の崩壊(241)

### *3*　ドイツ統一とウィーン体制の終焉　243
デンマーク問題とロンドン会議の失敗(243)　普墺戦争とドイツ統一への道(245)　普仏戦争とウィーン体制の崩壊(247)

## 第11章　アメリカ南北戦争　史上最大の内戦　253

### *1*　内乱への序曲　254
奴隷制度と南北対立(254)　リンカーンの登場と内乱の予感(256)

### *2*　内戦勃発と列強の反応　258
北軍の苦戦と戦争の長期化(258)　英仏による介入の危険性(262)　奴隷解放宣言の意味(264)

### *3*　内戦終結と大国への道　268
北軍勝利とリンカーン暗殺(268)　南部再建と工業大国の誕生(270)

## 第12章　ビスマルク体制下のヨーロッパ　273

### *1*　ビスマルク体制の形成　274
新たなる勢力均衡の始まり(274)　東方問題の再燃

(275)　　ベルリン会議(279)

### 2　アフリカ分割とバルカンの紛糾　　281
三帝協定の復活(281)　　アフリカ分割とベルリン会議(283)　　ブルガリア問題の再燃と三帝協定の消滅(285)

### 3　ビスマルクの失脚と陣営の形成　　287
新皇帝と老宰相の衝突(287)　　ビスマルク後のヨーロッパ(289)

## 第13章　第一次世界大戦への道　　295

### 1　帝国主義と「ヨーロッパ」の拡大　　296
「光栄ある孤立」？(296)　　日英同盟の締結(297)

### 2　「光栄ある孤立」からドイツの孤立へ　　299
英仏協商とモロッコ事件(299)　　グレイの登場と英露協商(301)　　英独関係の悪化(303)

### 3　「街から灯が消えていく」——世界大戦への道程　　307
バルカン戦争と会議外交の失敗(307)　　サライェヴォ事件と大戦への道(309)

## 終　章　「ヨーロッパの時代」の終わり　　317

### 1　総力戦とヨーロッパの溶解　　318
史上初の総力戦(318)　　貴族政治から大衆民主政治の時代へ(320)　　国民主義と社会主義の拡張(322)

### 2　「大いなる幻影」——旧外交から新外交へ　　325
古典外交の崩壊(325)　　「新外交」の光と影(328)

関連年表　　333
事項索引　　339
人名索引　　349

◆ *Column*
① 神聖ローマ帝国とは何か？　　28

目　次

② キリスト教の諸派（その1）　46
③ キリスト教の諸派（その2）　56
④ 外交儀礼と国際言語　80
⑤ 勢力均衡とは何か？　100
⑥ 「ロシア帝国」の光と影　118
⑦ ポーランドの分割　152
⑧ トーリとホイッグ――イギリス二大政党制の起源　160
⑨ その後のナポレオン一族　196
⑩ キッシンジャーの見たウィーン体制　212
⑪ ナイチンゲールと赤十字の設立　238
⑫ ウィルソン外交の起源　266
⑬ 鉄血宰相の「素顔」　276
⑭ 「デルカッセ体制」の形成　290
⑮ 第一次世界大戦の起源論　304
⑯ ガブリロと大公夫妻　310
⑰ 「ヨーロッパ協調」の終焉　326

◆図・表――――
図序-1　17世紀のイスラーム世界　3
図序-2　国民1人当たりGDP水準の比較――中国と西ヨーロッパ（400-2001年）　12
図序-3　K.J.ホルスティによる主な戦争原因の分析　15
図1-1　ハプスブルク家の系図　23
図1-2　カール5世の所領　25
図2-1　テューダー家とステュアート家, ハノーヴァー家の系図　43
図2-2　フェリーペ2世の所領　48
図3-1　三十年戦争　68
図3-2　ヴェストファーレン講和条約締結時の神聖ローマ帝国　77
図4-1　ヴァロア家とブルボン家の系図　89
図4-2　ハプスブルクとオスマンの抗争　96
図5-1　ロマノフ家の系図　111
図5-2　ロシア帝国の拡大　112
図5-3　北方戦争前夜のスウェーデン帝国　122
図6-1　1525年のハプスブルクとプロイセン　133
図6-2　ホーエンツォレルン家の系図　137

図 6-3　ポーランド分割　154
図 7-1　北米大陸での各国の勢力圏（左：18世紀初め，右：1763年）　164
図 7-2　アメリカ独立戦争　170
図 8-1　18世紀フランス農産物価格の変動（全国平均）　181
図 8-2　ナポレオン帝国　187
図 8-3　イギリスの国家支出（1695-1820年）　199
図 9-1　1815年のヨーロッパ　208
図 9-2　1815-54年の国際システム　217
図 9-3　アメリカ植民地の独立　221
図 10-1　クリミア戦争期の黒海周辺　240
図 10-2　統一前の分裂イタリア　244
図 10-3　北ドイツ連邦　248
図 11-1　アメリカの領土拡張　255
図 11-2　南北戦争における主な戦闘（1861-65年）　260
図 12-1　ベルリン条約（1878年）でのバルカン分割　280
図 12-2　ビスマルクの勢力均衡　283
図 13-1　戦争前夜の誤った想定　313
図終-1　第一次世界大戦後のヨーロッパ　323

表序-1　人口の水準（1000-2001年）　11
表序-2　国内総生産（GDP）の水準（1000-2001年）　11
表 9-1　ドイツ連邦諸邦の国勢と連邦議会本会議の表決権　211
表終-1　第一次世界大戦における動員数および人員の損傷　319

# 近代ヨーロッパ国際政治史の視点

序章

❶乾隆帝とイギリスのマカートニー使節団との謁見（1793年）の場を描いた風刺画——西洋人の目から皇帝が「野蛮人」のように描かれているが，清王朝の最盛期を築いた乾隆帝からすれば，西洋人こそが「未開の蛮族」であった（James Gillray 画。写真提供：Bridgeman Art Library/PANA）

## *1* 「国際政治」の誕生

### 「国際政治」とは何か

 21世紀初頭の今日,世界には200にも及ぶさまざまな国がある。それらの国々は事実上,それぞれ孤立しては存在できないほどに,互いに助け合いながら,政治や経済を営んでいる。食料や原材料,さらには工業製品や資本など,主に通商(交易)を媒介として国と国とが結ばれる関係を「国際経済」とするならば,自国の利益や国境問題,さらには自国の安全保障など,主に外交を媒介として国と国とが結ばれる関係が「国際政治」である。

 それでは外交とは何か。外交史家・細谷雄一の指摘によれば,「主権国家が自国の国益や安全そして繁栄を促進するため,また国際社会において国家間の関係をより安定的に維持しその友好関係を強化するため,政府間で行われる交渉あるいは政策」が外交ということになる(細谷,2007)。しかし,この定義は,20世紀以降の現代の国際政治にはあてはまるかもしれないが,今から1000年も昔,あるいは500年ほど前の時代においてさえ,現実には見られることはなかった。なぜか。それは,当時はまだこの定義の冒頭にある「主権国家」というものが存在しなかったからである。

 それでは主権国家とは何か。政治学で広く受け入れられている定義に従えば,主権国家とは,国境によって他と区分された土地(領土)を備え,自国の領土内における統治については何ら制約を受けない排他的な統治権を持ち,国際関係においては自国より上位の主体の存在を認めず,各国の平等が認められる国家である(久米・川出ほか,2003)。

 このような国家が歴史の中に現実に登場し始めたのは,本書でこれから見ていくように,19世紀以降のヨーロッパにおいてであっ

序章　近代ヨーロッパ国際政治史の視点

図序-1　17世紀のイスラーム世界

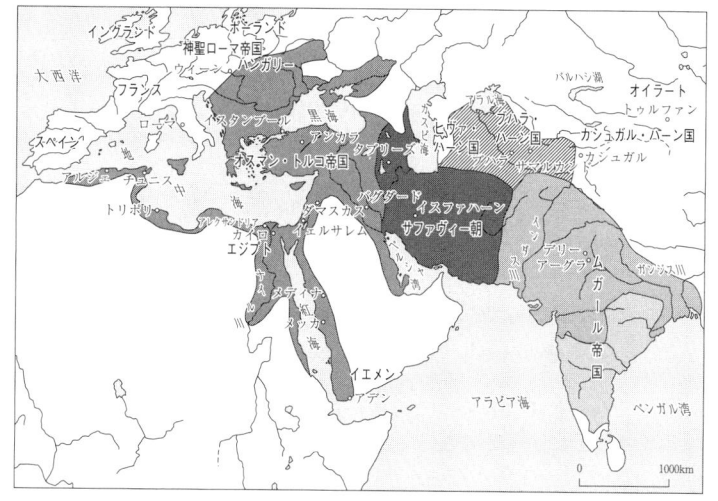

〔出典〕永田・羽田, 1998, 12-13頁。

た。さらに, 19世紀後半からは, それらヨーロッパの大国が世界大の規模で植民地を拡張し, ヨーロッパ流の外交儀礼を広げていくとともに, 20世紀後半のアジア・アフリカ諸国の独立によって「国際政治」の規模もまた広がっていったのである。「国際政治」とは, 意外にも比較的近年になってようやく根づいてきた国家間の関係であった。

それでは, なぜヨーロッパが「国際政治」の起源となったのか。さらに, なぜ19世紀以降になってようやく「国際政治」は本格的に始まったのか。

本書が第1章で扱う時代, すなわち16世紀前半においては, ヨーロッパの国々はまだ近代化への発展途上の段階にあった。むしろユーラシア大陸の中央部で, ヨーロッパ以上の文明を築き上げていたのが, イスラーム教を信奉する諸帝国であった。

それは西からオスマン・トルコ帝国（以下, オスマン帝国と略す），

サファヴィー朝のペルシャ帝国（現在のイラン），そしてインドの中央部に位置したムガール帝国である。これらの国々は，18世紀初頭に至るまで，東南アジアから東アフリカ，さらにヨーロッパ南部のバルカン半島にまで広がる「イスラーム国際体系」を築き上げていった（鈴木，2007）。

これらイスラームの大帝国に比べれば，いくつもの国家がひしめき合うヨーロッパなど，ユーラシア大陸の西端に位置する「半島」のような存在にすぎなかった。さらに，ユーラシア大陸の東側には，元（蒙古民族）・明（漢民族）・清（満州民族）の中華帝国が相次いで登場し，やはりヨーロッパ全土を合わせたよりも広大な領土を支配していた。近代ヨーロッパの三大発明とされる火薬・羅針盤・印刷技術も，もとをただせばこれらイスラームや中国の諸文明によって生み出され，ヨーロッパで改良されたにすぎなかったのである。

**外交の起源――対等な関係の始まり**

それではなぜ「国際政治」や「外交」は，ヨーロッパより発展していたはずのイスラーム諸帝国や中華帝国で登場しなかったのか。それは，外交というものが，お互いに「対等」な関係にある国同士で行われることに要因があった。

16世紀初頭に地中海の東側に広大な帝国を築いたオスマン帝国には，強大な権力を備えた皇帝(スルタン)がいた。中でも「大帝」と呼ばれたのが，16世紀に半世紀近くにわたって君臨したスレイマン1世であった。彼がキリスト教徒であるヨーロッパの王侯に送る外交文書には，明らかに「不対等性」が見られていた。たとえば，第1章に登場する近世ヨーロッパ最大の封建領主でもあったカール5世に対しても，「その方，スペイン地方の王，カルロ(クラル)であろう，以下のことを知れ」という出だしで親書が送られていたほどである。オスマン皇帝に対し，唯一「対等」な関係を築けたのは，同じくスンナ派

序章　近代ヨーロッパ国際政治史の視点

イスラームのムガール皇帝だけであった。

　また，オスマン皇帝に遣わされたヨーロッパの使節団に対しても，明らかな「不対等性」が見られた。すなわち，使節団はオスマン朝の礼装であるカフタン（長衣）をまとって，スルタンの前に平伏し，場合によっては地面に接吻することまで強要されていたのである。この儀礼はやがて，オスマン帝国とヨーロッパとの力関係が徐々に逆転し始めていった 18 世紀ごろからは両者の紛争の原因となった（鈴木，2007）。

　同じような現象は東アジアの中華帝国にも見られた。中国は，古来から「華夷秩序」の上に築かれており，非公式な関係としては「互市」と呼ばれる交易関係が見られたものの，公式な国家間の関係は「朝貢（周辺の異民族が皇帝に対して形式的に服従する）」や「冊封（皇帝から封禄や爵位を与えられる）」によって結ばれていたのである。ここでも中華の皇帝と周辺の「夷狄（蛮族）」の王たちとの間に，「不対等性」が存在した。

　さらに，清朝皇帝に対しては，外国の使節が公式に派遣された場合には，伝統に則って「三跪九叩頭の礼（3 回跪いて，そのたびごとに 3 回ずつ頭を地面に叩き付けて平伏する）」を行わなければならなかった。清朝の最盛期を築いた乾隆帝（1711-99，在位 1735-95）に通商の拡大を要請するため 1793 年に派遣されたイギリスの使節団は，この儀礼を拒否したこともあって，条約も結べず，すげなく追い返されてしまった（川島・服部編，2007）。

　これに対し，16 世紀以降のヨーロッパでは，各国の対等性が見られるようになった。ヨーロッパ中央部に位置する大小 350 ほどの領邦からなる神聖ローマ帝国の内部では，皇帝と各領主との間には「主従関係」が見られたものの，その皇帝も諸外国の君主との関係では表面的には対等であった。特に「長い 18 世紀（1688-1815 年）」とも呼ばれる戦争の世紀に突入するや，長年皇帝の座を占めてきた

ハプスブルク家で男子継承者が途絶えたときには、フランスやスペインなど周辺諸国で領土を山分けしようという動きまで現れた。さらに、18世紀前半には、それまで野蛮国扱いをされてきた、ロシアの君主までが「皇帝」を名乗るようになり、それはやがて周辺大国によって認められるに至った。

その神聖ローマ帝国も19世紀初頭に崩壊し、ナポレオン戦争終結後に行われたさまざまな国際会議においては、イギリス、フランス、プロイセン（ドイツ）、オーストリア、ロシアといった五大国が審議を主導していったが、参加国の首脳は形式的には「対等」の関係で外交交渉を進めることができたのである（君塚, 2006）。

**類い稀なる領域的主権国家群の「社会」**

それでは、なぜヨーロッパでは「対等」な関係を築くことができたのか。18世紀イギリスの哲学者ヒュームは、ローマ帝国が崩壊した後のヨーロッパでは、世界帝国を拒否し、多様性を好む考え方が広がったと指摘する。ヒュームによれば、この多様性こそが近代ヨーロッパに自由と活力を与えたのである。さらに、同時代のイギリスの政治家で歴史家でもあるギボンは、有名な『ローマ帝国衰亡史』の中で、「ヨーロッパを目してほとんど同一水平の文華と教養とを有する諸民族から成る一大共和国とみることを許されるであろう」と述べている（ギボン, 1954）。

ローマ帝国が東西に分裂し（395年）、西ローマ帝国が滅亡した（476年）後、今日のヨーロッパに相当する領域は、さまざまな領邦や民族を抱えて、ローマ帝国末期に公式な宗教として認められるに至ったキリスト教という同一の宗教を土台に、キリスト教的な国際社会を形成していった。その「国際社会」が築かれる前提となるものが、国際システムである。

国際政治学者ブルによれば、国際システムとは「二カ国以上の国

家が，相互に十分な接触をもち，お互いの決定に十分な影響を与え合う結果，それらの国家が——少なくともある程度は——全体の中の部分として振る舞うようになるとき」に成立するものである。そのシステムを前提に，一定の共通利益と共通価値を自覚した国家集団が「共通の規則体系によって拘束されており，かつ，共通の諸制度を機能させることに対してともに責任を負っているとみなしているという意味で」一個の社会を形成しているときに，「主権国家から成る社会」すなわち「国際社会」が存在すると言える（ブル，2000）。

中世以降のヨーロッパは，キリスト教とラテン語という共通の宗教と言語を媒介に，早くもそのような社会を形成する土台を築くことができた。中世においては，封建領主たちには自らの権利主張の正当な手段として「戦闘行為(フェーデ)」が認められており，それが罪なき民衆にまで拡大するのを防いだのが，ローマ教皇庁を頂点とするキリスト教の教会であった。ここに「神の平和」「神の休戦」といった慣行も生まれ，定着した。

さらにヨーロッパでは，16世紀の宗教改革（第1章を参照）以降には，それまで戦闘の正統性・合法性を規定していた神学から離れ，世俗の法が新たなる基準として加わった。最後の宗教戦争とも言われる三十年戦争（1618-48年）の最中に，オランダの外交官にして法学者であるグロティウスによって著された『戦争と平和の法』は，戦争の発生と遂行をいかに規制するのかを世俗法の観点から説き起こしたものである。ここに近代的な意味での「国際法」の萌芽が見られた。

その後，先に述べた「長い18世紀」と呼ばれる戦争の世紀を経て，ヨーロッパはイギリス，フランス，プロイセン，オーストリア，ロシアという五大国主導の国際社会を形成したが，これ以外の中小国も名目的には「対等」の主権国家として遇され，世界的にも類い

稀なる領域的主権国家群の「社会」としての「ヨーロッパ」を構成したのである。

国際政治学者・高坂正堯も鋭く指摘するように，この18-19世紀のヨーロッパにおいては，「勢力均衡（バランス・オブ・パワー）」という言葉が国際関係の基本原理として明瞭に意識され，この原理に基づいて相当満足すべき国際秩序が可能になるという楽観主義も見られた。それはまた「他の時代と場所では見られないような独特の色合いを持っていた」のである（高坂, 1978）。こうして，対等な主権国家が勢力均衡によって相互に抑止しつつ共存するという国際政治のあり方は，ヨーロッパで生まれ，定着していった。

## 2　「西洋の衝撃」と国際政治の拡張

### 「長い18世紀」と東西逆転への道

このように，外交を媒介とした「国際政治」の基盤を築き上げていくためには，「対等」な関係でお互いに交渉できるという前提が必要であったが，イスラームの諸帝国にも中華帝国にもそのような慣行は見られなかった。これら東洋の帝国は，国際政治学者ワイトが定義する「宗主国家システム」を形成しており，それは一国が周辺の国家に優越する大権ないし最高権を主張し，維持しているシステムであった（Wight, 1977）。

さらに外交を円滑に進めるためには，自国の利害を代弁する人物が長期間にわたって相手国と交渉しうる，時間的・空間的な条件も必要となってこよう。すなわち，交渉相手国に常駐する大使と，常設の大使館の存在である。ヨーロッパでもそのような職務や施設が登場するようになったのは，15世紀半ば以降のイタリアにおいてであった。当時のイタリアは，今日のような統一国家ではなく，さまざまな王侯が治める領邦や共和政の都市国家からなっていた。最

序章　近代ヨーロッパ国際政治史の視点

初の常駐大使はミラノ公国からフィレンツェ共和国に派遣され（1446年），最初の常設大使館は同じくミラノ公国がジェノヴァ共和国に設置したものであった（1455年）。

やがてこのような大使と大使館は，当時のヨーロッパの共通語であるラテン語を媒介に，ヨーロッパ全土に送り込まれることになった。さらに，ヨーロッパ各国は，オスマン帝国や中華帝国にも大使を派遣し，大使館を設置したいと願っていたが，これらアジアの皇帝たちは，野蛮なキリスト教徒に対する「不対等性」の考えから，受け入れを拒否した。

こうした状況に変化が訪れたのは，ヨーロッパが「長い18世紀」と呼ばれる戦争の世紀を経験してからのことであった。第4-8章で見ていくとおり，この130年ほどの間に，ヨーロッパでは急速に国家が軍隊を運用する制度が発展した。それはそれぞれの国が兵士（ヒト）や武器弾薬・軍需物資（モノ）を集める術だけではなく，緊急に大量の資金（カネ）を集める術までも発展させていった（ブリュア，2003）。

それと同時期に，オスマン帝国や中華帝国では，領域内の反乱を鎮圧することはあったが，同じぐらいの勢力を持った大国とある一定期間にわたって衝突するような機会は激減していた。清帝国の東隣に位置する日本も，17世紀半ばから19世紀半ばにかけては，徳川将軍家を中心とする幕藩体制の下で「天下太平の世」を謳歌していた。

その間にヨーロッパでは，ほとんどの大国を巻き込む大戦争が断続的に7回も生じていた。「長い18世紀」のヨーロッパはまさに弱肉強食の時代にあり，それに生き残ったのはヒト・モノ・カネを大量に素早く集めることに成功した大国であった。最後のナポレオン戦争が終結するころまでには，先にも述べたように，最大の強国イギリスを筆頭に，プロイセン，ロシア，オーストリア，そしてフラ

ンスという五大国がヨーロッパ国際政治を主導する存在となっていた。それ以前に大国であったポルトガル，スペイン，オランダ，スウェーデンなどは，すでに二流国へと格下げされていた。

さらに，19世紀に入ると，イギリスで始まっていた産業革命（1760-1830年代）の余波がヨーロッパやアメリカ合衆国に広がり，それ以前とは比べものにならない高性能の大砲，機関銃，装甲艦（鋼鉄で覆われた戦艦）が発明された。蒸気船，鉄道，電報の登場で，本国と戦地をつなぐ情報網も急速に拡大された。そして，ヨーロッパでの医学の進歩は，熱帯雨林であれ寒帯であれ，さまざまな病気から兵士たちの命を救える術まで提供してくれるようになっていたのである（Black, 2009）。それはまた，ヨーロッパ以外の地域がヨーロッパ国際政治に参入させられていく契機ともなった。

加えて産業革命は，ヨーロッパとアジアの経済力にも逆転現象をもたらした。大航海時代が始まった当初（15世紀末〜16世紀）には，ヨーロッパ経済が世界に占める比重など小さかったのが，表序-2，図序-2からもわかるように，産業革命後の19世紀後半にはヨーロッパは経済力でアジアを追い越し，20世紀に突入するころまでに西ヨーロッパの国民1人当たりのGDPは中国の10倍に達していたのである。

### 「ヨーロッパ」の拡大

こうしたヨーロッパの軍事的・経済的な圧力を最初に感じ取ったのは，オスマン帝国とムガール帝国という二つのイスラーム帝国であった。ムガール帝国は18世紀半ばには早くもイギリスの影響下に置かれるようになり，それまでヨーロッパを見下していたオスマン皇帝も1793年にはヨーロッパに常設大使館を置かざるをえなかった。さらに，東洋の帝国は外交使節団の不可侵原則も受け入れた。この外交使節の「治外法権」概念を定着させたのが，先に紹介した

序章　近代ヨーロッパ国際政治史の視点

表序-1　人口の水準（1000-2001年）　　　（単位：百万人）

| 地　域 | 1000年 | 1500年 | 1820年 | 1870年 | 1913年 | 1950年 | 1973年 | 2001年 |
|---|---|---|---|---|---|---|---|---|
| 西ヨーロッパ | 25 | 57 | 133 | 188 | 261 | 305 | 358 | 392 |
| 西ヨーロッパ影響圏（アメリカ,カナダ,オーストラリアなど） | 2 | 3 | 11 | 46 | 111 | 176 | 251 | 340 |
| 日　本 | 8 | 15 | 31 | 34 | 52 | 84 | 109 | 127 |
| **西洋**（上記三つの合計） | **35** | **75** | **175** | **268** | **424** | **565** | **718** | **859** |
| アジア（日本を除く） | 175 | 268 | 679 | 731 | 926 | 1,299 | 2,140 | 3,527 |
| ラテンアメリカ | 11 | 18 | 22 | 40 | 81 | 166 | 308 | 531 |
| 東ヨーロッパとロシア（ソ連） | 14 | 30 | 91 | 142 | 236 | 267 | 360 | 411 |
| アフリカ | 32 | 47 | 74 | 90 | 125 | 227 | 390 | 821 |
| **西洋以外**（上記四つの合計） | **233** | **363** | **867** | **1,004** | **1,367** | **1,959** | **3,198** | **5,290** |
| 世　界 | 268 | 438 | 1,042 | 1,272 | 1,791 | 2,524 | 3,916 | 6,149 |
| 西洋／世界（%） | 13.0 | 17.2 | 16.8 | 21.1 | 23.7 | 22.4 | 18.3 | 14.0 |

［出典］ Maddison, 2003, pp. 256-262.

表序-2　国内総生産（GDP）の水準（1000-2001年）（単位：百万ドル）

| 地　域 | 1000年 | 1500年 | 1820年 | 1870年 | 1913年 | 1950年 | 1975年 | 2001年 |
|---|---|---|---|---|---|---|---|---|
| 西ヨーロッパ | 10.2 | 44.2 | 160.1 | 367.6 | 902.3 | 1,396 | 4,096 | 7,550 |
| 西ヨーロッパ影響圏（アメリカ,カナダ,オーストラリアなど） | 0.8 | 1.1 | 13.5 | 111.5 | 582.9 | 1,635 | 4,058 | 9,156 |
| 日　本 | 3.2 | 7.7 | 20.7 | 25.4 | 71.7 | 161 | 1,243 | 2,625 |
| **西洋**（上記三つの合計） | **14.1** | **53.0** | **194.4** | **504.5** | **1,556.9** | **3,193** | **9,398** | **19,331** |
| アジア（日本を除く） | 78.9 | 153.6 | 392.2 | 401.6 | 608.7 | 823 | 2,623 | 11,481 |
| ラテンアメリカ | 4.6 | 7.3 | 15.0 | 27.5 | 119.9 | 416 | 1,389 | 3,087 |
| 東ヨーロッパとロシア（ソ連） | 5.4 | 15.2 | 62.6 | 133.8 | 367.1 | 695 | 2,064 | 2,072 |
| アフリカ | 13.7 | 19.3 | 31.2 | 45.2 | 79.5 | 203 | 550 | 1,222 |
| **西洋以外**（上記四つの合計） | **102.7** | **195.3** | **501.0** | **608.2** | **1,175.2** | **2,137** | **6,626** | **17,862** |
| 世　界 | 116.8 | 248.3 | 695.3 | 1,112.7 | 2,732.1 | 5,330 | 16,024 | 37,194 |
| 西洋／世界（%） | 12.1 | 21.3 | 28.0 | 45.3 | 57.0 | 59.9 | 58.6 | 52.0 |

［注］ 1990年の国際ドル。
［出典］ Maddison, 2003, pp. 256-262.

グロティウスであった。

「西洋の衝撃」がアジア世界を席巻し始めたのは19世紀半ばのことであった。オスマン帝国は北の大国ロシアの脅威にさらされ，クリミア戦争ではイギリス，フランス両国の援助で，かろうじて難を

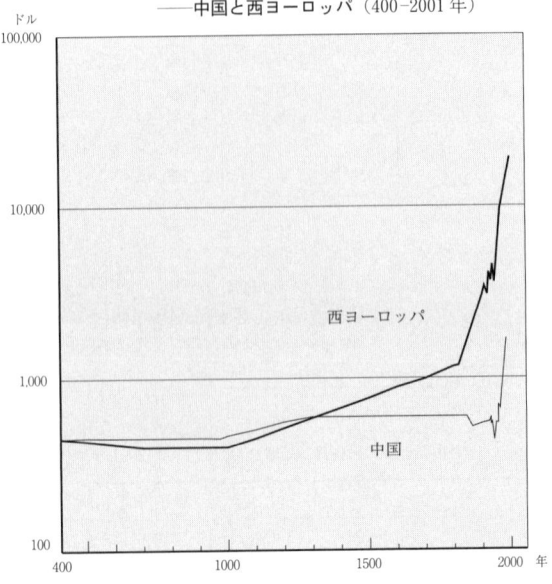

図序-2 国民1人当たりGDP水準の比較
——中国と西ヨーロッパ（400-2001年）

[注] 1990年の国際ドル。
[出典] Maddison, 1998, 2001, 2003.

乗り切った（1853-56年）。すでにアヘン戦争（1840-42年）で弱体化した姿をさらけ出していた中華帝国は、アロー戦争（第二次アヘン戦争、1856-60年）によって北京に在外公館の設置を認めざるをえなくなっていた。そして、ムガール帝国滅亡の決定打となったインド大反乱（シパーヒーの乱、1857-59年）の後に、インドはイギリスの直轄支配下に組み込まれていく。また同時期には、日本もアメリカのペリー提督率いる黒船（東インド艦隊）来航によって開国を余儀なくされていた（1853-54年）。

これ以後、アジアの大国はもとより、太平洋やアフリカの諸地域もヨーロッパ列強の支配下に組み込まれ、それは1870年代以降の帝国主義の時代にさらに加速化した。こうしてヨーロッパ流の価値

序章　近代ヨーロッパ国際政治史の視点

観と正義と秩序が世界大に広められ，それはヨーロッパの流儀に則した外交の拡大にもつながった。近代ヨーロッパに「国際社会」が形成される中で，ヨーロッパの人々はその構成員（文明国）と非構成員（野蛮国）との区分を明確につけるようになり，野蛮国との間には「不平等条約」を結んでいった（メイヨール，2009）。

たとえば日本に対してである。ペリー一行と締結した日米和親条約（1854年）を嚆矢に，日本は欧米からの輸入品に独自の関税をかける権利（関税自主権）を認められず，外国人の犯罪を裁くこと（領事裁判権）もできなかった。アジアでも植民地化を免れた数少ない国の一つである明治維新後の日本でも，ヨーロッパ流の外交術を学び，憲法や議会を新たに制定して，19世紀末までには「不平等条約」の一部改正を実現し，ようやく対等の関係をもって「国際政治」の一員に加わることができたのである。

このように，19世紀半ば以降の世界は，「ヨーロッパ」の拡大とともに「国際政治」の領域に組み込まれ，20世紀半ばからは脱植民地化の流れの中でアジア・アフリカに次々と独立国が誕生して，今日のような「国際政治」が定着するようになった。それは，互いに「対等」な立場から関係を構築できる，真の意味での主権国家同士の外交に基づく，世界大での「国際政治」である。

## 近代ヨーロッパ国際政治史を学ぶわけ

以上の説明から，今日の「国際政治」のあり方を探究するために，なぜ近代ヨーロッパの国際政治史を学ぶ必要があるのかも理解いただけたであろう。

それはとりもなおさず，近代ヨーロッパこそが，国際法，外交儀礼，外交使節団の派遣やその不可侵性，そして領域的主権国家の概念など，現代に通ずる国際社会の制度と規範（ルール）を形成したからに他ならない。そしてそれは，オスマンやムガール，中華といった諸帝国

による「宗主国家システム」とは異なり，複数の同じぐらいの「力」を持った国家群が割拠しながらも「社会」を構成する「国際システム」を形成した，ヨーロッパだからこそ実現できたのである。

しかし，本章第1節でも指摘したように，近代ヨーロッパの黎明期である16世紀の段階においては，19世紀以降に一般化する「主権国家」，さらには「国民国家」はまだ現れていなかった。主権国家同士の「外交」が定着するまでには，近代ヨーロッパでも数百年の歴史を要したのである。それはまた，近代ヨーロッパの国際政治史を主導した，行為主体(アクター)の推移とも関係していよう。

近代ヨーロッパの黎明期において国際政治を主導したのは，国家というより「王朝」であった。国家とはそこを統治する王侯個人の私有物である家産国家のことを意味した。近代ヨーロッパにおいては，これら王侯が血縁的・地縁的な関係で結ばれ，キリスト教と共通言語(リングァ・フランカ)（17世紀まではラテン語，18世紀からはフランス語）を媒介に，「国境を越えた」(トランスナショナル)共同体を構築しえたのである。このような「王朝主義」は，基本的には19世紀後半まで続いた。

21世紀に住む私たちは，国家同士の争いが「権力(パワー)と国益(インタレスト)」の論理に基づく領土の奪い合いなどに集約される，合理的な勢力争いであると想像しがちである。しかし，図序-3からもわかるように，17～18世紀のヨーロッパでは王朝同士の政略結婚の帰結としての王位継承争いや，宗教戦争などが多かった。ヨーロッパ国際政治は国家の領域ではなく，そこを支配する一族の領域であった。

他方，18世紀からヨーロッパの共通言語となったフランス語は，イギリスやドイツ諸国，ロシアなどでも宮廷における基本言語となった。ナポレオン戦争終結後のウィーン会議（1814-15年）でも，各国代表の共通言語は主催国オーストリアの言語（ドイツ語）ではなく，敗戦国の言語であるフランス語であった。さらに，19世紀末までには，イギリスのヴィクトリア女王が子どもたち（4男5女）

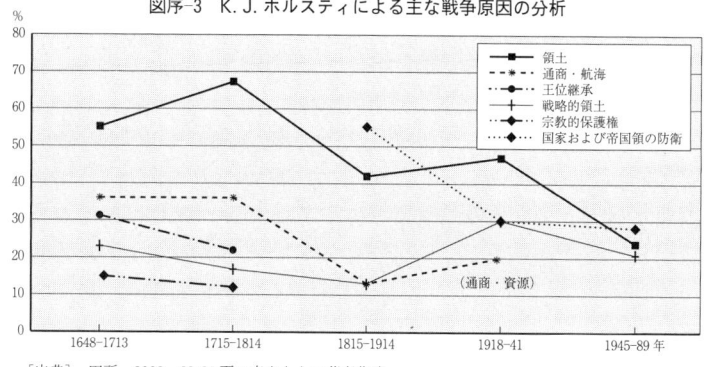

図序-3 K. J. ホルスティによる主な戦争原因の分析

[出典] 田所，2008，60-61頁の表をもとに著者作成。

の縁組みによってヨーロッパ王室の中核的な存在になると，英語も共通言語に加わる。ドイツ皇帝ヴィルヘルム2世とロシア皇帝ニコライ2世は英語によって文通し，会見も行っていた。

しかし，フリードリヒ2世（プロイセン）やヨーゼフ2世（オーストリア），エカチェリーナ2世（ロシア）に代表される，18世紀後半の「啓蒙専制君主」の時代が終焉を迎え，1815年にナポレオン戦争が終結したあたりから，各国が行動を起こす際の動機や正統性の基準は，国民国家の登場とも相俟って，それまでのような「王侯個人の名誉」から「国家の名誉」へと，徐々に移行し始めていく。それは，アメリカ独立革命（1763-83年）やフランス革命（1789-99年）の影響によって，ヨーロッパでの王朝支配にかげりが見え始めたことにも関係していた。

また18世紀後半からは，それまでもすでに国政に深く参与していた王侯の側近たる「大臣」たちの影響力がさらに増していき，それは各国の外交政策にも反映した。ナポレオン戦争後のウィーン会議で実質的に審議を取り仕切ったのは，ロシア（皇帝アレクサンドル1世）を除けば，メッテルニヒ（オーストリア）やカースルレイ（イギリス），タレーラン（フランス）といった各国の外務大臣であった。

さらに、19世紀半ばからロンドンを舞台とする会議外交でヨーロッパに平和を構築したのは、国王や女王ではなく、外相のパーマストンであった（第9-10章を参照）。

そして19世紀末から20世紀に入ると、外交はさらに組織化と制度化が進み、ここに新たに対外政策の遂行に関与し始めたのが、各国の外務省でありその高級官僚たちであった。1624年にフランスに史上初の外務省が誕生して以来、ヨーロッパ各国に外交を司る省庁が設けられた。しかし、いずれの国においても、外務省とその官僚は当初、王侯や大臣の「使い走り」にすぎない存在であった。しかし、「国際政治」の複雑化や世界規模での拡大にともなって、19世紀後半から外務省は、近代的な意味での対外政策遂行の場へと徐々に変化を遂げていく。

それは対外政策を取り仕切る集団の代名詞として、「ケ・ドルセー」（フランス）、「ヴィルヘルムシュトラッセ」（ドイツ）、「ホワイトホール」（イギリス）など、各国の外務省の所在地名が用いられるようになったことでも明らかである（細谷、2007）。

このように、国際社会の規範はもとより、外交言語や対外政策遂行のあり方に至るまで、国際政治の基盤のすべてを築き上げたのが近代ヨーロッパであった。その黎明期に最初に登場した最も有名な行為主体こそが、王朝主義の申し子であり、ヨーロッパ国際社会の中核となる「神聖ローマ帝国」の皇帝にして、近世最大の領土を誇った封建領主カール5世であった。

しかし、彼はその領土を盤石たる「帝国」にまで固めることなどできず、むしろ未曾有の宗教戦争に巻き込まれ、君主として波瀾の半世紀を渡り歩いていかなければならなかった。それでは本書の幕開けとして、まずはカール5世の人生と16世紀前半のヨーロッパ国際政治から見ていくことにしよう。

## ●引用・参考文献●

川島真・服部龍二編，2007年『東アジア国際政治史』名古屋大学出版会。

ギボン，エドワード／村山勇三譚，1954年『ローマ帝国衰亡史』第5巻，岩波文庫。

君塚直隆，2006年『パクス・ブリタニカのイギリス外交――パーマストンと会議外交の時代』有斐閣。

久米郁男・川出良枝・古城佳子・田中愛治・真渕勝，2003年『政治学』有斐閣 New Liberal Arts Selection。

高坂正堯，1978年『古典外交の成熟と崩壊』中央公論社。

鈴木董，2007年『ナショナリズムとイスラム的共存』千倉書房。

田所昌幸，2008年『国際政治経済学』名古屋大学出版会。

テシィケ，ベンノ／君塚直隆訳，2008年『近代国家体系の形成――ウェストファリアの神話』桜井書店。

永田雄三・羽田正，1998年『成熟のイスラーム社会』（世界の歴史15）中央公論社。

ニコルソン，H.／斎藤眞・深谷満雄訳，1968年『外交』東京大学出版会 UP 選書。

ブリュア，ジョン／大久保桂子訳，2003年『財政＝軍事国家の衝撃――戦争・カネ・イギリス国家 1688-1783』名古屋大学出版会。

ブル，ヘドリー／臼杵英一訳，2000年『国際社会論――アナーキカル・ソサイエティ』岩波書店。

細谷雄一，2007年『外交――多文明時代の対話と交渉』有斐閣 Insight。

マン，マイケル／森本醇・君塚直隆訳，2005年『ソーシャルパワー：社会的な〈力〉の世界歴史Ⅱ――階級と国民国家の「長い19世紀」』下巻，NTT出版。

メイヨール，ジェームズ／田所昌幸訳，2009年『世界政治――進歩と限界』勁草書房。

Black, Jeremy, 2002, *European International Relations 1648-1815*, Palgrave.

Black, Jeremy, 2008, *Great Powers and the Quest for Hegemony:*

*The World Order since 1500*, Routledge.

Black, Jeremy, 2009, *War in the Nineteenth Century 1800–1914*, Polity.

Bridge, F. R. and Roger Bullen, 2005, *The Great Powers and the European States System 1814–1914*, 2nd ed., Pearson Longman.

Gray, Colin S., 2007, *War, Peace and International Relations: An Introduction to Strategic History*, Routledge.

Maddison, Angus, 1998, *Chinese Economic Performance in the Long Run*, OECD.

Maddison, Angus, 2001, *The World Economy: A Millennial Perspective*, OECD.

Maddison, Angus, 2003, *The World Economy: Historical Statistics*, OECD.

Maddison, Angus, 2005, *Growth and Interaction in the World Economy: The Roots of Modernity*, AEI Press.

Scott, H. M., 2006, *The Birth of a Great Power System 1740–1815*, Longman.

Wight, Martin, 1977, *Systems of States*, Leicester University Press.

# 第Ⅰ部

# 近代国際社会の黎明

第1章　近世最大の封建領主と宗教戦争
第2章　弱小国イングランドの苦悩
第3章　三十年戦争と帝国の再編

第Ⅰ部で扱う時代は，ヨーロッパ国際政治が中世から近代へと移行する際の「過渡期」であった。

　中世ヨーロッパ世界は，共通の宗教（キリスト教）と言語（ラテン語）を媒介に，その双方を司るローマ教皇庁を頂点とするキリスト教会が「戦争と平和」を支配していた。封建領主たちは内政（特に法令）も外交（特に文書）もラテン語に精通する地元の修道僧や司祭からの協力に頼らねばならず，また戦争の正統性も教会法に依拠していたのである。

　これが16世紀前半からの宗教改革によって大きく変わった。ローマ・カトリックに反発して形成されたプロテスタント諸派は，それぞれの地域での自国語を尊重し，主にドイツや北欧，イングランドなどでは各国語訳の聖書も編纂（へんさん）された。国際社会における教皇権の失墜も決定的となった。宗教上での相違は外交の協議事項（アジェンダ）として重視された。

　こうした中で，カトリックとプロテスタントは宗教戦争に乗り出したが，その戦術，戦略，軍隊の規模，社会への負担は，中世の戦争とは大きく様変わりしていた。それまでは領主たちの集められる軍勢が1万5000人を上回ることはまずなかったが，16世紀半ば以降の野戦軍の平均的な規模は3万人を上回るようになっていた。また，それ以前とは比べものにならないほどに大規模な要塞も築かれた。いわゆる「軍事革命」の時代の到来である。

　とはいえ，未だ兵力の中枢は傭兵軍（ようへい）に頼らざるをえず，この時代には国家と軍隊とは一時的な関係しか築くことはなかった。両者が恒常的な関係を築く（常備軍の創設）のは，第Ⅰ部の最後で見る三十年戦争の後の時代になってからのことである。この時代は後の主権国家とは異なり，国家の領土・領域が確定していなかった（領土の柔軟性）。

　さらに王権も脆弱（ぜいじゃく）で貴族たちの力がまだ強かったが，17世紀半ばからは絶対王政が登場し始め，国家が官職の売買などで私物化される一方，「国家理性」（レゾン・デタ）という考え方が外交の決定にも影響を及ぼすようになる。

　この時代こそは後に「何度かの戦闘休止を伴う三百年戦争」とも呼ばれる，ヨーロッパにとっての恒常的な戦闘状態が幕を開けた時代でもあった。

# 近世最大の封建領主と宗教戦争

第**1**章

❶ミュールベルクの戦い(1547年4月)に臨む騎乗のカール5世——半世紀近くもヨーロッパ国際政治に君臨してきた彼の治世は、戦いの連続であった(Tiziano Vecellio画。写真提供：Bridgeman Art Library/PANA)

## *1* カール5世の登場と宗教改革の始まり

### 71の称号を持つ男

　15世紀末のヨーロッパ，ハプスブルク家のオーストリアとヴァロワ家のフランスとが，群雄割拠するイタリアを舞台に戦闘を繰り広げていた最中，1500年2月にヨーロッパ最大の毛織物工業の町ヘント（現在のベルギー北西部）で一人の男の子が誕生した。後の神聖ローマ皇帝カール5世（Karl V, 1500-58, スペイン国王在位1516-56, 神聖ローマ皇帝在位1519-56）である。

　父親はハプスブルク家の御曹司フィリップ美公（Philippe le Beau, 1478-1506）。時の皇帝マクシミリアン1世（Maximilian I, 1459-1519, 在位1493-1519）とブルゴーニュ公爵家の相続人マリー（Marie de Bourgogne, 1457-82）の長男であった。母親はスペイン王国の統一を成し遂げたイサベル1世（Isabel I, 1451-1504, カスティーリャ女王1474-1504）とフェルナンド2世（Fernando II, 1452-1516, アラゴン国王1479-1516）の次女フアナ（Juanna, 1479-1555）。

　少年カールは6歳の時に父を亡くし，父方の祖母の家系からブルゴーニュ公爵領を相続する。北方ルネサンスを築き上げたヨーロッパ最大級の大富豪の家柄である。さらに，16歳の時には母方の祖父フェルナンドを亡くし，スペイン国王カルロス1世（Carlos I）にも即位した。当時のスペインは亡き祖母イサベルの後押しで探検を進めたコロンブス（Christopher Columbus, 1451-1506）による「新大陸発見」以来，アメリカ大陸にも広大な領土を手に入れつつあった。

　そして，1519年1月に父方の祖父マクシミリアンが世を去ると，カールはオーストリア大公として，ハンガリーやベーメン（現在のチェコ，英語ではボヘミア）などを含めた，ハプスブルク家の広大な

第1章　近世最大の封建領主と宗教戦争

## 図1-1　ハプスブルク家の系図

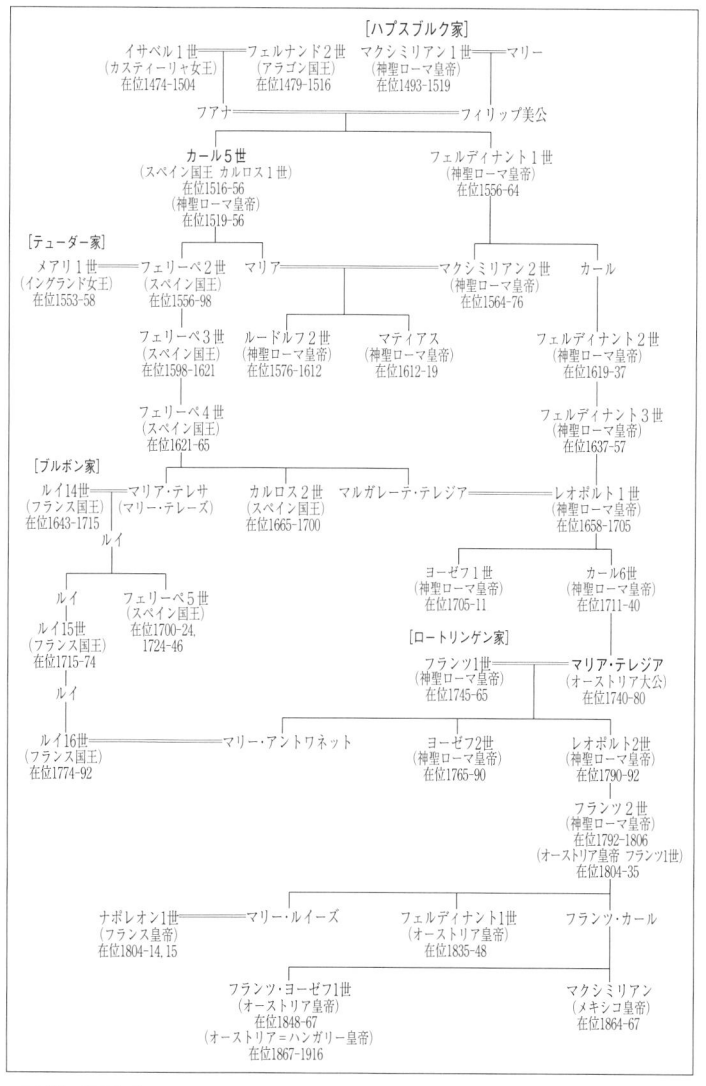

[ハプスブルク家]

イサベル1世（カスティーリャ女王）在位1474-1504 ＝ フェルナンド2世（アラゴン国王）在位1479-1516

マクシミリアン1世（神聖ローマ皇帝）在位1493-1519 ＝ マリー

フアナ ＝ フィリップ美公

- カール5世（スペイン国王 カルロス1世）在位1516-56（神聖ローマ皇帝）在位1519-56
- フェルディナント1世（神聖ローマ皇帝）在位1556-64

[テューダー家]

メアリ1世（イングランド女王）在位1553-58 ＝ フェリーペ2世（スペイン国王）在位1556-98

マリア ＝ マクシミリアン2世（神聖ローマ皇帝）在位1564-76

カール

- フェリーペ3世（スペイン国王）在位1598-1621
- ルードルフ2世（神聖ローマ皇帝）在位1576-1612
- マティアス（神聖ローマ皇帝）在位1612-19
- フェルディナント2世（神聖ローマ皇帝）在位1619-37

フェリーペ4世（スペイン国王）在位1621-65

フェルディナント3世（神聖ローマ皇帝）在位1637-57

[ブルボン家]

ルイ14世（フランス国王）在位1643-1715 ＝ マリア・テレサ（マリー・テレーズ）

カルロス2世（スペイン国王）在位1665-1700

マルガレーテ・テレジア ＝ レオポルト1世（神聖ローマ皇帝）在位1658-1705

ルイ

- ルイ
- フェリーペ5世（スペイン国王）在位1700-24, 1724-46

- ヨーゼフ1世（神聖ローマ皇帝）在位1705-11
- カール6世（神聖ローマ皇帝）在位1711-40

ルイ15世（フランス国王）在位1715-74

[ロートリンゲン家]

フランツ1世（神聖ローマ皇帝）在位1745-65 ＝ マリア・テレジア（オーストリア大公）在位1740-80

ルイ

ルイ16世（フランス国王）在位1774-92 ＝ マリー・アントワネット

- ヨーゼフ2世（神聖ローマ皇帝）在位1765-90
- レオポルト2世（神聖ローマ皇帝）在位1790-92

フランツ2世（神聖ローマ皇帝）在位1792-1806（オーストリア皇帝 フランツ1世）在位1804-35

ナポレオン1世（フランス皇帝）在位1804-14, 15 ＝ マリー・ルイーズ

フェルディナント1世（オーストリア皇帝）在位1835-48

フランツ・カール

- フランツ・ヨーゼフ1世（オーストリア皇帝）在位1848-67（オーストリア＝ハンガリー皇帝）在位1867-1916
- マクシミリアン（メキシコ皇帝）在位1864-67

［出典］　著者作成。

所領も手に入れ，同時に神聖ローマ皇帝にも選出された。弱冠19歳の時のことである。ハプスブルク家の家訓「戦争は他の者に任せておけ。幸いなるハプスブルクよ，汝，結婚せよ」のとおり，政略結婚の積み重ねによって誕生した，近世でも最大の封建領主であった。その称号は，上記の皇帝や国王や公爵など，実に71にも及んだ。

しかしそれは，カールがヨーロッパ全土を支配する最大の権力者になったという証ではなかった。それどころか，彼は71にも及ぶそれぞれに異なった法や制度，伝統を持った領域を同時に治めなければならなかったのである。そのためには，おのおのの地域の法や制度，習慣や伝統を重んじて，それぞれの家臣たちから忠誠を得る必要があった（高澤，1997）。

中でも厄介だったのがスペインである。16歳にして国王に即位したものの，それまでカールはスペインの土地など一度も訪れたことさえなかった。1517年9月にスペインに初めて上陸し，翌月から1520年5月まで，彼はスペイン各地を順次回って「顔見せ興行」をしなければならなかった。それでも1520-21年にはコムネーロス（反乱者たちの意味）の蜂起が起こり，スペインの人々にとってカールは「ブルゴーニュ人」にすぎなかった。

カールが「カルロス」になるためには，スペイン語を習得し，スペインの文化を学び，スペインにも縁の深いポルトガル王女イサベラと結婚し（1526年），翌年に生まれた長男たちをスペインで育てていく必要があった。カール5世にとって71もの輝ける称号は，実は国際政治の場で彼の行動を束縛する手枷であり足枷にすぎなかった。そのようなカールを，近代ヨーロッパ史上最初の大事件が襲うことになる。

第 1 章　近世最大の封建領主と宗教戦争

図 1-2　カール 5 世の所領

凡例：
- 神聖ローマ帝国の境界線
- ハプスブルク家の所領

［出典］　Nexon, 2009, p. 136.

## 宗教改革の始まり

　カールがスペイン国王として各地を巡回し始めた 1517 年 10 月 31 日，北部ドイツのヴィッテンベルクでルター (Martin Luther, 1483-1546) という修道僧がローマ教皇庁の腐敗を糾弾する「95 カ条の論題」と呼ばれる文書を発表した。中世以来，ヨーロッパはキリスト教によって一応のまとまりを保っており，その頂点に立っていたのがヴァティカンに君臨するローマ教皇であった。その間に，教皇・枢機卿・大司教・司教・司祭・平信徒という宗教界でのピラミッド構造が定着し，それはいつしか高位の聖職者が下位の信徒の

罪に対する罰を贖うことができるという考え方にもつながった。

やがて教皇庁は，そのような考え方からローマのサン・ピエトロ大聖堂完成の資金集めのために「贖宥状」と呼ばれる，罪に対する罰を贖うお札まで売り出すようになった。ルターはこうした考えに異議を唱え，それまでの教皇庁の汚職や腐敗を非難するとともに，神の下ではすべての信者が平等であるとする「万人司祭説」を提唱し，教皇権を全面的に否定したのである。

これが一世紀前であれば，ルターはフス（ベーメンで教皇権を否定した宗教改革者で，1415年に火あぶりにされた。Jan Hus, 1369?-1415）のように処刑され，事件も大きくはならなかったであろう。しかし，ローマ教皇庁の専横ぶりに怒りを感じていたのは，ルターのような聖職者だけではなかった。ルターが大学教授として神学を講じていたヴィッテンベルクの領主，ザクセン選帝侯フリードリヒ（Friedrich der Weise, 1463-1525, 在位1486-1525）など，北部ドイツの諸侯たちもローマ教皇庁，さらには神聖ローマ皇帝に反感を抱くようになっていたのである。

それだけではなかった。ルターの統治権力論によれば，世俗の領主たちは神による現世的統治の担い手であり，公共の秩序を守るための刑罰権や強制権も認められていた。さらに，修道院の財産も彼ら世俗の領主たちに分け与えられるべきであるとルターは論じていた。それまで，ローマ教皇庁の精神的・法制的な影響下に置かれていた北部ドイツの諸侯らにとって，ルターの教えは自らの立場の正統性を強化してくれるものにも映った。

フリードリヒをはじめとする北部ドイツの諸侯たちはルターを擁護し，後に帝国議会でルター派の信仰が異端とされるや（1529年の第二回シュパイアー帝国議会），この決定に「抗議する人々」として一致団結するに至った。ここにローマ・カトリックによって支配されてきた，中世以来のキリスト教世界は終焉を迎え，カトリックとプ

ロテスタント両派が衝突する宗教改革の時代が幕を開けたのである。それは，両派の考え方を支持する聖職者同士の論争にとどまらず，それぞれを支援する王侯同士の戦争にまで発展しえた。

　カール5世が神聖ローマ皇帝に選出されたのは，まさにそのような最中のことであった。熱心なカトリックの信奉者であり，帝国が宗教的に解体するのを阻止したいカールは，プロテスタントの動きを強硬に押さえ込む方針を打ち出した。

### 最大のライバル——フランソワ1世の存在

　ところが，カールの敵はプロテスタント諸侯にとどまらなかった。同じくカトリックを信奉するはずのフランス国王フランソワ1世（François I, 1494-1547, 在位 1515-47）というライバルの出現である。

　カールより6歳年長のフランソワは，カールがスペイン国王に即位した前年，1515年からヴァロワ家の当主としてフランスの領土拡張に野心を燃やしていた。その意味でも，スペイン国王にしてブルゴーニュ公爵，そしてハプスブルク家の当主でもあったカールとは終生のライバルにならざるをえなかったのである。両者の間でまず争点となったのが，ピレネー山脈（フランスとスペインの中間地）にあるナヴァール王国であった。次いで，カールの曾祖父シャルル（Charles le Téméraire, 1433-77）が1477年に戦死して以来，フランス王国に接収されていたブルゴーニュ公爵領の一部をめぐっても両者は衝突した。

　さらに，国王即位の年の戦功でフランソワが奪回したミラノをはじめとするイタリアをめぐる確執も，この後断続的に生じた。

　この二人が最初に正面から衝突したのは，戦争ではなく，選挙であった。1519年にカールの祖父マクシミリアン1世が亡くなると，早速に神聖ローマ皇帝選出のための選挙が執り行われた。14世紀半ば以来，神聖ローマ帝国の皇帝は，聖職貴族であるマインツ，ト

## Column ① 神聖ローマ帝国とは何か？

西暦962年にオットー1世がローマ教皇ヨハネス12世から帝冠を受けたことに始まる、と一般に言われてはいる。しかし、「神聖ローマ帝国」という名称が公式の文書に登場してくるのは13世紀半ばになってからのことであり、オットー1世が受けた帝冠は、カール大帝(シャルルマーニュ)以来のフランク王国（ローマ帝国とも呼ばれる）のものであった。

ヨーロッパ中央部に位置する共同体としての神聖ローマ帝国は、今日の国名で言えば、ベネルクス三国（オランダ、ベルギー、ルクセンブルク）、フランス東部、ドイツ、スイス、オーストリア、ポーランド、イタリア北部にまたがる広大な領域を占めており、ここに皇帝、国王、大公、公爵、伯爵、大司教、修道院長などさまざまな領主たちが治める、大小350前後の領邦と都市がひしめいていた。

皇帝は12世紀末から選挙によって選ばれる方式が確定し、帝国西部（ライン川沿い）の有力な聖職貴族であるマインツ、トリーア、ケルンの各大司教とプファルツ伯爵（ライン宮中伯とも呼ばれる）が「選帝侯」とされた。後に13世紀半ばにザクセン大公、ブランデンブルク辺境伯が、13世紀後半にベーメン国王がこれに加わり、1356年に制定された帝国最初の基本法である「金印勅書」によって、これら7人の選帝侯（世襲）が皇帝の選出にあたることが公式に決められた。

リーア、ケルンの各大司教と、世俗貴族であるベーメン国王、ザクセン大公、ブランデンブルク辺境伯、プファルツ伯爵という7人の「選帝侯」による選挙で代々選ばれていたのである。

15世紀半ばからは、ベーメンの国王も兼ねるハプスブルク家の当主が皇帝に選ばれる傾向にあったが、ここに1519年の選挙でフランソワ1世が名乗りを上げたのである。通常であれば、ハプスブルク家の後継者カールが順当に選ばれるところであったが、先にも述べたとおり、当時はルターの宗教改革が始まった直後のこと、選帝侯の一人ザクセンのフリードリヒなど、プロテスタントに与(くみ)する諸侯も徐々に増え始めていた。

第 1 章　近世最大の封建領主と宗教戦争

　皇帝が空位になると，選帝侯たちはドイツ中部の大都市フランクフルトに集まり，ここで速やかに選挙が実施された。1562 年からは選出された新皇帝の戴冠式もフランクフルトで挙行される慣例となった。その後の三十年戦争や「長い 18 世紀」の国際政治情勢にかかわり，バイエルン（1648 年）とハノーファー（1692 年）の領主も加わって，17 世紀末までには選帝侯は 9 人に増えている。

　超国家的な共同体としての帝国は，皇帝と帝国議会との協議によって統治が進められたが，実際には両者の間にはたびたび「せめぎ合い」が生じていた（第 1-3 章を参照）。帝国議会は 13 世紀後半から 15 世紀半ばまでの間に，選帝侯部会，諸侯部会，都市会議の三つの部会によって構成されることになった。また 16 世紀初頭には，帝国内の地域的な下位区分として 10 の「クライス」が設けられ，各地区ごとの政治・財政・防衛などを担った。

　この他にも，皇帝直轄の帝国宮内法院，有力諸侯の影響下に帝国最高法院が設置され，皇帝と諸侯のバランスの上に，帝国は 1806 年にナポレオン 1 世によって消滅させられるまで 600 年にわたってヨーロッパ中央部に君臨したのである。

　このときの皇帝選挙は熾烈を極めた。一説によると，カールはアウクスブルクの豪商で祖父の代からのつきあいがあるフッガー財閥がその大半を用立てた 85 万フローリンもの黄金（重さにして 2 トン）を賄賂に使い，見事に当選したとされている（ペレ，2002）。

　この後も，カールとフランソワとの対立は周辺諸国やローマ教皇まで巻き込んで終生続いた。それは二人の死後（1559 年），息子たちの代になってまで続いたのである。フランソワの王国を取り巻くように広大な領土を擁していたカールが，フランスとの一騎打ちに集中できていたならば，1525 年のパヴィア（北イタリア）での戦いの時のように，フランソワを押さえ込めたかもしれない（この戦い

29

## 2 カールの苦境——異端・異教徒との衝突

### プロテスタント諸侯の団結

ルターによる宗教改革の影響は、瞬く間にドイツ全土へと広がっていった。領邦君主の強大化により没落傾向にあった騎士たちは、司教領や修道院領の没収・分配を要求して、各地で立ち上がった（騎士戦争、1522-23年）。また西南部ドイツやスイスでは、農民たちが十分の一税（教区の教会に収穫物の10分の1を納めた）の廃止や賦役の軽減などを求めて大規模な反乱を起こした（農民戦争、1524-25年）。双方共にカールや領邦君主による激しい弾圧によって押さえ込まれたものの、それ以上の混乱を生じさせないために、カールはローマ教皇に宗教会議の開催を迫った。

しかし、時の教皇クレメンス7世（Clemens VII, 1479-1534, 在位1523-34）は、カールの強引な姿勢に反発するだけで、一向に会議を開くようすがなかった。むしろ、教皇はカールの宿敵フランソワ1世と手を結んで、皇帝に対抗する姿勢まで示してきた。ここにカールとフランソワの間で第二次イタリア戦争が勃発した（1527年）。

この戦争で1527年5月に皇帝軍はローマに進撃し、教会や修道院はもとより、市民たちからも財産を巻き上げ、その暴挙は「ローマ掠奪」と呼ばれた。翌年10月まで教皇は事実上の幽閉状態に置かれた。1529年に第二次イタリア戦争も終結し、およそ9年ぶりにドイツに戻ってきたカールは、アウクスブルクに帝国議会を招集し、ルター派の信仰はいっさい容認しないという強硬な態度を示したのである。

この会議の直後に、ルター派の諸侯と都市代表は、ドイツ中央部のシュマルカルデンに集結し、同盟締結の話し合いを進めた。そして1531年2月、ザクセン選帝侯ヨハン（Johann, 1468–1532, 在位1525–32）とヘッセン方伯フィリップ（Philipp der Großmütige, 1504–67, 在位1509–67）とを盟主に戴いた「シュマルカルデン同盟」が結成された。やがて同盟には、ブランデンブルク選帝侯などの有力諸侯たちも次々と加わり、カールとの対決姿勢を強めていった。

　しかし、1536年から再びフランソワとのイタリア戦争（第三次・第四次）に乗り出していたカールは、シュマルカルデン同盟の動きにもすぐには対応できなかった。しかも、戦争が終結した38年に南部の都市ニュルンベルクでカトリック諸侯同盟が結成されるに至り、神聖ローマ帝国内の紛争は北部のプロテスタント諸侯と南部のカトリック諸侯との正面衝突へと発展する様相を呈していた。

　ところが、この当時カールが対峙しなければならなかった相手は、これら異端のプロテスタント諸侯だけにはとどまらなかったのである。

### オスマン帝国の脅威

　ルターの宗教改革から半世紀ほど時代を遡った1453年、東ローマ（ビザンツ）帝国が崩壊した。滅亡に追いやったのはイスラームの勢力オスマン王朝のトルコであった。やがてオスマン帝国は16世紀初頭までには、中東や北アフリカをも征し、バルカン半島からカールの帝国へと迫りつつあった。

　当時の皇帝はスレイマン1世（大帝, Süleyman I, 1494–1566, 在位1520–66）。カールより6歳年長で、カールが神聖ローマ皇帝に即位した翌年からスルタンとなっていた。スレイマンは即位するや早々にベオグラード（現在のセルビア共和国の首都）を陥落させ、バルカン半島を支配下に治めていた。さらに、1526年にはドナウ川を越

えて、ハンガリーへと侵攻を開始した。当時のハンガリー王国はカールの妹マリアの夫でもあるラヨシュ2世（Lajos II, 1506-26, 在位 1516-26）が統治していたが、8月のモハーチの戦いでオスマン軍の攻勢に敗れ、戦死してしまう。

これに目を付けたのがフランソワ1世であった。彼は、カールとイタリアで戦闘を繰り広げていた最中、オスマン帝国の首都イスタンブールに使節を派遣し、トルコ＝フランス協定を結んでカールを東西から挟み撃ちにしようと計画した。そして、ラヨシュ死後のハンガリー王位をめぐる対立から、1529年9月にはついにスレイマン率いる12万もの大軍がハプスブルク家の都ウィーンに進撃してきた。

「イェニ・チェリ」と呼ばれるエリートの親衛軍団に守られ、ヨーロッパ軍よりも破壊力に優れた大砲を300門も持ち込んでウィーンを包囲したトルコ軍の脅威に対して、2万人の軍勢で立ち向かわなければならなかった市民たちはよく耐え忍んだ。10月半ばには、食糧も尽きてきたトルコ軍の方が先にしびれを切らして撤退することになった。

この間、カールは、自らが国王であるスペインからハンガリーやウィーン救援のための財政援助を得ようと議会に諮ったが、自国とは関係のない問題にスペイン諸侯たちはいっさい協力しようとはしなかった。スペインにとって緊急の課題は、地中海を挟んで対峙する北アフリカを拠点に横行する、バルバロス（Barbaros, 1475-1546）率いるバルバリア海賊を封じ込めることであった。

同じ君主を戴いた「同君連合」によって結ばれていたとはいえ、スペインとオーストリアの間にはかなりの足並みの乱れが生じていた。これら異なった利害を持つ広大な帝国を治めなければならないカールの苦悩が、このような局面でも浮き彫りにされていたと言っても過言ではないであろう。

この後，スレイマンと手を結んだバルバロスは，1534年には北アフリカのチュニスを平定し，38年にはプレヴェザの海戦でスペイン，ヴェネツィア連合軍を打ち破った。さらに，1535年からはフランソワ1世が再びスレイマンと同盟関係を結び，カールを苦しめていった。1541年にカールは北アフリカのアルジェに遠征に出かけ，イスラーム勢力の一掃を試みたが，逆に惨敗を喫してしまったのである。

　ハプスブルクとオスマンの衝突は，カールが亡くなる1558年まで続いた。

### 叔父ヘンリの裏切り――イングランド国教会の形成

　カールの苦境にさらに追い打ちをかけたのが，イングランドにおける宗教改革の動きであった。当時のイングランドは，1509年の国王即位直後にカールの叔母キャサリン（スペイン語ではカタリーナ）と結婚した，ヘンリ8世（Henry VIII, 1491-1547, 在位1509-47）によって統治されていた。キャサリンはカールの母フアナの妹で，スペイン王室から輿入れしていたのである。このため，カールには義理の叔父にあたるヘンリのイングランドは，ハプスブルク帝国にとって心強い同盟者となっていた。しかもヘンリは，熱心なカトリック教徒であり，ルターの宗教改革に対しても公然とこれを非難していた。

　ところが，事態は思わぬ方向へと転じてしまった。ヘンリとキャサリンの間には子どもが何人か生まれたが，死産や流産が繰り返され，無事に成長していたのは1516年に生まれたメアリという王女一人だけであった。イングランドでは，女子にも相続権は認められていたが，これまで「女王」が現れたことはなかったし，テューダー家に近い家柄の男子には継承権を訴えてくる者もいた。ヘンリは自分の死後に大きな政治的混乱が生じるのを防ぐためにも，男子の

継承者を是が非でも得なければならなかった。しかし，1525年にキャサリンは満40歳を迎え，これ以上の出産は見込めない状態にあった。

そこで1527年にヘンリは，ローマ教皇クレメンス7世に使者を送り，キャサリンとの結婚の無効を願い出た。ところが当時は，すでに見たとおり，カールの軍勢がローマを掠奪していた最中であり，愛する叔母を蔑ろにするかのようなヘンリの態度にカール自身が怒り心頭に発しているような状態であった。敬虔なカトリック教徒であったキャサリンは離婚に応じず，教皇の勧めた修道院入りも拒否していた。

そのような中で，ヘンリの愛人アン・ブーリン（Anne Boleyn, 1507?-36）の懐妊が明らかとなった。キャサリンが王妃のままでは，アンから生まれてくる子は庶子扱いされてしまう。1533年4月にキャサリンとの結婚は一方的に無効とされ，同年から翌年にかけてイングランド議会を通過した一連の法律によって，ついにイングランドはローマ・カトリックと袂を分かち，国王を首長に戴く独自のイングランド国教会を形成してしまったのである。キャサリンは幽閉され，1536年，失意のうちにこの世を去った。

この事態にカールはイングランドへ遠征して叔母を救いたかった。しかし，北部プロテスタント諸侯やオスマン帝国，さらに宿敵フランソワ1世（これを機にヘンリはフランソワと同盟関係を結んでいた）に同時に対処しなければならなかったカールにはなす術はなかったのである。だが，ヘンリに対する天罰であろうか，アンから生まれてきたのも，またしても女の子（次章に登場する後のエリザベス1世）であった。

この後カールは，長男フェリーペ（後のスペイン国王フェリーペ2世，Felipe II, 1527-98, 在位1556-98）をイングランド王位を継いだ叔母の一人娘メアリ1世（Mary I, 1516-58, 在位1553-58）と結婚させ，

亡き叔父ヘンリに一矢を報いたかに見えたが，二人の間には子どもができず，メアリは従兄カールが亡くなった2カ月後に後を追うように急逝したのである。

## 3 「大帝」の退場と帝国の分割

### シュマルカルデン戦争

　神聖ローマ皇帝カール5世が，北部のプロテスタント諸侯，東のオスマン帝国，そして西のフランスと各地で戦闘を繰り広げている間，1530年代までには宗教改革に新たな局面が訪れていた。ルターとは若干考え方を異にしながらも，ローマ教皇庁に正面から挑戦を挑むような勢力が，スイスを拠点に現れたのである。ツヴィングリ（Ulrich Zwingli, 1484-1531）やカルヴァン（Jean Calvin, 1509-64）の動きであった。

　1544年のクレピーの和約によって，フランソワ1世とのイタリア戦争に一応の終止符を打ったカールは，ローマ教皇パウルス3世（Paulus III, 1468-1549, 在位1534-49）に圧力をかけて，翌45年からイタリア北部のトリエントで宗教会議を開かせるに至った。さらにカールは，プロテスタント勢力に対しては軍事力で制圧するという強硬な手段に訴えることにした。折しも，トリエント宗教会議の最中の1546年2月，宗教改革の旗手ルターが世を去った。プロテスタント勢力にとっての支柱とも言うべきルターの急逝で，ルター派の諸侯間にも足並みの乱れが生じるようになっていた。

　ルターの死からわずか4カ月後の1546年6月，シュマルカルデン同盟と，皇帝の周辺に集まったカトリック諸侯との間に戦争が始まった。シュマルカルデン戦争である。翌47年4月にザクセン公国のミュールベルクでカール率いる皇帝軍は圧勝した。プロテスタント側の盟主でザクセン選帝侯のヨハン・フリードリヒ（Johann

第 I 部　近代国際社会の黎明

Friedrich, 1503-54, 在位 1532-47) は囚われの身となった。

　この戦勝で帝国内でのカールの立場はがぜん強まった。アウクスブルクに招集した帝国議会でも、カールはプロテスタント諸侯に対する強硬な政策を声高に叫んだ。同じく 1547 年には、「裏切り者」の叔父ヘンリ 8 世（1 月）と、ヨーロッパ国際政治における長年のライバルであったフランソワ 1 世（3 月）とが相次いで亡くなった。もはやカールの勢いを止められる者はいないかに思われた。

　ところが、ミュールベルクでの勝利が、カールにとっては逆に仇となってしまった。皇帝権をさらに強化するかに思われたカールに脅威を抱いたカトリック諸侯たちが、次々とカールの許を去っていったのである。すでにミュールベルクの戦い以前から、ローマ教皇パウルス 3 世は皇帝の専横ぶりに嫌気がさして、教皇軍をイタリアに召還してしまっていた（47 年 1 月）。この隙にプロテスタント諸侯が巻き返しに転じた。

　ミュールベルクの戦いでカールに付いてプロテスタント側を裏切り、ヨハン・フリードリヒの後を受けてザクセン選帝侯に就いていたモーリッツ（Moritz, 1521-53, 在位 1547-53）が、王位を継いでまもないフランス国王アンリ 2 世（Henri II, 1519-59, 在位 1547-59）からの財政的・軍事的な援助を背景にプロテスタント諸侯を率いて、1552 年 5 月にカールを打ち破ったのである（諸侯戦争）。インスブルックに逃亡したカールに代わり、弟で次期神聖ローマ皇帝に指名されていたフェルディナント（後のフェルディナント 1 世, Ferdinand I, 1503-64, 在位 1556-64）はドイツ南東部のパッサウで、カトリックに有利な「アウクスブルク仮信条協定」（1548 年）を破棄し、ルター派を容認する方向性（パッサウ条約）を示した。

　こうして、強大な皇帝権を確立し、帝国をカトリック勢力によって再編しようと試みたカールの野望は潰えたのである。

第 1 章　近世最大の封建領主と宗教戦争

## アウクスブルクの和議と皇帝の退位

　パッサウ条約が締結された翌1553年の初頭，皇帝カール5世は生まれ故郷ネーデルラント（現在のベルギーとオランダ）に隠遁した。カトリック諸侯の中にも，彼に付き従っていこうとする者はもはやほとんどいなかった。諸侯戦争での敗退にもかかわらず，カールは相変わらずカトリックの死守にこだわっていたのである。これ以後の交渉は，プロテスタントに妥協的な姿勢を示していた，弟のフェルディナントに託された。

　1555年2月，フェルディナントはアウクスブルクに帝国議会を招集し，同年9月には「アウクスブルクの宗教平和令」と呼ばれることになる，最終的な和解案が合意をみた。これによって諸侯たちには，自身が選んだ宗派を臣下に強制できる権利が与えられた。「一人の支配者のいるところ，一つの宗教」という原則の確立である。君主の宗派に従えない臣下には，他の領域への移住権も認められた。ただし，このとき認められたプロテスタントは「ルター派」に限られ，帝国の内外に影響力を拡大していたツヴィングリ派やカルヴァン派は，相変わらず異端とみなされたのである。

　こうしてルターにより「95カ条の論題」が出されて以来，40年近くにわたって帝国を揺るがしてきた宗教戦争に一応の幕が閉じられた。

　アウクスブルクでの和議が成立したちょうど1カ月後，1555年10月25日にブリュッセル（現在のベルギーの首都）で，カールはすべての公職からの引退を発表した。突然の表明に臣下たちの胸中は穏やかではなかった。この日長男フェリーペに，半世紀にわたって帯びてきたブルゴーニュ公爵位を譲り渡したカールは，涙ながらに次のように述べた。

　「余はこれまでドイツに9回，スペインに6回，イタリアに7回，フランドルに10回，フランスに4回，イングランドとアフリカに

それぞれ2回ずつ，計40回にわたって旅を続けてきた。……これまで余は，経験不足やあまりの向こう見ずによって，多くの過ちを犯してきた。しかし，余は決して誰かを傷つけようなどという意図はもっていなかった。もしそのようなことがあった場合には，ここに許しを請いたい」(ペレ，2002)

71もの称号という重みに耐え続けての，半世紀に及ぶ君主としての生活を終えるにあたっての，カールの偽らざる気持ちであったのであろう。翌1556年1月に，カールはアメリカ植民地を含めたスペイン帝国（ナポリなどイタリアの所領も）を長男フェリーペに譲り渡した。そして9月には，神聖ローマ皇帝からも退位し，オーストリア大公位とハンガリーやベーメンなどの所領を弟のフェルディナントに譲ったのである。

ここにカールが支配したハプスブルク帝国は，マドリードを拠点とする西のスペインとウィーンを拠点とする東のオーストリアとに分割された。こうして近世最大の封建領主は姿を消すことになったのである。政治の表舞台から退いたカールは，かつては「外国人」扱いを受け，神聖ローマ帝国の維持にもほとんど力を貸してくれなかった，スペイン中部のユステにある修道院内に隠退した。ここで彼は，1558年9月21日に息を引き取った。

しかし，カール5世の死が，そのまま宗教戦争の終焉までを意味するわけではなかった。彼の死からほどなくして，ヨーロッパは新たなる宗教戦争の時代へと突入していくのである。


●引用・参考文献●

ウィルスン，ピーター・H.／山本文彦訳，2005年『神聖ローマ帝国1495-1806』岩波書店。
高澤紀恵，1997年『主権国家体制の成立』(世界史リブレット29) 山川出版社。

成瀬治・山田欣吾・木村靖二編，1997年『ドイツ史1 先史〜1648年』(世界歴史大系) 山川出版社。
ペレ，ジョセフ／塚本哲也監修／遠藤ゆかり訳，2002年『カール5世とハプスブルク帝国』(「知の再発見」双書 105) 創元社。
三橋冨治男，1984年『オスマン帝国の栄光とスレイマン大帝』清水新書。
Kleinschmidt, Harald, 2004, *Charles V: The World Emperor*, History Press.
MacDonald, Stewart, 2000, *Charles V: Ruler, Dynast and Defender of the Faith, 1500–58*, 2nd ed., Hodder Arnold H & S.
Maltby, William, 2002, *The Reign of Charles V*, Palgrave Macmillan.
Nexon, Daniel H., 2009, *The Struggle for Power in Early Modern Europe: Religious Conflict, Dynastic Empires, and International Change*, Princeton Univeristy Press.
Rady, Martyn, 1988, *Emperor Charles V*, Longman.

# 弱小国イングランドの苦悩

第2章

❶アルマダの戦い（1588年7月）での勝利を祝うエリザベス1世の肖像画——スペインへの勝利と豪奢な衣装に身を包む女王の雄姿を称えてはいるが，当時のイングランドは弱小国であった（George Gower画。写真提供：Bridgeman Art Library/PANA）

## *1* 混乱の最中の女王即位

### 「平和の調整役」?

　ヨーロッパ世界最大の封建領主として栄華を極めたカール5世が，スペイン中部の修道院でひっそりと息を引き取ったころ（1558年9月），ヨーロッパ北西部の小国イングランドでは彼の従妹にあたる女王メアリ1世が死の床にあった。カールの長男フェリーペと結婚し，ハプスブルク家との同盟関係を復活させていたメアリではあったが，二人の間に世継ぎは誕生しなかった。11月に入ってメアリの容態は急激に悪化し，ここに42年の生涯を閉じることになった。彼女の後を継いだのは，腹違いの妹エリザベス1世（Elizabeth I, 1533-1603, 在位 1558-1603）である。

　後にエリザベスの時代は，「イングランドの黄金時代」あるいは，「大英帝国の幕開け」などとも呼ばれるが，はたしてそうであったのか？　彼女の時代のヨーロッパ国際政治を見る前に，まずはテューダー王朝（1485-1603年）中期のイングランドとヨーロッパとの関係を概観しておこう。

　第1章でも述べたように，エリザベスの父ヘンリ8世は，カール5世の叔母キャサリンと結婚し，当初はハプスブルク家との同盟関係を重視していた。さらに，1517年にルターの宗教改革が始まると，これ以上「異端」の信仰が拡大しないためにと，ローマ教皇や神聖ローマ皇帝，フランス国王などに呼び掛けて，翌18年にロンドン条約を締結し，カトリックの君主同士では戦争をしないと誓わせたのである。これにより，ヘンリは「平和の調整役」などと呼ばれることになった。

　しかし，その翌年（1519年）には，神聖ローマ皇帝選挙をめぐって早くもカール5世とフランソワ1世との間で衝突が始まった。し

第2章 弱小国イングランドの苦悩

図2-1 テューダー家とステュアート家，ハノーヴァー家の系図

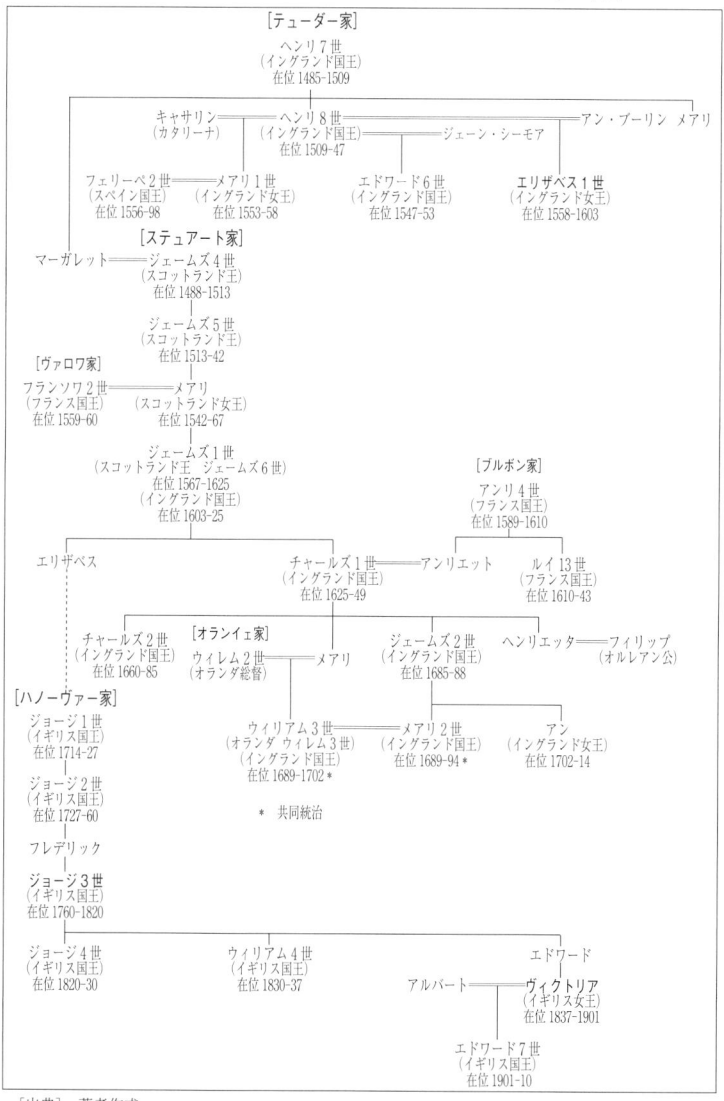

```
[テューダー家]
           ヘンリ7世
        (イングランド国王)
         在位1485-1509
              │
  ┌───────────┼──────────────────────┬─────────┐
キャサリン═══ヘンリ8世═══ジェーン・シーモア  アン・ブーリン  メアリ
(カタリーナ)(イングランド国王)
         在位1509-47
  │              │                │
フェリーペ2世═══メアリ1世       エドワード6世       エリザベス1世
(スペイン国王)(イングランド女王) (イングランド国王)    (イングランド女王)
在位1556-98  在位1553-58       在位1547-53        在位1558-1603

           [ステュアート家]
マーガレット═══ジェームズ4世
         (スコットランド王)
          在位1488-1513
              │
           ジェームズ5世
         (スコットランド王)
          在位1513-42
              │
[ヴァロワ家]
フランソワ2世═══メアリ
(フランス国王) (スコットランド女王)
在位1559-60    在位1542-67
              │
         ジェームズ1世                  [ブルボン家]
      (スコットランド王 ジェームズ6世)    アンリ4世
          在位1567-1625                (フランス国王)
        (イングランド国王)                在位1589-1610
          在位1603-25                      │
  ┌───────────┴─────────┐         ┌────────┴────────┐
エリザベス          チャールズ1世═══アンリエット     ルイ13世
              (イングランド国王)                (フランス国王)
                在位1625-49                    在位1610-43
                    │
  ┌─────────┬──────────┴───────────┐
チャールズ2世   [オランイェ家]              ジェームズ2世      ヘンリエッタ═══フィリップ
(イングランド国王) ウィレム2世═══メアリ    (イングランド国王)              (オルレアン公)
在位1660-85   (オランダ総督)              在位1685-88
[ハノーヴァー家]       │                    │
ジョージ1世      ウィリアム3世═══メアリ2世         アン
(イギリス国王)  (オランダ ウィレム3世)(イングランド国王)(イングランド女王)
在位1714-27    (イングランド国王)    在位1689-94*     在位1702-14
   │          在位1689-1702*
ジョージ2世                * 共同統治
(イギリス国王)
在位1727-60
   │
フレデリック
   │
ジョージ3世
(イギリス国王)
在位1760-1820
   │
  ┌─────────┬──────────────────┐
ジョージ4世    ウィリアム4世            エドワード
(イギリス国王) (イギリス国王)    アルバート═══ヴィクトリア
在位1820-30   在位1830-37                 (イギリス女王)
                                        在位1837-1901
                                            │
                                        エドワード7世
                                       (イギリス国王)
                                        在位1901-10
```

［出典］ 著者作成。

ょせんヘンリは、ヨーロッパに平和を根づかせるだけの軍事力も政治的影響力も持ち合わせてはいなかったのである。16世紀前半のイングランド外交は、カール5世とフランソワ1世との間で右往左往するだけに終始していた。

　事実、キャサリンとの離婚問題が持ち上がると（1527年）、ヘンリはフランスに近寄り、イングランド国教会を形成した後は、シュマルカルデン同盟の諸国と手を結んで（1533年）、自国を守ることに汲々とする。1538年には、教皇パウルス3世によってヘンリは破門された。さらに翌39年、トレドで和平を結んだカールとフランソワに、教皇はヘンリ追討を呼び掛けた。スペイン、フランスの両国大使はロンドンから引き揚げられ、イングランドに新たなる十字軍が「異端」追討のため、遠征に押し寄せる可能性も高まった。

　しかし、またしてもカールとフランソワがイタリアをめぐって衝突してくれたおかげで、ヘンリは九死に一生を得たのである。この間、1542年にスコットランドで国王が急死し、生後一週間のメアリ（Mary Stuart, 1542-87, 在位 1542-67）が女王に即位した。ヘンリは、皇太子エドワードをメアリと結婚させてスコットランドを乗っ取ろうと謀るが、母親で摂政を務めるメアリ皇太后（Mary of Guise, 1515-60）にすげなく拒絶された。

　ここにヘンリはスコットランド遠征に乗り出す（1544-47年）が、同時期にフランスとも戦わねばならなくなり、遠征は失敗した。ヘンリは経済の中心地アントワープ（現在のベルギー）の金融界に多額の借金を負い、財政が逼迫するとともに、インフレにも悩まされ、その治世の末期は惨憺たる状況に置かれたのである。

### 結婚の代償——メアリ1世時代の悪夢

　1547年1月にヘンリ8世が亡くなると、まだ9歳のエドワード6世（Edward VI, 1537-53, 在位 1547-53）が即位した。伯父のサマセッ

ト公爵（1st Duke of Somerset, 1506?-52）を摂政に据え，イングランドは再びスコットランド女王メアリとの結婚交渉に乗り出した。またしても拒否されたサマセットは派兵し，9月にスコットランド軍を窮地に追い詰めた。ここで動いたのが，フランス国王アンリ2世であった。彼は「スコットランドの守護者」を掲げ，翌48年6月に1万人の軍で上陸してきた。イングランド軍は蹴散らされ，メアリは「安全のため」フランスへと連れ去られてしまった。失敗の責任を負ってサマセットは失脚し，1553年7月にエドワード6世は結婚もせずに16年の生涯を閉じた。

ここにイングランド史上初めての女王が登場した。メアリ1世である。17歳の時に母キャサリンが強制的に離縁されてカトリックの信仰心篤いメアリは，イングランド国教会の廃絶に乗り出した。さらに，カトリック教徒の世継ぎを残したかった未婚のメアリは，カトリックの有力な王侯との結婚を望んだ。ここで白羽の矢を立てられたのが，従兄カールの長男でスペインの皇太子フェリーペであった。ヘンリ～エドワード時代に築かれた，フランス＝スコットランド連合に対抗していくために，ハプスブルクとの同盟関係は重要であった。1554年7月，メアリとフェリーペは結婚した。

その翌年10月，カール5世の引退にともなってフェリーペはネーデルラント（現在のオランダ，ベルギー）やフランス北東部に所領を持つブルゴーニュ公爵となり，次いで1556年1月にはスペイン国王にも即位した。彼はメアリの「共同統治者」として，イングランドの政治にも口を挟んでいた。その彼が今やイングランド以上の勢力を誇る，大国の主となったのである。1557年1月，フランスがスペイン領フランドルに侵攻を開始した。フェリーペはイングランドに直々に乗り込み，イングランド軍をフランドルに派兵するよう要請した。こうして，6月にはイングランドも，フランスとの戦争に巻き込まれることになってしまったのである。

## Column ② キリスト教の諸派（その1）

そもそもキリスト教とは、ナザレ（現在のイスラエル北部の都市ナゼラト）のイエスを神の子と信じるユダヤ教徒の間で、西暦1世紀半ばに生まれた宗教である。その教えは、イエスが十字架への磔(はりつけ)の刑に処せられた（西暦33年ごろ）後に、弟子たちによって広められたが、初期のローマ帝国において信者たちは迫害を受けた。

313年に、時のコンスタンティヌス帝によってキリスト教は公式に容認された（ミラノ勅令）。その後の教会内の正統と異端の論争を経て、4世紀末までにはアタナシウス派がローマを拠点に「カトリック」（普遍的という意味）として正式に認められ、皇帝テオドシウス1世によって帝国の国教とされた。こうしてローマ教会がキリスト教の中核となった。

そのころまでに、すでに330年に建設された新しい首都コンスタンティノポリス（現在のイスタンブール）の教会とローマ教会との間で主導権争いが生じていたが、4世紀末にキリスト教が国教に認められたとき、ローマ司教が「ローマ教皇」として教会の頂点に据えられた。395年にローマ帝国が東西に分裂すると、西ローマ帝国、次いでフランク王国（さらにその後裔(こうえい)としての神聖ローマ帝国）において、ローマ教皇はキリスト教共同体の最高権威者とされ、ヨーロッパ全土へと布教が促されていった。

他方のコンスタンティノポリスに拠点を置く東方教会（ギリシャ正

---

戦況は惨憺たるものであった。1558年1月には、フランス軍はドーヴァー海峡の対岸カレー（英仏百年戦争の後にイングランドが唯一大陸に持っていた拠点）を攻略し、占領した。この後、イングランドとフランスの間で和平交渉が始まった。その最中にメアリが倒れたのである。交渉は中断され、11月17日にメアリは死去した。フェリーペとの間に世継ぎはなく、ここにヘンリ8世最後の遺児、エリザベス1世が即位した。

フランスとの交渉を再開したかったエリザベスではあったが、彼女は即位早々から危機に直面する。ローマ教皇庁はすでに彼女を

第 2 章　弱小国イングランドの苦悩

教）は、今日の中東欧やロシアにまで布教を進めていったが、1054 年に聖像禁止令をめぐってローマ教皇庁と対立し、東西のキリスト教会はそのまま分裂してしまった。

　ローマ教皇庁を頂点とするヨーロッパ西部のキリスト教は、洗礼・婚姻・終油などの秘蹟(サクラメント)を通じて、信者たちの「揺り籠から墓場まで」の儀礼をすべて司った。それが「教会の外に救いなし」の観念を生むと同時に、同じキリスト教徒として「兄弟」関係にある王侯同士の対立は教皇(パパ)が収めるとする慣例にもつながった。このためキリスト教徒からの放逐を意味する「破門」は、国外では異教徒と、国内では謀反とみなすことをそれぞれ正当化する手段となり、神聖ローマ皇帝でさえ恐れた（1077 年の「カノッサの屈辱」など）。

　しかし、相次ぐ十字軍の失敗（11-13 世紀）や教会大分裂（14-15 世紀）を経て、ローマ教皇庁の権威が失墜し、教会の腐敗が進むと、ルターによる宗教改革（第 1 章を参照）を契機に、人は信仰によってのみ義とされ、聖書を信仰の唯一の規範とし、教皇権や教会法を否定するプロテスタントの諸派が 16 世紀に登場した。なお、イングランド国教会は、教皇権を否定し、信仰による義認や聖書主義をとる点ではプロテスタントに近いが、国王（女王）を首長とし、主教制度や儀礼を重視する点ではそれと一線を画している。

「庶子」と宣言しており（王位継承権がない）、フランスではスコットランド女王メアリが自分こそ正統な世継ぎである（メアリの祖母がヘンリ 8 世の姉）と主張し、この年の 4 月に皇太子フランソワと結婚させたフランス国王アンリ 2 世も、義理の娘メアリに同調する構えを見せていた。エリザベスは義兄フェリーペ 2 世にすがるしかなかった。

　フェリーペは、エリザベスがイングランドを再びカトリックから引き離して、国教会を復活させ、プロテスタント寄りの政策を進めつつあることに不快感を抱いていたが、イングランドがフランスの

47

第 I 部　近代国際社会の黎明

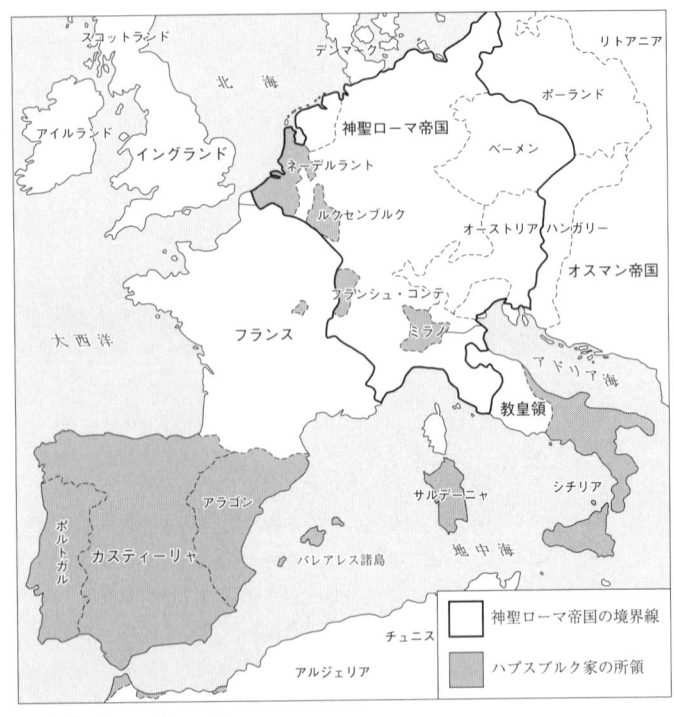

図 2-2　フェリーペ 2 世の所領

[出典]　Nexon, 2009, p. 187.

手に落ちてしまっては元も子もない。アンリ 2 世に圧力をかけて，1559 年 2 月に交渉は再開された。そして 4 月にカトー・カンブレジ条約が結ばれ，フランスがカレーを 8 年間「租借」すると決められたが，実際にはカレーはその後もフランス領に組み込まれた。12 世紀にはフランスの西半分を領有し，ヨーロッパ西部に「アンジュー帝国」を築いたイングランドではあったが，英仏百年戦争（1337/38〜1453 年）で敗北し，カレーだけがヨーロッパ大陸に再度攻め込むための拠点として残っていた。しかし，こうしてイングランドは大陸の領土を完全に失い，大陸国家を夢見ることをやめざる

第 2 章　弱小国イングランドの苦悩

をえなかったのである。

### スコットランド女王メアリの脅威

このように，エリザベス時代の幕開けは波瀾(はらん)に富んだものであった。フランスと和平は結んだものの，安心などしていられる状況にはなかった。フランスは，メアリのイングランド王位継承権を支持し，スコットランドでフランス軍を増強しており，エリザベスは，いつ何時，北のスコットランドと南のフランスから挟み撃ちにされるかわからない状態であった。そのようなときに，彼女に幸運が訪れたのである。

1559 年 5 月，スコットランドでプロテスタント貴族たちによる反乱が勃発した。エリザベスの側近セシル（William Cecil, 後の 1st Baron Burghley, 1520-98）は，フランスの勢力（カトリック）をスコットランドから一掃し，エディンバラに親イングランドのプロテスタント系政府を樹立させるためにも，援軍を送るべきだと主張した。エリザベスはより慎重であった。ここでフランスを過度に刺激するのもよくない。表面的には中立を保ち，裏ではプロテスタント貴族らに軍資金（2000 ポンド）を送る方針を採った。ところがその矢先に，アンリ 2 世が急逝した。フランソワ 2 世（François II, 1544-60, 在位 1559-60）が即位し，妻メアリは王妃となった。ここに彼女の裁量でスコットランドへのさらなる派兵が決まった。スコットランドのプロテスタント貴族たちは，イングランドに助けを求めてきた。

1559 年 12 月，枢密顧問会議（後の閣議に相当する）を招集したエリザベスは，側近たちと慎重に話し合った。プロテスタント寄りのセシルは，反乱軍への軍事支援を主張した。カトリック寄りのノーフォーク公爵（4th Duke of Norfolk, 1536-72）は，エリザベスがオーストリア大公と結婚することでハプスブルクとの同盟関係を強化すべきだと訴えた。最終的にはセシルの進言で，スコットランドへ

の派兵が決まった。

1560年1月、英仏両軍は激突したが、7月にはエディンバラ条約によって、双方がスコットランドから撤兵することで和平が成立した。さらに12月には、フランソワ2世が急死した。まだ16歳の若さであり、メアリ王妃との間に子はなかった。これがエリザベスにとって幸運となった。

新たにフランス国王に即いたのは弟のシャルル9世（Charles IX, 1550-74、在位1560-74）で、わずか10歳であった。母親のカトリーヌ・ド・メディシス（Catherine de Médicis, 1519-89）が摂政に就任し、政治の実権を掌握した。彼女は、義理の娘メアリとは関係が良くなく、イングランドとも無用な衝突は起こしたくなかった。メアリは12年間も住み慣れたフランスを追われ、翌61年夏にスコットランドに追い返されたのである。

この後、フランスではユグノー（カルヴァン派プロテスタント）がカトリーヌに対して反旗を翻し、彼らはカレー返還を条件にエリザベスに援軍を要請してきた。これに心を動かされたイングランドは資金と援軍を送ったが、1563年6月にイングランド軍は惨敗を喫した。ここにエリザベスは、カレー奪回の夢を完全に捨て去ったのである。

## 2　カトリック大国の狭間で

### メアリの亡命とエリザベスの結婚問題

メアリが12年ぶりに帰国してみると、カルヴァン派プロテスタントによる宗教改革の波は、スコットランドにも押し寄せていた。メアリが帰国する直前の宗教改革戦争（1559-60年）でプロテスタント国家へと変貌を遂げていたスコットランドの大勢に、カトリックのメアリもあえて強圧策は用いなかった。1565年に貴族と再婚

したメアリは，翌66年6月に長男ジェームズを出産したが，その後の貴族間の衝突に巻き込まれ，幽閉された。

1567年7月にメアリは1歳のジェームズに譲位させられ，翌68年にはイングランドに亡命した。エリザベス1世は当初，メアリを宮廷に迎え入れるつもりであったが，枢密顧問会議の説得で，メアリは各地での幽閉生活を余儀なくされた。エリザベスとメアリが会うことは一生涯なかった。

それというのも，イングランド北部に多いカトリック派の大貴族層が，メアリを女王に擁立して，イングランドにカトリック体制を復活させようと狙っていたからである。事実，1569年11月には「北部の反乱」と呼ばれる謀反が起こった。これにはスペインが裏から金銭的に支援していたとされる。反乱は失敗に終わり，600人以上が処刑された。しかし，この後もメアリは，国境を越えてカトリック勢力によって画策されたエリザベス暗殺計画に，たびたび荷担した。

こうした動きを封じ込めるためにも，枢密顧問官たちは女王の早期の結婚を望んだが，エリザベスはなかなか承知しなかった。花婿の候補者としては，義兄でスペイン国王のフェリーペ2世をはじめ，神聖ローマ皇帝マクシミリアン2世（Maximilian II, 1527-76, 在位 1564-76）の弟たち，さらにスウェーデン国王エーリック14世（Erik XIV, 1533-70, 在位 1560-68）などがいた。

エリザベスが結婚を躊躇していたのは，二人のメアリの末路を見ていたからであった。異母姉メアリ1世はフェリーペと結婚し，イングランドをフランスとの無用な戦争に巻き込んで，カレーを失った。そればかりか，カトリック体制の再建でイングランドを内乱寸前の状態にまで追い込んだ。スコットランドのメアリも，フランス国王との結婚，国内の貴族との再婚で，やはり国を混乱の渦に巻き込んでいた。

それと同時に、エリザベスは、この「結婚」という切り札を外交の駆け引きにも用いたかったのである。特に、当時のイングランドが自国の命脈を保つには、スペインとフランスという大国の狭間(はざま)で均衡(バランス)をとる以外に道はなかった。ハプスブルクの大公やフランスの王弟などとの結婚交渉は、それだけで競い合う両大国にとっては無関心ではいられなかった。

「結婚」とともにエリザベスの切り札となりえたのが、「宗教戦争」であった。スペインやフランスの目をイングランド侵攻に向けさせないためには、それぞれの国内や所領で、プロテスタント勢力が内乱を起こしてくれるのは都合がよかった。そして、エリザベスが女王として登場した時代の両大国は、まさにそのような戦争の最中にあったのである。

## ネーデルラント戦争の光と影

カール5世の引退（1556年）以来、ネーデルラントはスペイン国王フェリーペ2世の領土に組み込まれていた。しかし父カールの時代から、商工金融業で栄えるネーデルラントは、たび重なる戦争で戦費に窮するハプスブルク家にとっては、重要な税源となってきた。こうした強みを生かし、ネーデルラントでは地方の慣習法に基づく州の権利が認められ、外交政策の決定にあたっては全国議会が招集され、意見を求められていた。しかしカール5世は、同地の伝統や慣習を無視し、中央集権的な政治統合を推し進めるようになり、地元貴族層との対立を深めた。フェリーペ2世の代になってからも同様で、弟の代わりに全17州の執政を務める異母姉マルゲリータ（Margherita, 1522-86）は、北部に増え始めたカルヴァン派のプロテスタントに対し、容赦ない異端審問（宗教裁判）を行った。

1566年8月、ついにネーデルラントで反乱が勃発した。翌67年にはアルバ公爵（Duque de Alba, 1507-82）率いるスペイン軍が派遣

され，各地で勝利を収めた。エフモント伯爵（Graaf van Egmont, 1522-68）らが処刑され，スペインによる専制支配が強化される可能性も高まった。1568年4月，国外に亡命していたオラニェ公爵ウィレム（Willem I, 1533-84）が帰国し，反撃に打って出た。ここに「八十年戦争」と呼ばれるスペインと反乱諸州との戦争が始まった（この戦争の過程で独立が果たされたため，「オランダ独立戦争」とも呼ばれている）。

この戦争にエリザベスのイングランドは，当初はかかわるつもりはなかった。しかし，自国とは目と鼻の先にあたる，ネーデルラントの諸港に強大なスペイン軍が居座ることはイングランドの安全保障にとって脅威であり，イングランドの輸出品の90%を占める未仕上げの毛織物と羊毛を買い上げてくれるアントワープが封鎖されてしまうや，これにかかわらざるをえなくなったのである。さらにスペインは，イングランドでの「北部の反乱」の首謀者たちに裏から資金を回した。反乱が失敗に終わると，今度はイングランド侵攻を命じ，エリザベスの誘拐まで計画した。これに激怒したエリザベスは，ウィレムらが組織させた「海 乞 食（ワーテルヘーゼン）」（亡命者からなる海上ゲリラ部隊で，各地で無差別に掠奪を繰り返した）と協力し，スペイン船を次々と拿捕させた。

さらにエリザベスは，フランスの王弟アンジュー公アンリ（後の国王アンリ3世, Duc d'Anjou, Henri III, 1551-89, 在位1574-89）との結婚交渉も始め（1571年），フェリーペを刺激した。当時フェリーペはイタリア諸国との連合艦隊で，オスマン帝国海軍を地中海から駆逐するレパントの海戦に忙殺されており，イングランド討伐に乗り出せなかった。

その間，ネーデルラント北部のホラント州とゼーラント州を拠点に，プロテスタントが勢力を盛り返し，1574年にはアルバ公のスペイン軍を撃退した。この後，1580年までにこの両州を中心に北

部 7 州が反乱側として団結した。彼らはやがて連邦議会を設立し，1581 年 7 月にはフェリーペの統治を否定する決議も採択した。連邦議会が元首として迎えようとしたのは，アンリ 3 世の王弟アンジュー公フランソワ（François, Duc d'Anjou, 1554-84）であった。

このころになるとエリザベスは，ネーデルラントにはスペイン，フランスいずれの大国の陸海軍も駐留させたくないという思いとともに，北部 7 州に政治的・宗教的な妥協を示し，彼らに自治権を与え（元首はスペイン国王のまま），スペイン軍を本国に召還するよう，フェリーペに迫るようになっていた。しかし，1580 年にポルトガル国王も兼任することになったフェリーペは，反乱州を徹底的に押さえ込む方針に出ていた。しかも，アルバ公の後任の執政として送られた異母弟ドン・ファン（Don Juan, 1547-78）に，メアリとも裏で通じるよう命じていた。

そこでエリザベスは，今度はアンジュー公フランソワとの結婚交渉を始めるとともに，その兄アンリ 3 世に迫り，両国でスペインに圧力をかけて反乱州との和平に応じるよう，フェリーペの説得に共同で乗り出すことを提案した。ところが，アンリはこれに乗り気ではなかった。その間に，ネーデルラントに渡ったアンジュー公は連邦議会と衝突し，1583 年 6 月には帰国してしまった。翌 84 年の 6 月にアンジュー公は亡くなり，次いで 7 月にはホラント州総督のウィレムがデルフトで刺客に暗殺された。

指導者を失った連邦議会は，1585 年 1 月に今度はアンリ 3 世自身に主権を委ねようと画策したが，アンリはこれを辞退した。そこで 6 月に連邦議会はエリザベスに白羽の矢を立てた。彼女には，スペインと正面から対峙する気はなかった。しかし，当時はスペインが絡んで再び「エリザベス暗殺計画」が浮上していたころでもあり，彼女はドレイク（Sir Francis Drake, 1543?-96）らにスペイン領西インド諸島での私掠（敵国の商船への攻撃・拿捕）の権利を与え，スペ

インに対抗していた。そのためエリザベスは，連邦議会からの申し出は断ったものの，5000人の歩兵と1000頭の馬をネーデルラントに派遣し，軍資金も持たせることを彼らに約束した（1585年8月のノンサッチ条約）。

対するスペイン側も，ポルトガルで大量の戦艦を建造するとともに，イベリア半島全体で活動するイングランド船や商品をすべて差し押さえる措置に出た。これに対しエリザベスは，ドレイクに命じて差し押さえられたイングランド船を救出させ，カリブ海のスペイン領では港や船を襲撃するという対抗手段に訴えた。1585年12月にはレスタ伯爵（1st Earl of Leicester, 1533-88）率いるイングランド軍がネーデルラントに上陸した。ここに，スペインとイングランドとの正面衝突が現実のものになろうとしていた。

### フランス宗教戦争の余波

イングランドが恐れるもう一つの大国フランスとの関係も，このころは微妙な状態にあった。少し遡るが，1564年のトロワ条約でフランスと講和を結んだものの，エリザベスには，カトリック強硬派の首領ギーズ公アンリ（Henri, Duc de Guise, 1550-88）の動向が気がかりであった。彼は，1568年に故国を追われたメアリがスコットランド女王に復位しようとするのを熱心に支援していた。翌69年の「北部の反乱」鎮圧に対して，ローマ教皇ピウス5世（Pius V, 1504-72, 在位1566-72）が怒り，エリザベスに破門の宣告を行った（1570年2月）ことも，彼女の立場をさらに危うくしていた。これによってメアリは，イングランドの正統な王位継承者として教皇庁から認可されたも同然だったからである。

そこでエリザベスは，「北部の反乱」に裏から資金を回したスペインへの面当ての意味もあったが，ギーズ公をこれ以上メアリに近づかせないためにも，先にも記したように，アンジュー公アンリと

## Column ③ キリスト教の諸派（その2）

ルターによる宗教改革は、彼より一世代若いフランス人のカルヴァンにも強い影響を与え、スイスのジュネーヴを拠点にカルヴァン派（改革派）が形成された。カルヴァンは教会改革を訴えるとともに、誠実・勤勉・禁欲を基本に清貧な生活をすれば救われるとする「予定説」を唱えた。彼の教えはその後、主にヨーロッパ北西部に広まり、フランスではユグノー（もともとは同盟者の意味）、イングランドでは清教徒（ピューリタン）（規律ある信仰生活を提唱）、スコットランドでは長老派（プレスビチリアン）（長老制度による教会統治を提唱）などと呼ばれた。

カルヴァン派の信仰は、1648年のヴェストファーレン講和条約によって認められたが、フランスではルイ14世時代の1680年代ごろから迫害を受け、およそ20万人のユグノーが亡命を強いられた。彼らの中には、知識人（聖職者・法律家）、商工業や金融業で財をなした者も多く、彼らの亡命先となったイギリス、オランダ、スイスなどで学問の発展に寄与しただけではなく、各地の経済発展にも貢献し、フランスには皮肉な結果となった。

また、16世紀半ばにイングランド国教会を確立したイギリスでは、17世紀にはさまざまな教派が形成された。会衆派（各教会の独立と自

の結婚交渉を進めさせたのである。交渉はまとまらなかったが、イングランドとフランスは相互の不可侵条約を締結し、さらに72年4月のブロア条約では、宗教的問題を理由として互いを攻撃しないという取り決めが結ばれた。

当時のフランスは、通算で60年以上にも及ぶことになる、カトリックとユグノーとの宗教戦争（1562-1629年）の真っ只中にあった。16世紀後半だけでも8回に及ぶ戦争が断続的に生じていた。エリザベスは第1次の戦争（1562-63年）は除いて、その後の7度の戦争には極力かかわろうとはしなかった。ただし、ユグノーの拠点であるラ・ロシェルで軍需物資を取り引きするイングランド商人の存在は、あえて黙認していた。

治を提唱)，洗礼派（バプティスト）（幼児洗礼を否定し，個人の自覚的信仰を重んずる），クェーカー（神から感受する霊的体験の際に震える（クェーク）ことから命名），メソディスト（聖書に示された方法（メソッド）に従って生活する）などがそれであり，彼らは当初イギリスで迫害を受け，アメリカ植民地に渡って布教を続けた。現代のアメリカでは洗礼派（1950-60年代の黒人解放運動で名高いキング牧師など）とメソディストが二大教派とされている。

他方，カトリックも宗教改革以後に独自の教会改革を進める一方，スペインとポルトガルによる植民地化の影響で，ラテンアメリカ諸国，フィリピン，マカオ（中国）にまで伝道を進めた。中でもイエズス会の布教は世界規模で行われ，1549年に日本にキリスト教を伝えたザビエルもこの教派である。このような国境を越えた（トランスナショナルな）活動によって，カトリックは「世界教会」としての地位を築き，21世紀の今日でも世界全体のキリスト教人口の60％以上を占める最大教派である。

なお，20世紀後半からは，カトリック，プロテスタント諸派，イングランド国教会，東方教会（ギリシャ正教，ロシア正教など）の間では，かつての敵対や確執を抑え，「和解」への道が模索されるようになっている。

フランス国内では，ギーズ公に代表される勢力はスコットランドに介入してメアリを女王に復位させるべきだと主張していたが，ユグノーの指導者コリニー提督（Gaspard de Coligny-Châtillon, 1519-72）などは，むしろネーデルラントに軍事介入してスペインの影響力を弱めるべきだと唱えていた。ギーズ公は，メアリとアンジュー公との結婚も提案するが，これはさすがにメアリを嫌うカトリーヌ皇太后の反対で握りつぶされた。ギーズ公には，イングランド侵略を画策しているという噂も絶えなかった。

ユグノーの一派はすでに1566年からネーデルラント反乱軍と通じており，八十年戦争が開始された68年から彼らは徐々にネーデルラントに侵入していった。1572年にコリニーは国王シャルル9

世に対し，ネーデルラントへの侵攻を進言したが，この計画は直後に起こった大事件で潰えてしまった。

1572年8月23日にユグノーの領袖でもあるブルボン家のアンリ（後の国王アンリ4世，Henri IV, 1553-1610, 在位1589-1610）とカトリーヌの娘マルグリット（Marguerite de Valois, 1553-1615）の婚礼に集まったコリニーらユグノー貴族たちが，24日にかけて，ギーズ公とカトリーヌの陰謀で大量に虐殺されるという事件が起こった。世に言う「サン・バルテルミーの虐殺」である（8月24日が聖バルテルミーの祝日に当たった）。パリだけでも3000人，地方で8000人を超えるユグノーが惨殺されたと言われている。それはまた第4次宗教戦争の幕開けともなった。この戦争にエリザベスは救われた。

実は，コリニー提督の進言どおりにフランス軍がネーデルラントで快進撃を続けてしまっていたら，ブルターニュからアントワープまで，イングランドを囲むかのようにフランスの勢力圏が確立されてしまう。それはイングランドの通商網にとっても海軍力にとっても，脅威以外の何ものでもなかった。それが宗教戦争の再発で，フランスはネーデルラントへの遠征どころではなくなったのである。

しかし，今度はフェリーペにネーデルラントから出て行ってもらわねばならない。とはいえ，弱小国イングランド一国ではフェリーペの説得は難しい。そこで，先にも述べたように，王弟アンジュー公フランソワとの結婚交渉を進めながら，エリザベスはフランスと共同でスペインに圧力をかけようと計画した。ところが，したたかなアンリ3世とカトリーヌ皇太后は，まずはアンジュー公との結婚が先であり，その後でフェリーペへの説得を考えると主張して，交渉は難航した。アンリ3世は，エリザベスを心底信用してはいなかった。

このため，ネーデルラント北部7州から成る連邦議会から主権を委託されたアンジュー公が1581年8月に遠征を行った際も，アン

リ3世は軍資金を全く持たせなかった。代わりに支払ったのがエリザベスであった。しかも，6万ポンドも用立てたにもかかわらず遠征は失敗し，その後の連邦議会との対立でアンジュー公は帰国してしまった。そのアンジュー公の死（1584年6月）を契機に，この後フランスは「三アンリの戦い」と呼ばれる権力闘争に突入したため，ネーデルラント遠征どころではなくなっていた。

その間に，フェリーペは着々と戦艦を建造させ，イングランド攻略へと乗り出していく。

## 3 「大英帝国」の幕開け？

### アルマダの戦い

すでに1585年のレスタ伯爵によるネーデルラント遠征の開始とドレイクによるスペイン港襲撃などで，イングランドとスペインとの対決は始まっていたが，両者が正面から衝突するまでには今しばらく時間があった。それというのも，レスタの遠征は思ったほど成果があがらず，彼もアンジュー公と同じく連邦議会と対立して，1587年12月には帰国してしまったからである。さらにドレイクの襲撃も，スペイン経済全体にはそれほどの打撃は与えられなかった。この間に，エリザベスは5度にわたってスペインとの和平交渉に臨んでいた（1585-88年）。彼女も本気で，最強国スペインと正面から対決するつもりなどなかったのであろう。

しかし，フェリーペは本気であった。1587年に，ドレイクがスペイン南部の港湾都市カディスを襲撃し，20隻以上の船を破壊したものの，それはスペイン無敵艦隊(アルマダ・インベンシブレ)のイングランド遠征を1年遅らせただけにすぎなかった。同年2月には，エリザベス暗殺計画に何度となく荷担してきたメアリが，女王自身が逡巡していた間に，枢密顧問会議の許可によって処刑された。エリザベスを長年悩まし

てきた宿敵は世を去ったが、より強力なもう一人の宿敵がイングランドに迫ろうとしていた。

1588年5月、140隻もの最新鋭の戦艦から成るスペイン無敵艦隊が、ついにイングランドをめざして出航した。そして7月には、英仏海峡にその雄姿を現したのである。フェリーペは、この侵攻で、それまで抑圧を受けてきたイングランドのカトリック勢力が決起し、エリザベスを放逐して、新たな女王として彼の長女イサベル（Isabel Clara Eugenia, 1566-1633）を迎えることになると楽観視していた。イングランドを破れば、続いて侵攻を予定していたネーデルラントに対してもよい見せしめになるであろう。さらにイングランドを拠点にすれば、ネーデルラントへの攻撃もしやすくなる。

ところが、スペイン艦隊の司令官たちはこの攻撃は成功しないと初めから主張していた。つまり、イングランド海軍は、同じく130隻ほどの戦艦を用意しているとはいっても小型船の寄せ集めにすぎなかったが、イングランド周辺の海を知りつくしていたし、この時期の気候にも慣れていた。7月28日、戦闘の火蓋は切って落とされた。密集隊形を組めば、その名のとおり向かうところ敵なしであったスペイン艦隊も、イングランド側による放火作戦で散り散りになり、さらにアイルランド海では大暴風雨に襲われ、多くの戦艦が失われた。こうして1588年夏のフェリーペの襲撃は大失敗に終わった。

### 「アルマダ後」のヨーロッパと女王の死

1588年のアルマダの戦いで、スペイン艦隊が大打撃を受けてイングランドが大勝利をつかみ、これによりエリザベスの立場ががぜん強まって、やがて七つの海を支配する大帝国の礎を築いた……などという状況は、現実には起こらなかった。この戦いで打撃を受けたスペイン中型戦艦はすぐに復旧されたし、実は大型戦艦の7割

## 第 2 章　弱小国イングランドの苦悩

以上は大きな被害を受けずに生き残ったのである。事実，戦いのわずか 2 カ月後には，フェリーペは翌年にもう一度イングランドへの遠征を行うつもりだったと言われている。

　「勝利」を収めたエリザベスの方も，これでスペインを打ち倒そうだとか，アメリカの植民地帝国を奪い取ろうなどとかといった，大それた考えなどいっさい持たなかった。彼女が望んでいたのは，ネーデルラント問題がイングランドに都合のよいかたちで解決し，英仏海峡がスペインの影響下から脱して，スペインとフランスが互いに牽制し合い続けてくれることだけであった。

　この後も，フランスに侵入したスペイン軍を追い払うために，エリザベスはイングランド軍を大陸に 2 万人も派遣しなければならなかった。1595-96 年には，ドレイクやホーキンズ（Sir John Hawkins, 1532-95）に命じ，スペイン領パナマを攻略して，ペルーから運ばれる大量の銀を掠奪しようと考えたエリザベスではあったが，作戦は失敗に終わり，二人の勇者は共に死亡してしまった。アルマダに対する勝利は，まさに神の助けであったのかもしれない。

　この後，フランスとスペインは 1598 年 5 月に講和を結び，9 月にフェリーペが 71 年の生涯を閉じた。後を継いだフェリーペ 3 世（Felipe III, 1578-1621, 在位 1598-1621）は，エリザベスにも講和を求めてきた。女王は領土の割譲も賠償金も求めなかった。彼女が求めたのは，ネーデルラントの独立もしくは自治の付与だけであった。しかし，これはさすがにフェリーペには呑めない要求であった。

　そのためネーデルラントを舞台に，この後もイングランドとスペインとの小競り合いは続いた。しかしエリザベスは，可能なかぎりは戦争を避け，外交によって決着を付けたかったのである。その姿勢を「軟弱」と呼ぶ向きもあったが，当時のイングランドとスペインの財政規模を比較すれば，その理由は明らかであった。

　イングランドは，1589-95 年の間に，フランス北西部やネーデル

ラントへの派兵に総額110万ポンドもの大金を投じていた。それは当時の政府歳入（平均で30-40万ポンド）から見れば，驚くほどの額であった。しかも悪いことに，1594-97年には16世紀でも最悪の凶作が続き，穀物価格はこの間だけで35%も上昇していた。それは各地での食糧蜂起にもつながった。まさにエリザベスのイングランドは，無理をしながらスペインと戦っていたのである。

対するスペインも財政難に苦しめられ，たびたび国家も財政破綻(はたん)に瀕(ひん)していたが，スペインが対峙したのはネーデルラントの反乱軍，フランス，イングランドはもとより，南北アメリカ大陸やフィリピン（スペインの植民地でフェリーペ2世の名前から付けられた）であり，そして地中海ではオスマン帝国とも戦わねばならなかったのである。

シェークスピアやマーロウの戯曲，タリスやバードの音楽など，イングランド・ルネサンスの最盛期に当たったことから，エリザベスの時代は「黄金時代」であると勘違いされ，後の世に「大英帝国の幕開け」などとも言われる。しかし現実には，経済はどん底で，北アメリカ植民地の開拓（1584-87年）も失敗に終わり，後代のアジアへの進出にしても，東インド会社が1600年にようやく立ち上げられたばかりにすぎなかった。

大国スペインとフランスの狭間で，数度の暗殺未遂事件などに襲われながら，必死になってイングランドを守っていたというのが，エリザベスの現実の姿であったと言えよう。彼女は独身を通し，1603年3月24日に70年の生涯の幕を閉じた。テューダー王朝は断絶し，スコットランドからメアリの長男ジェームズ6世（James VI, 1566-1625, 在位1567-1625）が迎え入れられ，イングランド国王ジェームズ1世（James I, 在位1603-25）となり，両国は同君連合で結ばれた。

こうして17世紀が始まったが，この世紀は新たな危機と戦乱の時代として，さらなる試練をヨーロッパ国際政治に与えていくこと

になる。

### ●引用・参考文献●

今井宏編,1990年『イギリス史2 近世』(世界歴史大系)山川出版社。
柴田三千雄・樺山紘一・福井憲彦編,1996年『フランス史2 16世紀〜19世紀なかば』(世界歴史大系)山川出版社。
高柳俊一・松本宣郎編,2009年『キリスト教の歴史2――宗教改革以降』(宗教の世界史9)山川出版社。
松本宣郎編,2009年『キリスト教の歴史1――初期キリスト教―宗教改革』(宗教の世界史8)山川出版社。
森田安一編,1998年『スイス・ベネルクス史』(世界各国史14)山川出版社。

Darby, Graham, ed., 2001, *The Origins and Development of the Dutch Revolt*, Routledge.

Doran, Susan, 1996, *England and Europe 1485–1603*, 2nd ed., Longman.

Graves, Michael A. R., 1998, *Burghley: William Cecil, Lord Burghley*, Longman.

High, Christopher, 1988, *Elizabeth I*, Longman.

Holt, Mack P., 1995, *The French Wars of Religion, 1562–1629*, Cambridge University Press.

Kamen, Henry, 1997, *Philip of Spain*, Yale University Press.

Knecht, R. J., 1998, *Catherine de' Medici*, Longman.

Lynch, John, 1991, *Spain 1516–1598: From Nation State to World Empire*, Blackwell.

Nexon, Daniel H., 2009, *The Struggle for Power in Early Modern Europe: Religious Conflict, Dynastic Empires, and International Change*, Princeton University Press.

Rodger, N. A. M., 2004, *The Safeguard of the Sea: A Naval History of Britain 660–1649*, Penguin.

# 三十年戦争と帝国の再編

第**3**章

❶ヴェストファーレン講和会議（1648年）——神聖ローマ帝国とフランスとが講和を取り決めたミュンスター条約の批准を宣誓しているようすが描かれている
(Gevard ter Borch 画。写真提供：Bridgeman Art Library/PANA)

第Ⅰ部　近代国際社会の黎明

## *1* ベーメンで燃え上がった炎

### 宗教対立と皇帝たちの憂鬱

　イングランドでエリザベス1世が亡くなって（1603年3月）わずか5年後に，ヨーロッパ中央部では再び宗教問題を理由に嵐が起ころうとしていた。フランスでは最後の宗教戦争（1620-29年）が生じるまで束の間の休息が見られたが，ドイツでは「反宗教改革」の波がすでに1570年代半ばごろからハプスブルクの宮廷に浸透していた。

　第2章でも見たとおり，同じハプスブルク家でも，スペインではフェリーペ2世が情け容赦ないカトリック化政策を進めていたが，大小300以上の領邦国家からなる神聖ローマ帝国では，フェリーペの従弟で義弟（妹マリアの夫）でもある皇帝マクシミリアン2世が帝国を維持するために強圧策を控えていたのである。

　その息子のルードルフ2世（Rudolf II, 1552-1612, 在位1576-1612）も，当時まだ東方で勢力を誇っていたオスマン帝国との戦争で，プロテスタント諸侯からの援助金や援軍に頼らざるをえなかった。そのような対オスマン政策を話し合うために，ルードルフは1608年春にドイツ南部の都市レーゲンスブルクに帝国議会を招集したが，プロテスタント諸侯は対オスマン戦争など二の次で，その前年から強硬なカトリック政策を進めていたバイエルン公マクシミリアン（Maximilian, 1573-1651）に非難を集中させている有り様であった。

　神聖ローマ帝国内では，1555年のアウクスブルクの宗教平和令によって，カトリックとプロテスタントの「棲み分け」が決められたはずであったが，早くも半世紀後には綻びが見え始めていた。帝国議会は早々に打ち切られ，その直後に，プロテスタント諸侯はプファルツ選帝侯を指導者とする「同盟（ウニオーン）」を結成した（1608年5月）。

66

これに対抗するかたちで，カトリック諸侯はバイエルン公を中核に据える「連盟(リーガ)」を設立した（1609年7月）。前者はフランスと，後者はスペインとそれぞれ通ずることで，帝国の勢力を二分するようになっていた。

こうした状況にルードルフはなす術(すべ)がなく，皇帝位を弟のマティアス（Mattias, 1557-1619, 在位 1612-19）に譲って退いた。優柔不断な上に病気がちだったマティアスは，ハプスブルク家の拠点の一つ，ベーメンの統治で疲弊していた。ここは14世紀のフス（第1章を参照）の時代から宗教改革の気風が強く，領邦等族（君侯の下で領邦を統治する高級聖職者や貴族など）の多くがプロテスタントであった。彼らは，信仰の自由を強く訴えていた。

世継ぎのいなかったマティアスは，自らの後継者と目されていた従弟のフェルディナント（後の皇帝フェルディナント2世, Ferdinand II, 1578-1637, 在位 1619-37）にベーメンの統治を託すことにした。1617年にフェルディナントはベーメン国王に即位した。ところが，彼は熱烈なカトリック信者であった。国王に即くや，ベーメンに「はびこる」プロテスタントの勢力を弾圧し始めたのである。

そこでプロテスタントの等族たちは，皇帝マティアスに，弾圧を止めさせるよう訴えるが，皇帝は聞く耳を持たなかった。ついに等族たちは，1618年5月23日，ベーメンの首都プラハの城に乗り込み，皇帝代官を窓から投げ落とすという暴挙に出た（プラハの窓外放出事件）。ハプスブルク家が発展を遂げた本拠地ベーメンの地で，ここに皇帝と等族との間に対立の炎が燃え上がったのである。

### フリードリヒ「冬王」の悲劇

プラハでの事件から1年後，皇帝マティアスは亡くなり，1619年8月に選帝侯による選挙でフェルディナント2世の即位が決まった。しかし，ベーメン等族の大半は彼を国王とは認めたくな

第Ⅰ部　近代国際社会の黎明

図3-1　三十年戦争

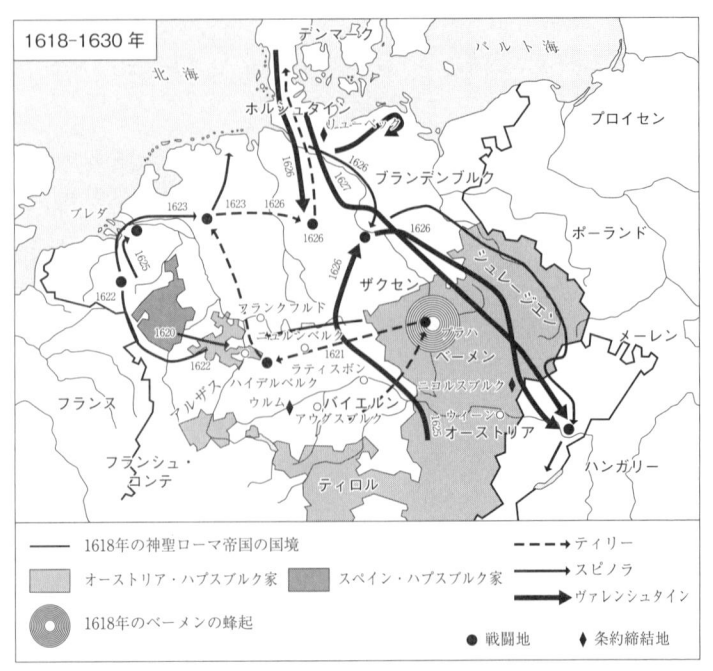

［出典］　柴田・樺山・福井編，1996，166頁。

かった。等族たちには国王選挙権も認められており，彼らは同年11月に新しい国王を選出した。それがプファルツ選帝侯のフリードリヒ5世（Friedrich V, 1596-1632）である。フリードリヒはカルヴァン派のプロテスタントで，ベーメンに隣接する上プファルツの領主であった。さらに，プロテスタント諸侯が結成していた「同盟」の盟主でもあったのである。

このベーメン等族によるフリードリヒ推戴に真っ先に脅威を感じたのが，バイエルン公マクシミリアンを盟主に戴く「連盟」であった。彼らは「本来の」ベーメン国王である，皇帝フェルディナントへの支援を約束した。そして1620年11月，プラハ近郊で「連盟」

68

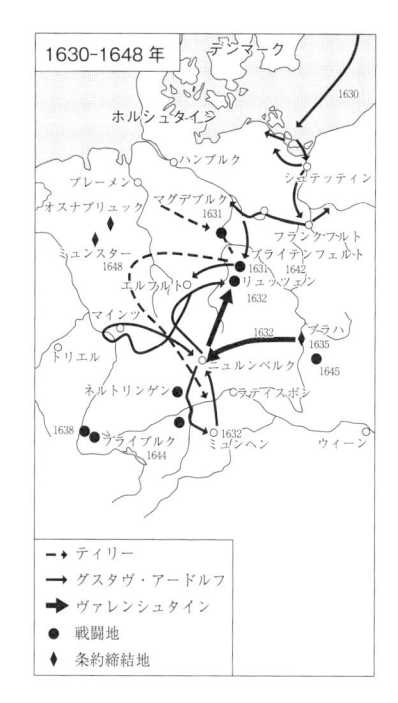

軍は大勝利を収め、フリードリヒは這々の体でベーメンから逃げ出さざるをえなかった。ベーメンの等族は、フリードリヒの妻エリザベスがイングランド国王ジェームズ１世の娘であり、また彼自身がネーデルラント反乱州やユグノーと通じていることからも、「連盟」との戦争になっても勝てると見込んでいた。

ところが、国外のプロテスタント勢力はもとより、フリードリヒが盟主の「同盟」内部にも足並みの乱れが生じていた。帝国の有力なプロテスタント諸侯であるザクセンやブランデンブルクの選帝侯も、当初は静観を決め込んでいた。さらに、フリードリヒの義父ジェームズ１世は、即位早々からイングランド議会と激しく衝突し、ヨーロッパへの遠征費用など捻出できない状態にあった。加えて、「連盟」にはスペインが味方していた。

この結果1622年10月末までには、フリードリヒの領土はベーメンをはじめ、隣接する上プファルツ、さらには本拠地であるライン・プファルツまで、すべて「連盟」と皇帝によって制圧されてしまい、フリードリヒはネーデルラント北部への亡命を余儀なくされた。ここにフリードリヒは、一冬だけの国王ということで、「冬　王（ヴィンター・ケーニッヒ）」などという不名誉なあだ名まで付けられ、彼を盟主とする「同盟」も解散してしまった。

フリードリヒ「冬王」には、さらなる試練が待ち構えていた。皇帝は、帝国議会に諮ることもなく、フリードリヒを帝国追放処分にしたばかりか、領土のすべてを取り上げ、彼が持っていた選帝侯位まで剥奪したのである。1623年2月、上プファルツと選帝侯位はこのときの戦争で功績のあったバイエルン公マクシミリアンに与えられ、ライン・プファルツも近隣のフランシュ・コンテを持つスペインとバイエルンとに統治が委ねられた。

### 皇帝フェルディナントの勇み足

ところがスペインの介入によって、帝国内のプロテスタント諸侯が「ハプスブルクの陰謀」に懸念を示し始めただけではなく、勢いを増した「連盟」は、続いて帝国北部の制圧にも乗り出すようになった。しかし、ここで登場したのが、ルター派プロテスタントのデンマーク国王クリスチャン4世 (Christian IV, 1577-1648, 在位 1588-1648) であった。こうして、当初は「ベーメン戦争」として局地的な闘争だけで終結するはずであった宗教戦争は、北部に戦線を拡大したのである。

ここで皇帝の窮地を救ったのが、チェック人（ベーメン）の傭兵隊長ヴァレンシュタイン (Albrecht von Wallenstein, 1583-1634) であった。「皇帝軍総司令官」の肩書きを得た彼は、その類い稀な軍事の才能を活かし、「連盟」軍とも協力し合いながら、クリスチャン率いるプロテスタント軍を次々と打ち破っていった。こうして1626-28年の間には、皇帝軍と「連盟」軍は北部ドイツを制圧し、その勢いはバルト海にまで及んだ。1629年5月のリューベック条約によって、クリスチャンは自国の安全保障と引き換えに、二度と帝国の問題には介入できない状態となった。

ここに10年にわたって続いた宗教戦争も、皇帝側（さらにはカトリック側）優位の下で終結するかに見えた。しかし、皇帝フェルデ

ィナントがその野心を露にしたことで、事態は思わぬ方向へと展開していった。

クリスチャン4世と条約を結ぶ2カ月前、1629年3月6日に皇帝は「復旧勅令」と呼ばれるものを出したのである。すなわち、カトリックとプロテスタントの「棲み分け」を決めたアウクスブルク宗教平和令の前提ともなった、1552年のパッサウ条約以降、世俗化された帝国内の全聖界領域（聖職貴族や修道院の所領）をカトリックに復帰させるという法令であった。それはアウクスブルク宗教平和令までご破算にして、カール5世の時代を彷彿とさせるような、強権を持つ皇帝の再来までをも予感させるものであった。

フェルディナント2世は、明らかに「皇帝絶対主義」を目標に、帝国議会に諮らずとも種々の重要事項を決定できる、皇帝権限の強大化を図っていた。その片鱗は、フリードリヒ「冬王」の所領を帝国議会に諮らずに没収・分割し、帝国の最有力諸侯にのみ与えられる「選帝侯」という位まで、独自の判断でプファルツ伯爵からバイエルン公爵に「移譲」してしまったあたりにすでに見られていた。

しかし、神聖ローマ帝国のこれまでの慣例では、皇帝は重要事項の決定については、選帝侯や諸侯など、帝国等族から構成される「帝国議会」に諮ってから判断を下してきたのであり、それはカール5世にしても然りであった。フェルディナントは、強大な皇帝権力の下で帝国全体の中央集権化を促し、帝国等族の力を弱めようとしていた。

このように、帝国議会や選帝侯の存在を蔑ろにするかのような皇帝の政策と、彼の強圧的なカトリック化政策に反発を示したのが、選帝侯でもあるザクセン大公とブランデンブルク辺境伯という二人のプロテスタント有力貴族であった。それだけではない。それまで皇帝軍と共に戦ってきた「連盟」の盟主であり、選帝侯位まで授かった、カトリックのバイエルン公も皇帝に反発を示してきたのであ

る。

　こうして「復旧勅令」がもたらした波紋は，瞬く間に帝国全体，さらにはその外側へと広がりを見せ，新たなる戦争の始まりを告げた。

## 2　軍事革命と国家理性の時代

### スウェーデンの登場

　「復旧勅令」が出された翌年，1630年8月にドイツ南部のレーゲンスブルクでは選帝侯会議が開かれていた。ここでザクセン，ブランデンブルク，バイエルンの三選帝侯は，「復旧勅令」を批判するとともに，皇帝軍総司令官の肩書きを笠に着て各地で横暴ぶりを見せているヴァレンシュタインを解任するよう，強く皇帝に求めてきた。皇帝も，よくよく考えた上で公布した「復旧勅令」である。こちらについてはいっさいの譲歩を拒否したが，ヴァレンシュタインの罷免要求には応じざるをえなかった。ところが，これと同時期に帝国は新たな軍事的危機に直面していたのである。

　選帝侯会議が開かれる直前，1630年7月にスウェーデン国王グスタヴ2世アードルフ（Gustav II Adolf, 1594-1632, 在位1611-32）が3万人の兵を引き連れて，ドイツ北部のポンメルンに上陸してきたのである。彼はデンマークの敗退で，クリスチャンに代わり，北欧の盟主として帝国に介入してきた。ヴァレンシュタイン率いる皇帝軍がバルト海まで勢力を拡張してきたことに，脅威を感じたのであった。軍事の才能に恵まれたグスタヴ率いるスウェーデン軍は，バルト海沿岸のポンメルン，メクレンブルクから皇帝軍を追い払った。

　この動きに呼応したのがフランスであった。翌1631年1月のベールヴァルデ条約でフランスは，スウェーデンに莫大な軍資金を提供した。さらに，皇帝に対する不満がたまっていたザクセンとブラ

ンデンブルクの選帝侯もここにグスタヴと同盟関係を構築した。そして9月17日のブライテンフェルト（ドイツ東部ライプツィヒの近郊）の戦いで、グスタヴ軍は皇帝軍に圧勝した。これを契機に、帝国内のプロテスタント諸侯の大半がグスタヴ側に加勢することになった。

　この戦いは、ヨーロッパに軍事革命が本格的に到来したことを告げる重要な戦いであった。スペイン式の密集隊形で迫る皇帝軍に対し、グスタヴ軍は横に長く浅く隊伍を組んだ銃撃手を配備して、連続砲撃でこれを粉砕したのである（日本ではすでに1575年の長篠合戦で見られた戦法）。17世紀前半までに、マスケット銃の改良によって、それまでの騎兵から銃器を持つ歩兵が戦力の主流になりつつあった。さらにグスタヴは、兵役義務制度（徴兵制の初期段階）も導入し、人口が少ない（100万人）割には大量の兵士を動員できた。

　この後も勢いを増したグスタヴ軍は、1632年2月までには南ドイツのミュンヘンにまで下ってきた。そこで、レーゲンスブルクの選帝侯会議で一度は罷免されたヴァレンシュタインの存在が、再び脚光を浴びることになった。皇帝はベーメンに隠遁していた彼の許を訪れ、皇帝軍総司令官への復帰を要請するとともに、新たに再編した4万人の軍隊を預けた。

　軍事革命は、兵器の改良や戦術の刷新だけに見られたのではない。傭兵隊長という「軍事企業家」の登場にも、それは表れていた。銃器を携帯した歩兵を大量に動員するためには特殊な技能も必要である。日々の政務や議事や商売に忙しい君侯や都市ともなると、そのような動員に時間は割けない。そこで君侯や都市にとっては、傭兵隊長と契約を結び、隊長に軍備一式を備えさせ、兵隊も徴募してもらい、戦争してもらった方が「安上がり」であろう。対する傭兵軍の方も、隊長以下「階級」に応じて戦利品の分け前に与れる。このような「軍事企業家」の代表的な存在がヴァレンシュタインであっ

た。

　皇帝軍総司令官に返り咲くや，ヴァレンシュタインは本来の才能を発揮し，ベーメンに侵入したザクセン軍を追い返して南下した。そしてライプツィヒ近郊のリュッツェンで，ついに皇帝軍とグスタヴ軍が対峙した（1632年11月16日）。当代随一の軍事の天才同士の衝突は，グスタヴ軍が勝利を収めた。ところが，戦闘の最中に最大の功労者グスタヴ自身が戦死してしまったのである。後に残されたスウェーデンでは，まだ6歳の娘クリスティーナ（Kristina, 1626–89, 在位1632–54）が女王に即位したが，それ以後，プロテスタント側におけるスウェーデンの主導権は弱体化せざるをえなかった。

　しかし，皇帝軍の側にも変化が訪れていた。1634年までには，ヴァレンシュタインが皇帝から独立する構えを見せるようになっていた。これに不信を抱いた皇帝は，ついに刺客を差し向けてヴァレンシュタインを暗殺させたのであった。同年9月にスウェーデン軍を殲滅した皇帝は，翌35年5月にザクセン選帝侯と和平を結んだ。こうして，皇帝の権威は保たれたまま，長い戦争に終止符が打たれたかに見えていた。

### フランスの参入

　ここに颯爽と登場してきたのが，ハプスブルクの宿敵ブルボン王朝のフランスであった。ルイ13世（Louis XIII, 1601–43, 在位1610–43）統治下のフランスは，1624年から宰相を務めるリシュリュー枢機卿（Armand Jean du Plessis de Richelieu, 1585–1642）の下で，すでにスペイン，オーストリアの両ハプスブルクに対する挑戦を開始していた。

　フェルディナント2世が「復旧勅令」を出していたころ，同じく国内においてカトリックの優位を根づかせようとしていたリシュリューは，1628年にはユグノーの拠点ラ・ロシェルを陥落させ，プ

第3章 三十年戦争と帝国の再編

ロテスタントに対する情け容赦のない攻撃を続けていた。その彼が，なぜ同じ志を持つカトリックの皇帝やスペイン国王に刃を向けたのか。それは，彼が重視した「国家理性(レゾン・デタ)」の考え方に基づいていた。宗教も大事だが，まずは国家の利益を最優先するという方針である。リシュリューの考えでは，フランスを挟み込む両ハプスブルクの勢力を減退させ，ヨーロッパに「勢力均衡(バランス・オブ・パワー)」を築くことが第一の目的であった。

このため，60年に及んだフランス国内の宗教戦争が終結すると(1629年)，リシュリューはプロテスタントのグスタヴ・アードルフと同盟を結び(1631年)，彼が進撃を続けている間に，ライン左岸のメッツで皇帝軍を打ち破り，1632-33年にはロートリンゲン(フランス語ではロレーヌ)に出兵し，首都ナンシーを攻略した(33年9月)。さらに翌34年からは，エルザス(フランス語ではアルザス)へと進んだ。その最中にスウェーデン軍が皇帝軍に敗退した。それまではスウェーデン軍に軍資金を提供するだけで，正式に戦争に参入していなかったフランス軍は，ここにスペインに宣戦を布告し(1635年5月)，プロテスタント側に与して，両ハプスブルクの打倒をめざすに至ったのである(ただし，神聖ローマ皇帝に対する宣戦布告は1638年になってからである)。

参戦当初はスペインに苦戦を強いられたフランスではあったが，勇将テュレンヌ(Henri de Turenne, 1611-75)の活躍や，リシュリューの下で着々と進められていた「常備軍」の増強(1640年までには26万人に達した)のおかげで，次第に巻き返しを図っていった。リシュリューは軍隊と租税の徴集(徴収)システムを改革し，兵隊や軍需物資の統括も中央の軍事局に一元化した(1627年)。

転機となったのは1640年である。この年，それまでスペインとの同君連合の下に置かれてきたポルトガルで反乱が勃発した。続いてスペイン領カタールニャでも反乱が生じた。さらに，ドイツ北部

第 I 部　近代国際社会の黎明

ではブランデンブルク選帝侯に即位したフリードリヒ・ヴィルヘルム（「大選帝侯」Friedrich Wilhelm I, 1620-88, 在位 1640-88）がスウェーデンと休戦協定を結び，ザクセンとバイエルンの選帝侯も皇帝から離れていってしまったのである。

ついに，1641 年 9-10 月のレーゲンスブルクで開かれた帝国議会で，帝国等族たちはフランス，スウェーデンと個別に交渉し，帝国領土から撤兵するよう要請すべきであると，皇帝さらには選帝侯に委任することになった。これを受けて，12 月には帝国北西部のヴェストファーレン侯国のカトリック都市ミュンスターでフランスとの交渉が，プロテスタント都市オスナブリュックでスウェーデンとの交渉が，それぞれ行われることに決まった。こうして長い戦争に終止符が打たれる契機が，ようやく生み出されたのである。

## 3　「ウェストファリア講和条約」の虚と実

### 三十年戦争の終結

ヴェストファーレン（英語ではウェストファリア）の二つの都市で，実際に和平交渉が開始したのは 1644 年末からのことであった。ここにヨーロッパ中から 150 に及ぶ王侯や都市の代表が一堂に会したのである。これほどの規模で会議が開かれたのは史上初めてのことであった。その意味でも，今日の「国際会議」の始まりであったと言えよう。

会議は足掛け 5 年間にわたって続けられた。その間に，席次や外交儀礼など，この後のヨーロッパ国際政治にとって重要な慣行も徐々に作られていった。スウェーデン女王と皇帝との条約は 17 カ条，フランス国王と皇帝との条約は 120 カ条に及んだ。ただし，当事者はこの 3 国の君主に加え，帝国議会のメンバーである帝国等族（選帝侯・諸侯・等族）の承認と同意も必要とされた。

第 3 章　三十年戦争と帝国の再編

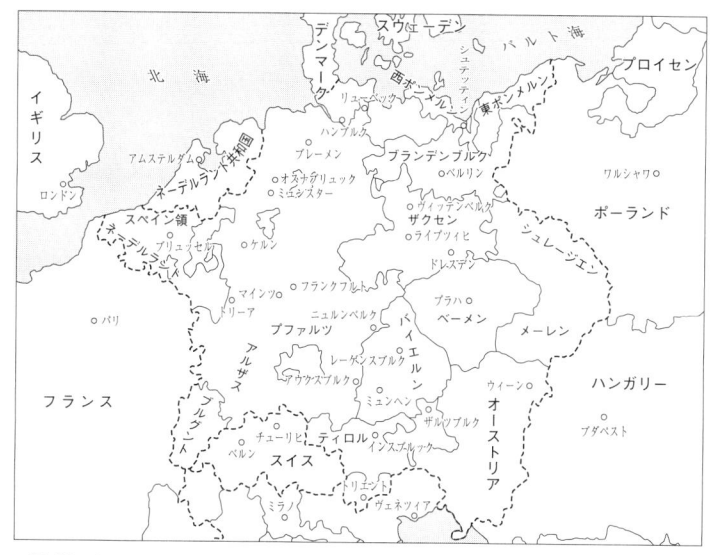

図 3-2　ヴェストファーレン講和条約締結時の神聖ローマ帝国

[出典]　成瀬・山田・木村編, 1997, 495 頁。

　結ばれた条約の内容は，大きく分けると三つの要素から成り立っていた。まずは帝国の「国制」についてである。フェルディナント 2 世（すでに 1637 年に世を去っており，条約に署名したのは息子のフェルディナント 3 世〈Ferdinand III, 1608-57, 在位 1637-57〉であった）がめざしていた「皇帝絶対主義」の確立は否定された。法律の制定，戦争，防衛，講和，同盟の締結などにあたって，帝国全体にかかわる問題については，帝国議会の承認が必要となることが再確認された。さらに帝国等族には，同盟権（他者と同盟条約を締結する権利），同意権（帝国議会で皇帝から相談を受ける権利），領域権（自己の領邦内への皇帝権力の介入を排除する権能）があらためて認められた。

　次に「領土」についてである。スウェーデン女王には，西ポンメルン，シュテッティン，ブレーメンなど，バルト海防衛にとっての

要衝が与えられた。フランス国王には，ライン左岸の要衝であるメッツ，トゥール，ヴェルダンやエルザスの諸権利が譲渡された。さらに，このときの戦争の初期の段階で「没収」されたライン・プファルツの領土と「剥奪」された選帝侯位は，フリードリヒ「冬王」の末裔(まつえい)に返還されることに決まった。またその際に，選帝侯位を一時的に付与されたバイエルン公は，新たに選帝侯の1人に加えられ，上プファルツの領有も認められた。これ以後，選帝侯は8人となった（*Column* ①参照）。

最後に「宗教」についてである。1629年に発令された「復旧勅令」は撤回され，戦争初期の1624年を基準年とし，帝国内の諸領域はカトリックかプロテスタントかのいずれかに「棲み分け」ていくことが決められた。アウクスブルク宗教平和令（1555年）が再確認されたのである。その際，領域内で別の宗派による私的礼拝も許され，領主（多数派）と異なる宗派の臣民には移住権も認められた。また，アウクスブルク宗教平和令ではその信仰が認められていなかったカルヴァン派も，ここにようやく公式に承認された。

こうして，後の世に「三十年戦争」と呼ばれることになった，ヨーロッパ中央部やフランス，スペイン，北欧まで巻き込んだ大戦争の幕が閉じた。ヨーロッパに平和の時が訪れたのである。とはいえ，それはまだ全面的な平和ではなかった。実は，ヴェストファーレンで講和が成立した後にも，フランスとスペインの戦闘状態は続いていた。それは最終的に1658年6月にフランスがスペインに大勝し，翌59年11月9日に両国の国境でピレネー条約が締結されるまで続いたのである。この条約で，フランス国王とスペイン王女の結婚が決まり，両国の姻戚関係が深められた。

### 「ウェストファリア」の神話

ところで，1648年10月24日に，オスナブリュックとミュンス

ターで結ばれた「ウェストファリア条約」によって、それまで強大な権限を持っていた神聖ローマ皇帝の力が低下し、諸侯に同盟権や同意権が付与され、帝国は事実上「形骸化」したとするのが、これまでの有力な説であった。さらに、同じく諸侯に付与された領域権は、個々の領域における排他的な統治権を意味するとされてきた。そして、それまで帝国を支配してきた精神世界におけるピラミッド（ローマ教皇を頂点に戴く）も、世俗世界におけるピラミッド（皇帝を頂点に戴く）も共に倒壊し、諸侯は対等の関係から外交を進めることができるようになったとも言われてきた。

すなわち、この「ウェストファリア」こそが、キリスト教世界や帝国といった中世的な枠組みを打破し、諸侯に対内的主権と対外的主権を認め、それは近代的な「主権国家」へと発展を遂げていく素地になったというのが、これまで国際政治学の分野で「通説」とされてきたのである。

しかし近年では、国際政治学を含めたさまざまな分野から、「ウェストファリア」がヨーロッパに近代的な主権国家を形成する出発点になったわけではないことが指摘されている。特に、国際法学者の見地からこの条約そのものを丹念に精査した明石欽司によれば、そもそもヴェストファーレン条約で帝国等族たちに付与された、同盟権も同意権も領域権も、この戦争が始まるはるか以前からすでに与えられていたものであった。とりわけ「領域権」は、近代的な意味での「主権」とは異なり、あくまでも帝国の国制という枠組みの中で許される権利にすぎず、近代国家に見られる領土内での最高性や絶対性といった要素を持たない。

さらに、このときの会議に参加し条約に署名・批准した者には、王侯たちだけではなく、自由都市やハンザ同盟（中世の北欧に一大商業圏を確立した北ドイツの都市同盟）の代表なども含まれていた。そのこと自体が、条約が国家間で結ばれたのではなく、多様な活動主

## Column ④ 外交儀礼と国際言語

　神聖ローマ帝国における皇帝と諸侯との関係を再確認し，ドイツという統一国家形成に歯止めをかける要因となったヴェストファーレン（ウェストファリア）での講和会議は，大小150もの王国・領邦や都市などから代表を集めた，ヨーロッパでも初めての本格的な国際会議であった。1644年から足掛け5年にわたって喧々囂々の議論が続いたが，それは代表たちの「席次」や「発言順」など，外交儀礼が整っていなかったからである。

　会議の140年ほど前，1504年に当時のローマ教皇庁はヨーロッパの王侯たちの序列を示す覚書を作成していた。それによると，教皇自身が最上位に置かれ，次いで神聖ローマ皇帝，フランス国王，スペイン国王，ポルトガル国王，イングランド国王などが続いた。しかしその13年後に始まる宗教改革以後は，イングランドやデンマーク，スウェーデン国王などカトリックから離脱した諸王や，帝国北部の選帝侯たち（ザクセン大公やブランデンブルク辺境伯など）は，教皇庁の定めた序列には必ずしも依拠しなくなっていった。

　ヴェストファーレンでの講和会議は，そのようなヨーロッパでの外交儀礼を定める重要な一歩となった。しかしその後も，外交使節の席次をめぐる対立は後を絶たず，1661年にはイングランドに駐在するスウェーデンからの新任大使歓迎の際に，スペイン大使団とフランス大使団との間でどちらが先に馬車を走らせるかで乱闘騒ぎが生じている。

体の間で結ばれたことを意味する。しかもその他の署名者にしても，皇帝や女王，国王や選帝侯など，「国家」ではなく「君侯個人」である点も，未だ領邦が近代的な意味での「国家」とは異なっていたことを意味しよう。

　またこのときの条約では，八十年戦争を戦い抜いた「オランダ」（ネーデルラントの北部7州）とハプスブルクの支配下に置かれていた「スイス」の独立も認められたとされる。しかし，これにも実は違いが見られる。オランダには，最高性や絶対性を伴う真の意味での

第3章　三十年戦争と帝国の再編

━━━━━━━━━━━━━━━━━━━━━━━━━━━━━━━━

　また，その2年後の1663年のレーゲンスブルクでの帝国議会の際にも，各領邦の使節がやはり席次をめぐって衝突し，長時間にわたる議論の末，皇帝謁見の際に選帝侯は皇帝の主席委任官と同じ絨毯(じゅうたん)の上に椅子を置き，諸侯はその絨毯の上に椅子の前脚をかける権利を得ることで落ち着いたとされている。なお，選帝侯といえども皇帝と諸外国の王との講和交渉から外される場合もあり，レイスウェイク講和交渉（1697年。第4章を参照）の際には，ブランデンブルク選帝侯が会議から締め出されるという屈辱を味わった。

　それでも「長い18世紀」を経た後に，1814年のウィーン会議では外国代表の着任順位やアルファベット順での条約署名など，より公平な序列が徐々に導入された。

　なお，ヴェストファーレン講和会議での共通言語には，フランスとの講和を定めたミュンスターの会議ではラテン語（場合によってはフランス語やイタリア語も混じる）が，スウェーデンとの講和を定めたオスナブリュックの会議ではドイツ語が用いられた。

　しかし，ネイメーヘンでの講和会議（1676-78年。第4章を参照）を契機に，18世紀以降になるとヨーロッパ国際政治の共通語はフランス語に移行し，それに英語が加わるパリ講和会議（1919年）まで，その慣例は基本的に変わらなかった。

━━━━━━━━━━━━━━━━━━━━━━━━━━━━━━━━

独立が認められたが，スイスの場合には，宗教の自由，帝国税からの免除など，あくまでも帝国の枠組みの中での「独立」にすぎず，近代的な意味で独立国家になったのではなかった。

　明石が鋭く指摘するとおり，領域権も同盟権も，後代のヨーロッパ人（さらにアメリカ人や欧米の影響を強く受けた日本人）が現在の観念を投影して，それによって過去を理解しようとした結果，「ウェストファリア」を近代主権国家と近代的な国際関係の始まりであると誤解させる原因となったのであった（明石，2009）。

第Ⅰ部　近代国際社会の黎明

　さらに，歴史学者ベンノ・テシィケも，独自のマルクス主義史観から，「ウェストファリア」によって近代国家が誕生したわけではなく，この条約はそれまでの帝国の枠組みや絶対主義的な王朝国家間の関係を確認し合っただけであると結論づけている（テシィケ，2008）。

　もちろん，この条約を締結するために，大小150もの王国・領邦や都市から代表が集まり，足掛け5年間にわたって話し合ううちに，国際会議の進め方，君侯（国家）間の序列の決め方，条約の調印・批准の仕方など，後の国際政治の進展にとってもきわめて重要な慣行が築き上げられた点は忘れてはなるまい。

　また，この三十年戦争によって，それまでのヨーロッパ世界全体を支配してきた「キリスト教」という宗教的要素が国際政治に占める重要性が低下し，ローマ教皇庁の権威もさらに失墜したことは明らかである。カトリック国で，しかもその高位聖職者でもあるリシュリュー枢機卿が宰相を務めるフランスが，プロテスタント国スウェーデンと同盟を結び，同じカトリックの両ハプスブルクとの戦争に突入したことなど，その代表例であろう。

### 新たなる大戦争の時代へ

　神聖ローマ帝国の再編を促した三十年戦争ではあったが，この戦争で最も大きな利益をつかんだのは，スウェーデンとフランスという近隣の王国であった。前者はバルト海に一大帝国を築き，後者はライン左岸に領土を広げた。しかし，この両国の勢力があまりにも大きくなり過ぎることに危機感を抱いた周辺諸国は，一致団結して両者を押さえ込む方向へと向かっていく。

　とりわけ，国際政治の舞台で飛躍的にその地位を向上させたのが，フランスであった。リシュリューの下で，フランスは他国に先駆けて「外務省」を設立し（1624年），「外務大臣」の役職も設けた

(1626年)。17世紀後半になると，フランスの対外政策決定にあたって，外務省と外務大臣が果たす役割は徐々に大きくなっていった。18世紀までには，フランスはヨーロッパでも最も発達した外交機関を持つ大国となり，他国がそれを模倣するようになった。

それはフランス流の外交儀礼の伝播とともに，それまでのラテン語に代わって，フランス語をヨーロッパ国際政治の外交言語（共通言語）に押し上げていく役割も果たした。

リシュリューは，戦争の帰結を見ぬままに，在任中の1642年12月にこの世を去った。彼を宰相として重用したルイ13世も翌年5月に後を追うように急死した。リシュリューがフランスに築き上げた新たなる徴兵・徴税システムをさらに活用し，外務省や外相の助けを借りながら，ヴェストファーレン条約で拡大した領土をさらに広げていく役割は，この二人から大きな影響を受け，1660年6月にスペイン王女と盛大な結婚式を挙げた，次代のフランス国王に引き継がれた。そして皮肉なことに，この国王の登場こそが，ヨーロッパ全土にさらなる戦争の嵐をもたらす大きな要因となるのである。

三十年戦争は，ヨーロッパに平和をもたらすための「最後の大戦争」であったのではなく，より長くて被害の大きい，ヨーロッパ大陸の隅々までを戦火に包んだばかりか，さらにはヨーロッパの外までも戦場にしてしまう，「長い18世紀」と呼ばれる新たな大戦争の時代の序曲にすぎなかったのである。

●引用・参考文献●

明石欽司，2009年『ウェストファリア条約――その実像と神話』慶應義塾大学出版会。

ウィルスン，ピーター・H.／山本文彦訳，2005年『神聖ローマ帝国 1495-1806』岩波書店。

エリオット，J. H.／藤田一成訳，1988年『リシュリューとオリバーレス――七世紀ヨーロッパの抗争』岩波書店。

## 第Ⅰ部　近代国際社会の黎明

阪口修平・丸畠宏太編，2009 年『軍隊』（近代ヨーロッパの探究⑫）ミネルヴァ書房。

柴田三千雄・樺山紘一・福井憲彦編，1996 年『フランス史 2　16 世紀～19 世紀なかば』（世界歴史大系）山川出版社。

高澤紀恵，1997 年『主権国家体制の成立』（世界史リブレット 29）山川出版社。

テシィケ，ベンノ／君塚直隆訳，2008 年『近代国家体系の形成――ウェストファリアの神話』桜井書店。

成瀬治・山田欣吾・木村靖二編，1997 年『ドイツ史 1　先史～1648 年』（世界歴史大系）山川出版社。

成瀬治・山田欣吾・木村靖二編，1996 年『ドイツ史 2　1648 年～1890 年』（世界歴史大系）山川出版社。

ニコルソン，H.／斎藤眞・深谷満雄訳，1968 年『外交』東京大学出版会 UP 選書。

パーカー，ジェフリー／大久保桂子訳，1995 年『長篠合戦の世界史――ヨーロッパ軍事革命の衝撃 1500-1800 年』同文舘出版。

細谷雄一，2007 年『外交――多文明時代の対話と交渉』有斐閣 Insight。

Bergin, Joseph, 1985, *Cardinal Richelieu: Power and Pursuit of Wealth*, Yale University Press.

Bonney, Richard, 2002, *The Thirty Years War, 1618–1648*, Osprey.

Knecht, Robert J., 1991, *Richelieu*, Longman.

Limm, Peter, 1984, *The Thirty Years War*, Longman.

Nexon, Daniel H., 2009, *The Struggle for Power in Early Modern Europe: Religious Conflict, Dynastic Empires, and International Change*, Princeton University Press.

Roberts, Michael, 1992, *Gustavus Adolphus*, 2nd ed., Longman.

# 第II部

# 「長い18世紀」の
# ヨーロッパ国際政治

第4章　ルイ14世の野望と「長い18世紀」の始まり
第5章　ロシア帝国の台頭と拡張
第6章　「大王」と「女帝」の確執——神聖ローマ帝国の運命
第7章　「愛国王」の孤立とアメリカの独立
第8章　フランス革命とナポレオン戦争

第Ⅱ部で扱う時代は，ヨーロッパが世界に先駆けて近代的な主権国家，国民国家を形成していく契機となった，戦争の世紀としての「長い18世紀（1688-1815年）」である。

　三十年戦争が終結した後，フランスを筆頭に，各国は常備軍を創設するようになった。そのため各国は，税制・財政の整備や官僚制度の発展など，租税徴収システムの効率化に乗り出す。この時代になると，戦争に勝つためには，ヒト（兵士）・モノ（武器弾薬・軍需物資）・カネ（軍資金）を敵国よりも大量に素早く集める術がさらに重要になった。「財政＝軍事国家」の登場である。そのような近代国家へと発展を遂げる際に最大の競合が見られたのが，イギリスとフランスとの間であった。

　第Ⅰ部の時代までは王権も弱く，貴族（身分制議会）の力がまだ強かったが，この時代になると国王と議会の衝突が激しくなった。イングランドでは議会がこの闘争に勝利を収め，立憲君主制が確立された。対するフランスでは国王が貴族を押さえ，絶対君主を登場させた。

　「長い18世紀」には，ルイ14世やナポレオン1世といった野心家が統治する大国の拡張を周辺各国で抑えていく「勢力均衡（バランス・オブ・パワー）」がヨーロッパ国際政治の基本となった。また，教皇権や教会法が失墜したことで，戦争の形式的な合法性を定める世俗の法が権威を持ち始め，それが「国際法」として認められるようになった。さらに各国は，専任の外交官や常設的な外務省を設置し，国際政治の新たな慣行や儀礼も築き上げていった。そしてこの時代からは，形容詞や時制などの文法が曖昧ではないため，フランス語が外交世界の共通言語としての地位を確立していく。

　この時代にはまた，ヨーロッパ各国が通商や植民地化を媒介に，ヨーロッパ外の世界とより接触をもつようになり，西インド諸島や北アメリカでのように，ヨーロッパ内部の戦争がそのまま植民地争奪戦争として各地に反映されるようにもなった。しかし，戦争の世紀とはいえ「長い18世紀」においては，兵站（ロジスティックス）上の問題とも関係し，未だ戦争は全人口の数％（職業軍人と義勇兵）同士の限定戦争の時代であり，またプロの軍人同士の間には戦争の「作法」も見られた。20世紀以降に見られる，国家総動員態勢に基づく総力戦の時代は訪れてはいなかった。

# ルイ14世の野望と「長い18世紀」の始まり　第4章

❶ルイ14世——63歳のときの肖像画であるが、若いころにバレエ・ダンサーとしても名声を博しただけあって、優美にポーズを決めている（1701年、Hyacinthe Rigaud画。写真提供：Bridgeman Art Library/PANA）

第Ⅱ部 「長い18世紀」のヨーロッパ国際政治

## *1* 少年王から太陽王へ

### フロンドの乱と少年王の運命

　三十年戦争の講和会議がドイツ西部のヴェストファーレン（ウェストファリア）で大詰めを迎えていた1648年8月，パリでは民衆が政府の打倒を掲げる蜂起を展開していた。後に「フロンドの乱」と呼ばれることになる内乱の始まりである。三十年戦争でその勢力を拡大し，ヨーロッパ国際政治でも存在感を増しつつあったフランス国内で，いったい何が起こっていたのであろうか。

　これより5年前，1643年5月14日にブルボン王朝二代目の君主ルイ13世がこの世を去った。世継ぎとなったのは，当時まだ4歳のルイ14世（Louis XIV, 1638-1715, 在位1643-1715）である。皇太后のアンヌ（Anne d'Autriche, 1601-66）が摂政に就き，実質的な政務は，その前年12月にリシュリューの死を受けて宰相に就任していたマザラン枢機卿(すうきけい)（Jules Mazarin, 1602-61）が取り仕切ることになった。彼はイタリアの出身で，ローマ教皇庁からの派遣でパリ駐在大使に就いていたとき，リシュリューに才能を見込まれ，その後継者に抜擢(ばってき)されたやり手の外交官であった。

　宰相に就任するや，マザランは得意の外交戦術を駆使して，フランスに有利なかたちで三十年戦争を終結させることに尽力した。それが第3章でも見たとおり，ミュンスターで結ばれた講和条約に結実していった。内政においても，国王の諮問機関である国務会議を整備し，行財政改革にも乗り出した。しかし，長い戦争で疲弊していたフランスは，財政的に弱り切っていたのである。

　そこでマザランは，パリを対象に家屋税(トワゼ)や富裕者税(エゼ)，入市税(タリフ)などを新設しただけでなく，1604年に制定されたポーレット法（一定の年税支払いを条件として官職の世襲化を許可）を廃止し，官僚の俸給支

88

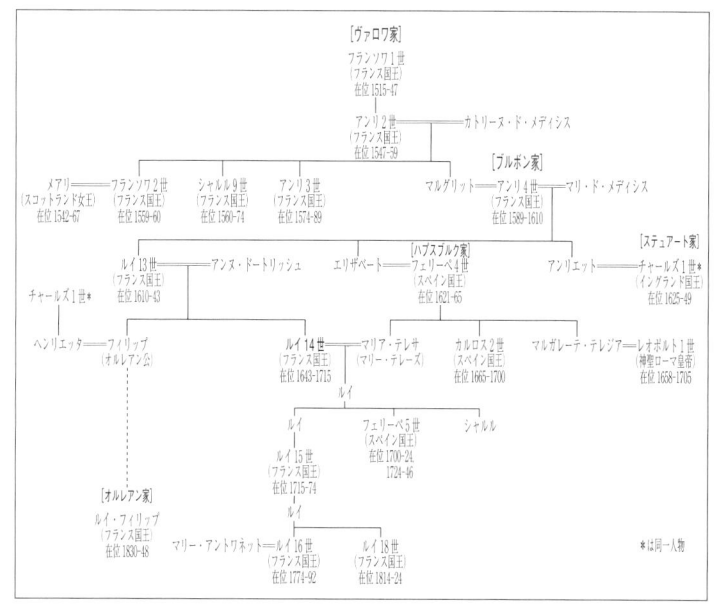

第 4 章 ルイ 14 世の野望と「長い 18 世紀」の始まり

図 4-1 ヴァロワ家とブルボン家の系図

[出典] 著者作成。

払いも一時停止に踏み切った。この強引な政策に，パリ高等法院を頂点とする官職保有者層と中小貴族層が反発し，新税の導入に不満がたまっていたパリ市民たちと手を結んで，反乱に至ったのである。「フロンド」とは，当時流行っていた官憲への投石遊びのことである。

それはまた，「イタリア人の貪欲な成り上がり者が少年王を手玉にとって，国政をほしいままにしている」ことへの，反マザラン派の蜂起でもあった。王家の分家筋にあたるコンデ親王ルイ 2 世 (Louis II, Prince de Condé, 1621-86) 父子まで巻き込んだこの内乱は，1653 年 7 月に反乱側が投降したことで幕を閉じた。

この後マザランは，金融業者を利用した財政再建に乗り出すとと

もに，ヴェストファーレン条約以後も戦争が続いていたスペインとも和解した（1659年11月のピレネー条約）。翌60年6月9日には，スペイン国王フェリーペ4世（Felipe IV, 1605–65, 在位1621–65）の王女マリア・テレサ（フランス語ではマリー・テレーズ，Marie-Thérèse, 1638–83）とルイ14世の華燭の典が盛大に執り行われた。

## 親政の開始と「3人組」の時代

国王の結婚を見届けたマザランは，それからわずか9カ月後の1661年3月，突然この世を去った。22歳に達していたルイ14世は，即位から18年の歳月を経てここに「親政」を開始したのである。

国王は，それまでリシュリューやマザランに託されてきた「宰相」の役職を廃止して，最高国務会議の限られた大臣と国王自身による統治へと切り替えた。中でも親政時代の初期を支えたのが，財務総監のコルベール（Jean-Baptiste Colbert, 1619–83），陸軍卿のル・テリエ（Michel Le Tellier, 1603–85），そして外務卿のリオンヌ（Hugues de Lionne, 1611–71）の3人であった。

コルベールは，たび重なる戦争で疲弊したフランス財政を，特権層への課税で乗り切るとともに，国家全体の富を増やすために，重商主義政策を強力に推進した。それは，高率の保護関税で自国産業を保護育成し，貿易差額（安く輸入し，高く輸出する）で利益を得るために，特権大商人による貿易独占を奨励する政策であった。この時期，西インド会社（1664年），東インド会社（64年），レヴァント会社（70年）など，フランスは次々と特権貿易会社を立ち上げていた。それは「コルベール主義（コルベルティスム）」と呼ばれるようになった。

ル・テリエと，彼の息子でやはり陸軍卿に就任したルヴォワ（François-Michel Le Tellier de Louvois, 1641–91）によってフランス陸軍の指揮系統がさらに一元化され，国王民兵制（各教区の住民集会での多数決で，任期2年の民兵を全国で2万5000人選出させる）の導入で，

陸軍は恒常的に大量の常備軍を動員できるようになった。

さらにリオンヌは、ヴェストファーレン条約で権利を手に入れたメッツ、トゥール、ヴェルダンの防衛に尽力するとともに、ライン同盟（1658-68年）を結成して、ライン川沿いのドイツ諸侯に資金援助なども行い、対ハプスブルク戦争に備えた。また、1662年にはオランダとも対ハプスブルク同盟を形成した。三十年戦争が終結した後も、フランス外交の第一課題は、スペイン、オーストリアの両ハプスブルクの勢力を減退させることであった。

しかし、オランダとの同盟は、長続きしそうにはなかった。コルベールが進める重商主義政策にとって、世界規模で中継貿易（他の二国間の商取引を仲介する貿易）を展開し、植民地獲得競争でも熾烈な争いを演じるようになっていたオランダの存在は、宿敵以外の何者でもなかった。この両国は、1667年から、お互いに関税率を引き上げたり、新たな関税まで設けたりして、通商戦争を展開するようになっていた。

三十年戦争が終結し、両ハプスブルクに加え、商業大国オランダの存在が大きくなっていたヨーロッパ国際政治において、ルイ14世はこれら3人の大臣たちに支えられながら、政治・外交の諸事全般を掌握していった。いつしか彼らは、国王親政の初期を支えた「3人組」と呼ばれるようになった。

### 最初の戦争——フランドル戦争

ルイ14世が親政を開始してから4年後、1665年9月に義父でスペイン国王のフェリーペ4世が亡くなった。後に残されたのは、まだ4歳で病弱なカルロス2世（Carlos II, 1661-1700, 在位1665-1700）であった。彼は心身共に虚弱な体質で、成人までとても生きられないであろうと言われていた。ここにルイ14世が付け入る隙が生じた。

カルロスが新たに領主となったスペイン領ネーデルラント（フランドル）には古来からの相続法があり，領主が再婚した場合には，最初の夫人との子どもの相続権が優先される。カルロスはフェリーペの再婚相手との間にできた子である。これに対しルイの妃マリー・テレーズは，フェリーペと最初の結婚相手との間に生まれた王女であった。この法を理由に，1667年5月，フランス軍はスペイン領ネーデルラントへの侵攻を開始した。

準備の整っていなかったスペイン軍を後目に，フランス軍はフランドルとフランシュ・コンテ（フランスの東側でスペイン領）を次々と占領した。この電光石火の早業に脅威を抱いたのが，ネーデルラントのすぐ北に位置するオランダであった。ネーデルラント沿岸部の要衝に強大なフランス軍が居座ることに同じく脅威を感じるイングランドとスウェーデンを誘い，オランダは三国同盟を結成したのである。

この後三国は，スペインと和平を結ぶようフランスに圧力をかけた。そうなると講和に応じるしかない。戦争開始からちょうど1年後の1668年5月，フランスはドイツ西部の都市アーヘンでスペインと和睦を結び，フランシュ・コンテはスペインに返還したものの，フランドルではリールやオウデナールデといった12もの要塞都市を手に入れることに成功した。

こうして，ルイ14世にとっての最初の戦争とも言うべきフランドル戦争（「遺産帰属戦争」とも呼ばれる）は，わずか1年で終結した。この戦争が始まったころから国王は，父ルイ13世が狩猟用に造らせた，パリ郊外のヴェルサイユの館を壮麗な宮殿へと大改築していった。4歳で即位した少年王は，いつしか「太陽王」と呼ばれるまでになった。しかし，やがてそれにもう一つの呼び名が加わる。「戦争王」ルイ。フランドル戦争は，この後半世紀近くにもわたって続くことになる，ルイ14世が引き起こしたヨーロッパ大戦争の

## 2 九年戦争と「勢力均衡」の始まり

### オランダ戦争とウィレムの登場

　フランドル戦争で北東部の要塞都市を手に入れたルイ14世であったが、せっかく占領したフランシュ・コンテは手放さざるをえなかった。その元凶となったのが、スウェーデン、イングランドと三国同盟を結んでフランスに圧力をかけてきた、オランダであった。当初の計画を挫かれたことに対する恨みに加え、フランス重商主義政策に邪魔立てしてくるオランダを許しておくわけにはいかない。ルイの次なる野望はオランダ打倒となった。

　まずは、リオンヌ外務卿がスウェーデンに賄賂を用い、三国同盟から離脱させた。次に、ルイ14世自身が接近を図ったのがイングランドであった。当時のイングランドは、清教徒革命と呼ばれた内乱（1642-49年）の末に樹立された共和政の時代を経て、1660年5月に王政復古を成し遂げたチャールズ2世（Charles II, 1630-85, 在位1660-85）が治めていた。彼はルイの従兄（父の妹の長男）であるばかりか、共和政時代にはフランスへの亡命を許し、一家共々ルイが面倒を見てもいた。

　1670年5月、ルイは秘かにドーヴァーでチャールズと会見し、内密の年金と引き換えに対オランダ戦争での協力を要請した。議会に金を握られていたチャールズは、この提案に飛び付いてきた。しかも、オランダに次ぐ商業大国イングランドは、当時はオランダとの三度にわたる戦争（1652-54, 65-67, 72-74年）の狭間にあった。こうして三国同盟は瓦解した。

　満を持してルイ14世は、1672年4月にオランダに宣戦布告を行った。5月には12万人もの大軍がオランダに侵攻し、6月までには

400もの町を占領した。同時期にはイングランドが海上でオランダと衝突しており、ヨーロッパ随一の商業・海運大国に危機が訪れた。ここに7月、オランダで政変が生じた。オランダ独立の英雄オラニェ公ウィレム1世の曾孫であるウィレム3世（Willem III, 後のイングランド国王ウィリアム3世, William III, 1650-1702, 在位 1689-1702）が、弱冠21歳で陸軍総司令官に任命されるとともに、ホラント、ゼーラント両州の総督にも就任し、ルイに正面から挑んできたのである。

劣勢に立たされていたオランダ側は、翌73年までには態勢を立て直し、その間にウィレムは両ハプスブルク家とハーグで同盟を結び（8月）、フランス側についていたドイツ諸侯を次々とルイから引き離すことにも成功した。そして11月には、フランス軍の武器弾薬基地となっていたボンを占領し、フランス軍を撤退させた。さらに1674年2月には、イングランドがオランダとの単独講和に応じた。イングランド国内では、ルイの野望に対する警戒感が、議会にも世論にも広まっていたのである。

そうなると、ルイ14世としても講和に応じざるをえない。1676年6月からオランダ東部のネイメーヘンで、イングランドとスペインも加わって和平交渉が始まった。そして1678年8月にネイメーヘン条約が締結され、ルイはフランシュ・コンテとフランドルの都市（イープルやカンブレーなど）を獲得した。オランダはすべての領土を回復し、ルイに対オランダ高率関税を廃止することまで約束させた（1664年の税率に戻させた）。

こうしてオランダ戦争は終結した。ルイにとっては、大勝利とまではいかなかったが、それでもフランスが長年欲していたフランシュ・コンテは手に入れることができたのである。さらに、このときのネイメーヘンでの講和交渉は、オランダの地で行われたにもかかわらず、すべてフランス語で進められた。それまでのヨーロッパ国

際政治の共通言語はラテン語であり,ヴェストファーレンでもそれが踏襲されていたが,ネイメーヘンは初めてフランス語で交渉が行われた国際会議となった。

### 「統合政策」とラティスボンでの勝利

しかし,わずか13年間で二度も大がかりな戦争に乗り出していたルイ14世には,財政的にも休息が必要となった。ネイメーヘンで講和が結ばれた翌年,1679年11月から外務卿として国王を支えるようになったのが,コルベール・ド・クロワシー(Charles Colbert de Croissy, 1625-96)であった。財務総監コルベールの実弟である。この新しい外務卿の下で進められた新たな侵略策,それが「統合政策(レユニオン)」と呼ばれるものであった。

ヴェストファーレン条約でフランスが支配権を獲得した,フランドル,ブザンソン,メッツ,トゥール,ヴェルダン,アルザスなど,東北部の要衝は,未だ法体系も曖昧であった。そこに目を付け,これらと接する国境地帯の国王裁判所内に「統合法廷」を設置し,近隣のドイツ諸侯を法廷に召喚して,そこでフランス国王に臣従を誓わせたのである。これに応じない場合には,法に則り,一方的に領邦を領有してしまうという政策であった。

「戦争王」とも呼ばれたルイ14世ではあったが,先に見たフランドル戦争のように,彼はいつも相続法や国際条約の枠組みの中で相続権や領有権を主張し,それがかなわない場合に武力に訴えるという手法をとっていた。とはいえ「統合政策」は,フランスと国境を接するヴュルテンブルク公爵やトリーア選帝侯など神聖ローマ帝国の有力貴族から,周辺の諸侯が次々とルイの軍門に下っているという不満も交えて,ウィーンの皇帝の耳にも伝えられた。

当時の神聖ローマ皇帝は,レオポルト1世(Leopold I, 1640-1705, 在位1658-1705)であった。彼もルイの野望には神経を尖らせていた。

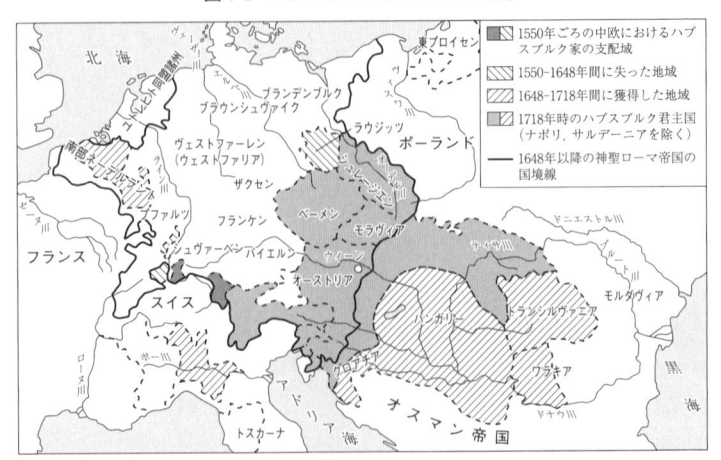

図4-2 ハプスブルクとオスマンの抗争

凡例：
- 1550年ごろの中欧におけるハプスブルク家の支配域
- 1550-1648年間に失った地域
- 1648-1718年間に獲得した地域
- 1718年時のハプスブルク君主国（ナポリ、サルデーニアを除く）
- 1648年以降の神聖ローマ帝国の国境線

［出典］　南塚編，1999，131頁。

　それ以上に「統合政策」に敏感になっていたのは，ネーデルラントの領主でもあるスペイン国王カルロス2世であった。彼は自分の所領に手を出さないよう義兄ルイにたびたび要請した。

　ここでルイはついに軍事力に訴えることにした。1681年9月，ドイツとの国境にあるアルザスの中心地ストラスブール（ドイツ語ではシュトラスブルク）に3万人の兵力で乗り込み，ここを占領したのである。スペインとの交渉は難航し，1683年10月にカルロスはルイに宣戦布告した。カルロスはレオポルトに援軍を頼みたかった。

　ところが，当時レオポルトは，オスマン帝国軍による二度目の「ウィーン包囲」への対応に追われていたばかりか（1683年7-9月），所領ハンガリーでも反乱が生じており，とても西側に戦力を割ける状態にはなかった。ルイもその点を見越して，派兵に乗り出していたのである。フランス軍はルクセンブルクにまで兵を進めた。

　しかし，レオポルトがオスマン軍を追い払うことに成功を収めると，ルイは素早く講和に応じた。1684年8月，ドイツ南部のラテ

ィスボン（ドイツ語ではレーゲンスブルク）で，皇帝を仲介役にフランスとスペインが和平を結んだ。このときフランスが占領したストラスブールとルクセンブルクには，20年間の期限付きでフランス軍の駐留が認められた。さらに「統合政策」でルイが得た所領も，そのまま権利を認められたのである。

オスマン帝国を追い払ったとはいっても，まだオスマンと公式な講和を結べず，ハンガリーでの反乱にも苦悩していた皇帝レオポルトの隙を突いた，ルイ14世の巧みな外交の勝利であった。同じころ（1682年5月），ルイはヴェルサイユに宮廷を移した。このとき豪奢な宮殿の天井や壁に描かれたのは，フランドルやオランダでの戦争で勝利をつかんだ，彼自身の「栄光（グロワール）」の姿の数々であった。

この当時，あるドイツ人の外交官はこう洩らしている。「昨今では，何でもフランスでなければだめになっている。言語も衣装も食べ物も音楽も，おまけに病気まで。ドイツの宮廷のほとんどがフランス流の生活様式で彩られ，出世したければフランス語を話して，パリに赴任しなければならなくなっている」（Wilkinson, 2002）

ルイ14世はヴェルサイユの地で，まさに「この世の春」を謳歌していた。

### 九年戦争での誤算

しかし，ルイの栄光は長くは続かなかった。オスマン帝国軍を撃退したレオポルト1世が，西側に目を転じる機会が訪れたのである。ラティスボンでの講和からわずか2年後，1686年7月に皇帝はオランダ，スペイン，スウェーデン，ドイツ諸侯を誘って，アウクスブルクで同盟を結成した。ルイがこれ以上野心を広げないようにするため，フランスを監視する同盟である。その矢先に，ルイはさらなる戦争に乗り出すことになった。

1688年9月，フランス軍が突如，プファルツ選帝侯領への侵攻

を開始した。その直前に亡くなった選帝侯に嗣子がなく、ルイ14世は実弟オルレアン公フィリップ（Philippe, Duc d'Orléans, 1640–1701）の夫人が選帝侯家から輿入れしており、弟に相続権があると訴えたのである。すぐに反応したのはウィレム3世のオランダであった。11月にはフランスがオランダに宣戦布告した。さらに、皇帝もスペイン国王もブランデンブルク選帝侯も、次々と対フランス戦争に加わった。

このとき注目されたのがイングランドの動向であった。イングランド国王ジェームズ2世（James II, 1633–1701, 在位 1685–88）は、亡兄チャールズ2世と同じく従弟のルイとは仲が良かった。しかし、フランス亡命中にカトリックに改宗し、露骨なカトリック化政策を進めるようになっていたジェームズは議会と衝突するようになり、甥で義理の息子でもあるオランダのウィレムと議会軍とによって、1688年12月に亡命を余儀なくされた。その後、ルイの援護で再びイングランド奪回に乗り出したジェームスであったが、それにも失敗し、イングランド（ならびにスコットランド）王位は長女メアリ（Mary II, 1662–94, 在位 1689–94）とその夫ウィレム（ウィリアム3世）に奪われてしまった。

いわゆる「名誉革命」である。これによってウィレムは、イングランドとオランダを同君連合で取り結ぶ重要な存在となった。新国王ウィリアム3世は、さらにイングランド外交まで大きく方向転換させた。それまで、ステュアート王朝のイングランドは弱小国であり、ヨーロッパの大国と相互保障を結ぶだけで、ヨーロッパ国際政治にはできるだけかかわろうとしなかった。しかし、ウィリアムの目から見れば、イングランドは今やオランダに次ぐ経済大国であり、ヨーロッパで勢力を拡大しつつあるルイ14世のフランスを、まだ芽のうちに摘み取っておかなければ大変なことになると思われた。

ウィリアムはイングランドの政治家たちに、「集団安全保障」

という考え方と「勢力均衡〔バランス・オブ・パワー〕」という新たな外交方針とを延々と説いた。これによって1689年5月には、ついにイングランドもアウクスブルク同盟に加盟したのである。

　フランスがプファルツへ乗り出している隙に、よりによって宿敵オランダのウィレムにイングランドを乗っ取られてしまったのが、このときの戦争でのルイ14世の最初の誤算であった。こうしてアウクスブルク同盟25万人の兵力に対し、22万人のフランス軍が各地で戦闘を開始した。今や植民地獲得競争の時代に入っていたため、インドや北アメリカ（ウィリアム王戦争）でもイングランド軍やオランダ軍との衝突が見られた。この戦争は、ヨーロッパの戦争が世界大の規模で拡大した最初の戦争でもあった。

　しかし当初、戦争を有利に進めたのは数で劣るフランスの方であった。同盟軍は指揮系統もばらばらで、お互いに猜疑心を抱き、足並みの乱ればかりが目立っていたのである。それでもイングランドとオランダという二大海軍大国が手を結んだため、1692年5月に英仏海峡での海戦で敗れたフランスは制海権を失った。さらに、1693-94年にはフランスを小麦の不作が襲った。ルイは軍事ではなく外交で、アウクスブルク同盟を切り崩しにかかった。96年には多額の賄賂につられ、サヴォイアが単独講和に応じた。

　長期にわたる戦争に疲弊し、他の国々も和平を望むようになっていた。1697年5月からオランダ南西部の町レイスウェイクで講和会議が開かれ、9月には条約が結ばれた。フランスはロレーヌの大半を失い、ストラスブールを除いて「統合政策」で手に入れた領土もすべて返還し、オランダがネーデルラントの要塞に軍を駐留させることに決まった。名誉革命を認めていなかったルイは、「ウィリアム3世」のイングランド王位も認めた。

　ルイ14世の最大の失敗は、16世紀前半のフランソワ1世の外交政策を踏襲できなかった点にあった。やはりオスマン帝国軍からウ

第Ⅱ部 「長い18世紀」のヨーロッパ国際政治

*Column* ⑤ 勢力均衡とは何か？

　高坂正堯が看破したとおり、近代ヨーロッパの国際関係においては、「勢力均衡」（バランス・オブ・パワー）という言葉こそが平和を保つための基本原理として明瞭に意識されていた。それでは「勢力均衡」とは具体的にどのようなものなのか。

　ブルは、「いずれの一国も優越的地位を占めておらず、他国に対して自らが正しいとみなすことを独断的に命令できない状況を指す」と述べた上で、次のように整理している。

　まず勢力均衡は、二国間からなる「単純な勢力均衡」と三カ国以上からなる「複合的な勢力均衡」とに分かれる。前者は16-17世紀の東西両ハプスブルク家とフランスの確執（第4章など参照）、後者は「長い18世紀」後半以降のヨーロッパ（第6-10章を参照）にそれぞれ象徴されていよう。

　さらに、国際システムを全体として見たときに優越的地位にある大国が一国も存在しない状況としての「一般的な勢力均衡」と、ある地域または国際システムの一部において成立する「地域的・特定的な勢力均衡」も区別される。前者はやはりウィーン体制後のヨーロッパ（第9-12章など参照）がその事例であり、後者は北方戦争（1700-21年）時代のバルト海周辺（第5章を参照）などが例として挙げられよう。

　勢力均衡を保持することは、近代主権国家システムにとって三つの歴

ィーン包囲にあっていたカール5世の神聖ローマ帝国の弱体化を狙い、フランソワは異教徒スレイマン1世とも手を結んだのである（第1章を参照）。ところが、「いともキリスト教的国王」として、ローマ・カトリックに熱心に奉仕し、フランス国内におけるプロテスタントの活動をある程度許していた、「ナントの勅令」（祖父アンリ4世がフランス西部のナントで1598年に発令した）まで廃止したルイ14世には、異教徒と手を組んでレオポルトを東方に釘付けにしておけるだけの宗教的寛容さはなかったのである。

　この九年戦争（「プファルツ伯継承戦争」とも「アウクスブルク同盟戦

史的役割を演じてきた。それは，①国際システムに全体として「一般的な勢力均衡」が存在したことで，征服などによって普遍的帝国に変形されずに済んだ，②「地域的な勢力均衡」の存在によって，地域的に優越な地位を占める大国が併合や覇権確立に失敗し，特定地域の国々の独立を保護できた，③双方の勢力均衡が保持された場合には，国際秩序の基盤となる諸制度（外交，戦争，国際法など）がうまく機能することができた，というものである。

特に高坂が注目する「勢力均衡」の成功例の一つが，ウィーン会議（1814-15年）後に生み出されたヨーロッパ国際関係であった。この時代を探究したキッシンジャーは，ウィーン会議の結果が成功を収めたのは関係国のすべてが不満足な状態を生み出したからである，と指摘する。もしだれか一人が完全に満足してしまえば，他のすべてが完全に不満足となり，新たな火種を生み出してしまう（第9章を参照）。

しかしヨーロッパの勢力均衡も，ビスマルク失脚後の二極化状態の形成によって，柔軟性と多極性とを失い，硬直化した大国同士の関係はついに第一次世界大戦へと導かれていくことになる（第12-13章を参照）。後にアメリカのウィルソン大統領は「勢力均衡」を非難したが，ヨーロッパ人にとってこの言葉は未だに特別な響きを持っている。

争」とも呼ばれる）は，先のオランダ戦争以降にルイが手に入れてきたものの多くを失わせるに至った。ところが，戦争が終結してまだ日も浅いうちに，ルイの野望はさらなる大帝国への侵攻へと向けられることになったのである。

## 3　スペイン王位継承戦争と太陽王の死

### スペイン分割と最大の危機

レイスウェイク条約でヨーロッパに久方ぶりの平和が甦ってわず

第Ⅱ部 「長い18世紀」のヨーロッパ国際政治

か3年後，1700年11月1日，一人の人物の死がヨーロッパに再び戦乱を引き起こしてしまう。スペイン国王カルロス2世が亡くなったのである。すでに述べたように，彼は生まれながらにして心身虚弱であった。成人まで達することはないだろうと言われていた。そのため，王位継承権に与(あずか)る周辺の大国は，すでに「カルロス後」の帝国の分割を話し合っていた。

カルロスがまだ6歳であった1668年1月，二人の人物がピレネー山中で密約を交わした。神聖ローマ皇帝レオポルト1世とフランス国王ルイ14世である。時のヨーロッパの最大権力者二人は，実はスペイン王位に最も近い二人でもあった。二人の母親が共にスペイン王女（姉妹）であったばかりか，二人の王妃までスペイン王女（姉妹）であった。まさに15世紀以来のヨーロッパ国際政治で同盟の常套(じょうとう)手段となってきた「政略結婚」がもたらした歴史の皮肉である。この密約では，ナポリ，シチリア，フランドル，フランシュ・コンテなどをフランスが，スペインと他のイタリア諸国，そして海外植民地はオーストリアがそれぞれ獲得するという取り決めがなされた。しかし4年後のオランダ戦争で破棄された。

カルロスが予想外に「長生き」していたため，先送りとされたスペイン分割案が次に出されたのが，九年戦争が終結した直後の1698年10月のことである。ここではレオポルトの外孫（娘の子）にあたり，バイエルン選帝侯の息子ヨーゼフ・フェルディナント（Joseph Ferdinand, 1692–99）をスペイン国王とし，ミラノはレオポルトの次男カール大公（後の皇帝カール6世，Karl VI, 1685–1740, 在位1711–40）に，残りのイタリア諸国はルイの皇太子ルイ（Louis, Grand Dauphin, 1661–1711）にそれぞれ与えると決められた。

ところがそれからわずか3カ月後に，ヨーゼフ・フェルディナントが天然痘のため6歳で急逝してしまう。そこで再び分割条約が結ばれ，カール大公をスペイン国王（植民地とネーデルラントも統治）

とし，ルイ皇太子がミラノ以外のイタリアを，ロレーヌ公爵がミラノをそれぞれ得るという提案が出された。これに反対していたのが，実は当のカルロス2世であった。彼はスペイン帝国が分割されてしまうことに危惧を抱いていたのである。

そのカルロスが亡くなる前に遺言状が作成された。海外植民地を含めたスペイン帝国の全領土をルイ14世の孫で皇太子ルイの次男アンジュー公フィリップ (Philippe, Duc d'Anjou, 1683–1746) に相続させるというのである。ただし，そのためにはフランスの王位継承権を放棄するという条件付きであった。この条件を呑んで，1700年11月15日にフィリップはフェリーペ5世 (Felipe V, 在位1700–24, 24–46) として即位した。

ところが，この直後にルイ14世は孫のフランス王位継承権を復活させ，1701年2月にスペイン領ネーデルラントへの侵攻を開始した。9月，ウィリアム3世はオランダ，イングランド，神聖ローマ皇帝を中核とするハーグ同盟を結成し，翌1702年5月15日にフランスに宣戦布告した。ここにスペイン王位継承戦争が本格的に始まった。このときの同盟は，先のアウクスブルク同盟とは異なり，同盟軍同士の連係プレーもうまく運んだ。イングランドから派遣された最高司令官マールブラ公爵 (1st Duke of Marlborough, 1650–1722) の外交手腕のおかげで，25万人の同盟軍は一致団結できたのである。

対するフランス軍は，40万人の大軍を集めたにもかかわらず各地で敗戦が続いた。特に，同盟軍にとって決定的な勝利となったのが，南ドイツのバイエルンでマールブラがオーストリアのオイゲン公 (Eugen Franz Von Savoyen-Carignan, 1663–1736) 率いる皇帝軍と合流して，フランス，バイエルン連合軍を打ち破ったブレンハイムの戦い (1704年8月13日) である。この後もフランス側は敗戦が続いた。ルイと手を組んだバイエルン選帝侯は帝国追放となり (1706

年4月)、マドリードではフェリーペが追い詰められて逃亡した。ここにオーストリアのカール大公を「カルロス3世」に推戴する宣言まで出された (6月)。

最大の危機は1709年に訪れた。この年の1月にはフランスを大寒波が襲い、小麦の不作が決定的となったのである。穀物価格は上昇し、市民はもちろん、戦う兵士たちの士気にも影響を与えた。ついにルイ14世は同盟側に和平を申し込んだ。スペイン全土を放棄し、アルザスもストラスブールも返還するという、屈辱的な提案であった。

しかし、それまでルイの奸計にたびたび騙されてきた同盟側には、フェリーペ5世を直接王座から引きずり下ろすまでは講和を結ぶ気がなかった。同年9月にはネーデルラント南西部のマルプラーケでマールブラ＝オイゲン軍がさらなる勝利をつかんでいた。71歳を迎えていたルイ14世にとって、人生最大の危機が迫っていた。

### ユトレヒト条約と太陽王の死

野山では野鳥が凍え死に、ヴェルサイユ宮殿のワイン倉ではワインが凍り付き、パリでは2万4000人もの凍死者を出した1709年がようやく終わり、1710年を迎えてもルイにとって戦況は好転しなかった。このままでは、孫のスペイン帝国はおろか、自らが築き上げたフランス王国まで崩壊してしまう。そのときルイに奇跡が起こったのである。

1710年にイギリス (1707年5月にイングランドとスコットランドが合同して以降のこの国を、「イギリス」と呼ぶことにする) で政権交代があり、フランスに強硬な態度を示してきた政府が代わって、ヨーロッパから徐々に兵力を引き揚げる方針が採られるようになった。歴戦の英雄マールブラも司令官から解任され (1711年12月)、同盟軍の動きが止まった。さらに、1711年4月に神聖ローマ皇帝ヨーゼフ1

世(Joseph I, 1678-1711, 在位 1705-11)が世継ぎを残さず急逝したため、弟のカール大公が皇帝カール6世に選出された。

これに脅威を感じたのが、皇帝にとって最大の同盟者イギリスであった。ハプスブルクが再び一人の支配者の下にオーストリアとスペインを統合する。200年前のカール5世の悪夢が復活すると恐れたのである(第1章を参照)。同年10月には、ロンドンで英仏間に仮講和条約が結ばれ、翌12年1月からイギリスとフランスは本格的な講和交渉に入ることになった。ルイ14世はこの一連の出来事で救われたのである。

1713年4月、オランダ中部のユトレヒトでイギリス、フランスにオランダ、スペイン、プロイセン(ブランデンブルク選帝侯が1701年から皇帝によってプロイセン国王位を認められていた)などが、条約を締結した。イギリスは北アメリカのニューファンドランドやハドソン湾をフランスから、地中海の入口ジブラルタルやミノルカなどをスペインから、それぞれ割譲された。オランダは、イープルやヘントなどネーデルラントの主要な要塞を取り戻した。フェリーペ5世のスペイン王位は正式に認められ、彼はフランス王位の継承権を放棄した。ルイ14世自身は、九年戦争後のレイスウェイク条約で手に入れた領土をあらためて認められた。

ハーグ同盟から取り残された神聖ローマ皇帝カール6世は、翌1714年3月にドイツ南西部のラシュタットでルイ14世と講和条約を結んだ。フェリーペ5世のスペイン王位が、フランスの王位継承権の放棄と引き替えに、正式に認められた。対立候補でもあった皇帝の方は、スペイン領ネーデルラント、ミラノ、ナポリ、サルデーニャを獲得した。こうして、カルロス2世の死から足掛け15年に及んだスペイン王位継承戦争は幕を閉じた。

それはまた、戦い続けた「戦争王」ルイ14世にとっての最後の戦争にもなった。1709年に人生最大の危機に直面しながらも、悪

第Ⅱ部 「長い18世紀」のヨーロッパ国際政治

運強く生き延びた老国王ではあったが,彼が孫のフィリップ(フェリーペ5世)のフランス王位継承権を復活させたことが,このときの戦争の大きな要因であった。しかし,それも無理はなかったのである。オーストリアのヨーゼフ1世にしろ,スペインのカルロス2世にしろ,みな世継ぎを残せずに若死していた。

　ルイの予感は見事に的中した。神聖ローマ皇帝ヨーゼフ1世が亡くなる3日前,1711年4月14日には皇太子ルイが50年の生涯を閉じてしまった。その長男でブルゴーニュ公ルイ (Louis, Duc de Bourgogne, 1682-1712) も,翌12年2月に29歳の若さで急死した。彼には3人の王子がいたが,長男は生後まもなく死亡 (1704年),次男は父の後を追うように5歳で亡くなり (1712年),後に残されたのは2歳 (1710年生まれ) の三男坊だけとなったのである。ブルゴーニュ公の弟がフィリップ(フェリーペ5世)であり,その下にベリー公シャルル (Charles, Duc de Berry, 1686-1714) がいたが,彼まで1714年5月に狩猟中の不慮の事故で急死する運命にあった。

　フェリーペ5世が手元から離れてしまった今や,ルイ14世にとっての頼みの綱は幼い曾孫のルイだけであった。それはまた,彼自身が父の急死を受けて,およそ70年前に経験した運命に他ならなかった。本章の冒頭で見たとおり,幼いルイ14世を襲ったのはパリの民衆たちの「石つぶて(フロンド)」であった。曾孫にまでそのような思いはさせたくない。せめてあと数年生きていたいとの思いに駆られていたのであろうが,宿敵ウィリアム3世 (1702年没) もレオポルト1世 (1705年没) もすでにこの世にはいない。ルイもそろそろ潮時であった。

　1715年9月1日,太陽王は亡くなった。その在位は72年に及んだ。近代世界史上最長の在位記録を持つ君主であった。三十年戦争で拡張した領土は,紆余曲折を経ながらも何とか維持し,かつての仇敵スペインとは同門連合で結ばれていた。

第 4 章　ルイ 14 世の野望と「長い 18 世紀」の始まり

　他方，同じく三十年戦争で北欧にバルト海帝国を築き上げたスウェーデンには，より過酷な運命が待ち受けていた。それはルイ 14 世に負けずとも劣らない野望を抱いた，新興の大国を率いる国際政治の主役が，新たに東方から出現したことによっていたのである。

●引用・参考文献●

高坂正堯，1978 年『古典外交の成熟と崩壊』中央公論社。
佐々木真，2009 年「ヨーロッパ最強陸軍の光と影——フランス絶対王政期の国家・軍隊・戦争」阪口修平・丸畠宏太編『軍隊』（近代ヨーロッパの探究⑫）ミネルヴァ書房。
柴田三千雄・樺山紘一・福井憲彦編，1996 年『フランス史 2 16 世紀〜19 世紀なかば』（世界歴史大系）山川出版社。
ナイ，ジョセフ・S．，ジュニア／田中明彦・村田晃嗣訳，2009 年『国際紛争——理論と歴史〔原書第 7 版〕』有斐閣。
バーク，ピーター／石井三記訳，2004 年『ルイ 14 世——作られる太陽王』名古屋大学出版会。
ブル，ヘドリー／臼杵英一訳，2000 年『国際社会論——アナーキカル・ソサイエティ』岩波書店。
ベルセ，イヴ＝マリー／阿河雄二郎・嶋中博章・滝澤聡子訳，2008 年『真実のルイ 14 世——神話から歴史へ』昭和堂。
南塚信吾編，1999 年『ドナウ・ヨーロッパ史〔新版〕』（世界各国史 19）山川出版社。
ローレン，ポール・ゴードン＝ゴードン・A. クレイグ＝アレキサンダー・L. ジョージ／木村修三・滝田賢治・五味俊樹・髙杉忠明・村田晃嗣訳，2009 年『軍事力と現代外交——現代における外交的課題〔原書第 4 版〕』有斐閣。
Campbell, Peter Robert, 1993, *Louis XIV, 1661-1715*, Longman.
Claydon, A. M., 2002, *William III*, Longman.
Holmes, Geoffrey, 1993, *The Making of A Great Power: Late Stuart and Early Georgian Britain 1660-1722*, Longman.
Shennan, J. H., 1993, *Louis XIV*, Routledge.
Shennan, J. H., 1995, *International Relations in Europe 1689-*

*1789*, Routledge.

Smith, David, 1992, *Louis XIV*, Cambridge University Press.

Treasure, Geoffrey, 2001, *Louis XIV*, Longman.

Wilkinson, Richard, 2002, *Louis XIV: France and Europe, 1661–1715*, Hodder & Stoughton.

# ロシア帝国の台頭と拡張

第5章

❶ピョートル大帝——北方戦争の雌雄を決したポルタヴァの戦い（1709年7月）での勝利を称えた力強い肖像画（Jakob Houbraken 画。写真提供：RIA Novosti/PANA）

第Ⅱ部 「長い18世紀」のヨーロッパ国際政治

# *1* 「アジアの専制国」からの脱皮

## モスクワ大公国からロシアへ

　長きにわたったスペイン王位継承戦争を最終的に終結させたラシュタット条約（1714年3月）が，ルイ14世のフランスとカール6世のオーストリアとの間で結ばれてから4カ月ほど後のこと。バルト海のハンゴー（フィンランド南西端）沖で一大海戦が繰り広げられた。ロシアのバルト海(バルチック)艦隊がスウェーデン海軍を撃破したのである。ロシア海戦史でも初めての快挙であった。ところが当時は，バルト海艦隊が創設されてからまだ10年ほどしか経っていなかった。ロシアは急速な近代化によって快挙を成し遂げたのである。

　その牽引役となったのが，時のロシア皇帝ピョートル1世（大帝，Pyotr I, 1672–1725, 在位1682–1725）であった。この海戦での勝利で，ロシアとピョートルの名はヨーロッパ中に響き渡った。彼が皇帝(ツァーリ)に即位するころまでに，ロシアは世界最大の面積を誇る大国になっていたにもかかわらず，ヨーロッパ列強からは「アジアの専制国」扱いされ，蔑(さげす)まれていたのが現実であった。

　近代ロシアの起源は，14世紀前半に登場したモスクワ大公国に求めることができる。特に「雷帝」と呼ばれたイヴァン4世（Ivan IV, 1530–84, 在位1533–84）の時代には，東方ではタタールやカザン，西方ではウクライナにまでその勢力を拡張し，彼が亡くなるころまでには，すでに大公国はヨーロッパで最大の領土を誇っていた。しかし，イヴァンの死後は国内政治が紛糾し，「混乱の時代」（1598–1613年）と呼ばれる苦難の時期を経て，1613年，ミハイル・ロマノフ（Mikhail Romanov, 1596–1645, 在位1613–45）が皇帝に即いて「ロマノフ王朝」（1613–1917年）のロシアが形成された。

　領土は大きいものの，当時のロシアは弱小であった。近隣には，

第5章　ロシア帝国の台頭と拡張

図5-1　ロマノフ家の系図

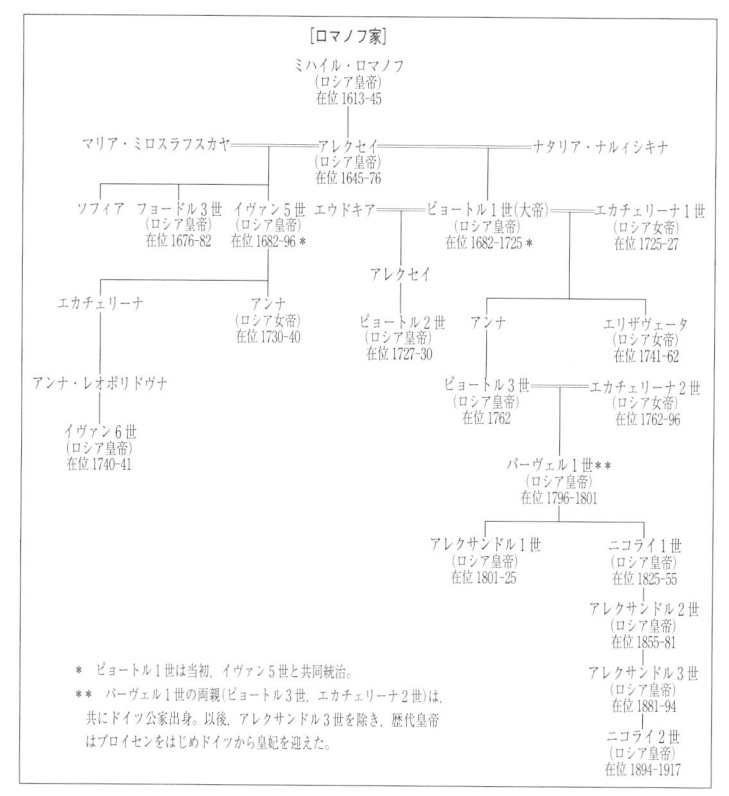

[ロマノフ家]

ミハイル・ロマノフ
(ロシア皇帝)
在位1613-45

マリア・ミロスラフスカヤ ━━ アレクセイ ━━ ナタリア・ナルィシキナ
(ロシア皇帝)
在位1645-76

ソフィア　フョードル3世　イヴァン5世　エウドキア ━ ピョートル1世(大帝) ━ エカチェリーナ1世
　　　　　(ロシア皇帝)　(ロシア皇帝)　　　　　　(ロシア皇帝)　　　　(ロシア女帝)
　　　　　在位1676-82　在位1682-96＊　　　　　　在位1682-1725＊　　　在位1725-27

エカチェリーナ　　アンナ　　　　　アレクセイ
　　　　　　　　(ロシア女帝)
　　　　　　　　在位1730-40　　　ピョートル2世　　アンナ　　　　エリザヴェータ
　　　　　　　　　　　　　　　　(ロシア皇帝)　　　　　　　　　　(ロシア女帝)
アンナ・レオポリドヴナ　　　　　　在位1727-30　　　　　　　　　　在位1741-62

イヴァン6世　　　　　　　　　　　　　　　ピョートル3世 ━━ エカチェリーナ2世
(ロシア皇帝)　　　　　　　　　　　　　　(ロシア皇帝)　　　(ロシア女帝)
在位1740-41　　　　　　　　　　　　　　 在位1762　　　　　在位1762-96

　　　　　　　　　　　　　　　　　　　　　　　　パーヴェル1世＊＊
　　　　　　　　　　　　　　　　　　　　　　　　(ロシア皇帝)
　　　　　　　　　　　　　　　　　　　　　　　　在位1796-1801

　　　　　　　　　　　　　　　アレクサンドル1世　　　ニコライ1世
　　　　　　　　　　　　　　　(ロシア皇帝)　　　　　(ロシア皇帝)
　　　　　　　　　　　　　　　在位1801-25　　　　　　在位1825-55

　　　　　　　　　　　　　　　　　　　　　　　　　　アレクサンドル2世
　　　　　　　　　　　　　　　　　　　　　　　　　　(ロシア皇帝)
　　　　　　　　　　　　　　　　　　　　　　　　　　在位1855-81

　　　　　　　　　　　　　　　　　　　　　　　　　　アレクサンドル3世
　　　　　　　　　　　　　　　　　　　　　　　　　　(ロシア皇帝)
　　　　　　　　　　　　　　　　　　　　　　　　　　在位1881-94

＊　ピョートル1世は当初，イヴァン5世と共同統治。
＊＊　パーヴェル1世の両親(ピョートル3世，エカチェリーナ2世)は，
　　　共にドイツ公家出身。以後，アレクサンドル3世を除き，歴代皇帝
　　　はプロイセンをはじめドイツから皇帝を迎えた。

　　　　　　　　　　　　　　　　　　　　　　　　　　ニコライ2世
　　　　　　　　　　　　　　　　　　　　　　　　　　(ロシア皇帝)
　　　　　　　　　　　　　　　　　　　　　　　　　　在位1894-1917

[出典]　著者作成。

ポーランド，スウェーデンというヨーロッパ勢力と，16世紀から拡張を続けるオスマン帝国とが控えていた。ミハイルのロシアは，1632-34年の戦いでポーランドに敗北して以降，積極的にヨーロッパ諸国（ポーランド，ドイツ諸国，オランダ，イングランド，スウェーデンなど）から士官・技師・職人・商人などを招聘し，先進的な文化を摂取していった。彼ら外国人たちはモスクワ郊外に「外国人村」を作り，皇帝から手厚い保護を受けた。青年期のピョートルも，よ

第Ⅱ部 「長い18世紀」のヨーロッパ国際政治

図5-2 ロシア帝国の拡大

■ 1550年ごろのモスクワ大公国
▨ 1600年ごろまでに獲得
▨ 1700年ごろまでに獲得
■ 1914年までに獲得

〔出典〕 土肥, 2009a, 10-11頁。

くここに出入りして外国文化を学んだ。

　ミハイルの子, アレクセイ皇帝 (Alexei Mikhailovich, 1629-76, 在位1645-76) の時代になると, 三十年戦争で勢力を広げたスウェーデンがバルト海に一大帝国を築き上げ, フィンランド湾からロシア勢力を追い払ってしまった。それ以後, ロシアはバルト海に進出する機会を失い, もっぱらユーラシア大陸の東方に勢力を拡張する以外に道はなかった。とはいえ, ミハイル時代の1636年には, すでにロシアの領土はオホーツク海にまで到達していた。

### 皇帝ピョートルの登場

　アレクセイは二人の妻を娶り, 6男10女という子宝に恵まれていたが, 生き残った男子は3人だけであった。彼の死後は三男フョ

ードル3世（Feodor III, 1661-82, 在位 1676-82）が皇帝となるが，彼は世継ぎを残さぬままに20歳の若さで亡くなった。このため，帝位は二番目の妃の長男ピョートルに継承された。最初の妃の五男イヴァン（Ivan V, 1666-96, 在位 1682-96）は，ピョートルより6歳年長であったが，幼少時から心身共に虚弱で失語症も抱えており，まだ10歳とはいえ，壮健なピョートルに期待が集まった。

ところが，ここに異母姉ソフィア（Sophia Alekseyevna, 1657-1704）が横槍を入れた。幼少の皇帝を補佐する摂政に就いた彼女は，ピョートルを推す一派を粛清(しゅくせい)し，自らが実権を掌握してしまったのである。ピョートルは異母兄イヴァン5世との「二人皇帝」に即き，しかも格下（第二皇帝）とされた。

ソフィア摂政の時代には，ロシアの南に勢力を持つクリミアのタタール（トルコ系民族）との戦争に乗り出したが（1687, 89 年），二度とも敗北に終わった。さらに，東アジアでは，康熙帝(こうき)（1654-1722, 在位 1661-1722）統治下の清王朝の中華帝国と黒竜江（アムール川）沿岸部で激しく対立した。このころまでにロシアは，黒竜江を南下し，沿岸部に城塞を築くようになっていた。しかし当時の中国は，清帝国の基礎を築き上げた康熙帝の強大な国家であり，ロシアも譲歩せざるをえなかった。1689年8月27日に両国はネルチンスク条約を結び，アルグン川・外興安嶺(そとこうあんれい)（スタノヴォイ山脈）を国境として，通商や越境の規定も定められた。

世界最大の領土を誇るようになっていたロシアも，100を超える言語や民族を抱えて，各地でさまざまな勢力と折り合いを付けなくてはならなかった。

ところが，ネルチンスク条約が締結される直前，1689年8月7日にクーデタが発生した。この年に結婚し，成人に達したピョートルを粛清しようと，ソフィアが動いたのである。しかし，彼女の動きに気づいていたピョートルは，逆に政府高官や軍部などを味方につ

け，クーデタは失敗に終わった。ピョートルはここに正式に「第一皇帝」として実権を掌握し，ソフィアは修道院に幽閉されたのである。

こうしてピョートル時代が本格的に開始された。ソフィア摂政時代はおとなしくしていたピョートルではあったが，すでに14歳の時に同年代の友人たちと「遊戯連隊」を結成し，軍事に強い関心を示していた。最初は文字通りのおもちゃの兵隊ごっこであったが，やがて彼らは本物の銃やカノン砲も装備するようになった。17歳にして「第一皇帝」として実権を握るころまでには，身長2mを超す強靭な体軀に恵まれたピョートルは，「本物の」戦争にも興味をもつようになっていた。

### アゾフ遠征の教訓

やがてピョートルに実戦の機会が訪れた。ロシア南西部にあるアゾフ海を通じて黒海へとその勢力を広げたかったピョートルは，1695年にアゾフ遠征に繰り出したのである。海に臨むアゾフ要塞をまずは陥落させなければならなかった。ところが，当時のロシアは軍艦など一隻も持ち合わせてはいなかった。これでは，要塞を背に海からトルコ軍が次々と武器弾薬や食糧を補給してくる経路を遮断できなかった。

要塞を包囲したものの，背後からクリミア・タタールに襲われ，ロシア軍は敗退した。しかしピョートルは，失敗から即座に学べる指導者であった。彼はすぐに貴族会議に諮り，ロシアで最初の軍艦の建造に乗り出した。ガレー船37隻，平底船1300隻が大急ぎで造られ，1696年4月にピョートルは再度アゾフ遠征に出向いた。そして，今度は要塞に横づけされていたトルコ軍艦を粉砕することに成功したのである。

2カ月ほどの戦闘の後（1696年7月），要塞は陥落し，ロシア用に

改造された。それでもピョートルは心底から喜べなかった。この程度の勝利や海軍力では、まだまだ黒海には進出できない。陸海軍でオスマン帝国に優るには、より進んだ技術や兵法も会得しなければならない。さらに、ロシア一国だけで強大なオスマン帝国を敵に回すことは難しい。ヨーロッパの列強と外交的に手を結んで、対オスマン大同盟を結成し、オスマン帝国を国際政治の中で孤立させる必要があった。

陸海軍力の強化と対オスマン大同盟の結成。この二つを同時に実現させるためには、皇帝自らがヨーロッパ各国を巡回し、その先進技術を学ぶと同時に、各国指導者にオスマン帝国の脅威を訴えるしかない。ここにピョートルの挑戦が始まった。

## 2　国内改革と北方戦争の始まり

### 大使節団への参加

アゾフ要塞陥落から8カ月後、皇帝の軍事顧問でスイス出身のレーフォルト（Franz Lefort, 1655-99）を団長に、総勢300人近いロシアの一団がヨーロッパ各国を視察に訪れる「大使節団」が結成された。彼らは1697年3月からバルト海沿岸に沿って、西欧へと向かった。その使節団の中に一際大きな男が混じっていた。「ピョートル・ミハイロフ」と名乗るこの大男こそ、だれあろう皇帝ピョートルに他ならなかった。皇帝は身分を隠して、各国を回った。

皇帝は対オスマン大同盟の結成を各国君主に呼び掛けるとともに、より強大な海軍力を備えるために、優秀な海軍将校や造船技術者を多数ロシアに「引き抜き」たかった。8月半ばにオランダに到着した一行は、世界に冠たるオランダ東インド会社の造船所に向かい、皇帝自らハンマーを手に働いた。皇帝はもともと手先が器用でもあり、次々と技術を習得した。彼は当代一流の専門家たちから、科学

全般，機械工学，建築学，軍事工学，さらに歯科学まで学んだ（後に家臣の抜歯まで行ったほどである）。

次いで訪れたイングランドでは，海軍による艦隊演習に見入ったとされる。皇帝は当時の海運・海軍の最先進国オランダとイングランドにそれぞれ3-4カ月ずつ滞在したが，それは後にバルト海艦隊を編成するうえで貴重な機会となった。ところがここに報せが入った。モスクワで銃兵隊が反乱を起こしたというのである。修道院に幽閉中のソフィアが皇帝の留守をいいことに煽動（せんどう）したのであった。1698年8月，皇帝は直ちに故国へ戻り，反乱者を厳しく処罰した。さらに，ロシア古来の服装を改めさせ，貴族にも民衆にも西欧流を押し付けた。それまでロシア正教で神聖視されていた「顎髭（あごひげ）」まで禁止となった。

ピョートルによる西欧化政策は，このような文化的側面はもとより，中央・地方の行財政や軍制の改革にまで多岐に及んで実行された。

他方，皇帝がこのときの使節団で果たそうとしたもう一つの目的である，対オスマン大同盟の結成についてはうまく運ばなかった。1697-98年当時のヨーロッパ主要国の最大の関心は，スペイン国王カルロス2世の後継者問題に集まっていた（第4章を参照）。オスマン帝国の脅威は，第二次ウィーン包囲の撃退（1683年），モハーチ（ハンガリー南部）でのオスマン軍壊滅（1687年）を経て，ロシア使節団一行がヨーロッパに到着した1697年までには事実上終息していた。さらに1699年にはカルロヴィッツ条約で，オーストリア，ポーランド，ヴェネツィアはオスマンと講和を結ぶことになっていたのである。

ピョートルがオランダやイングランドを物珍しげに歴訪していたころ，ルイ14世とレオポルト1世はスペイン帝国の分割をめぐって密約を交わしていた。だれも「アジアの専制君主」の言うことな

どに耳を貸さなかった。ピョートルがヨーロッパ国際政治の厳しい現実を目の当たりにした，最初の時であったのかもしれない。

しかし，彼も全く外交的成果をあげられなかったわけではなかった。銃兵隊の反乱の報に接し，ロシアへの帰路に会見した人物，それが1697年の国王選挙でポーランド国王に推戴された，ザクセン選帝侯アウグスト2世（August II, der Starke, 1670–1733, 在位 1694–1733。ポーランド国王アウグスト2世，在位1697–1704, 1710–33）であった。「強健王」とも呼ばれた彼は，バルト海をわが物にしていたスウェーデンを封じ込める目的で，いずれロシアと協力したいと約束してくれた。

スウェーデンは，創設まもないロマノフ王朝のロシアから，1617年にイングリア（エストニア東側）とカレリア（フィンランドとロシアの中間）を奪い，先にも記したように，ピョートルの父アレクセイの時代にバルト海からロシアを完全に追い出した国であった。三十年戦争後にはさらに「バルト海帝国」を築き，デンマーク，ポーランドやドイツ諸国を脅かし，周辺各国の不満は高まっていたのである。

アウグストの約束は嘘ではなかった。1699年11月には，デンマーク国王フレゼリク4世（Frederik IV, 1671–1730, 在位 1699–1730）も加わり，ロシア，ポーランド，デンマーク三国による「北方同盟」がここに結成され，一致協力して，スウェーデンに挑戦を開始していくことになった。

当初はオスマンを抑え込んで黒海沿岸に出て，南方に勢力圏を拡張しようとしていたピョートルであったが，バルト海を通って西方に拡大する路線へと大きく方向転換したのである。それはまた，「アジアの専制国」と見られていたロシアを，ヨーロッパ国際政治に本格的に参入させる重要な契機でもあった。

第Ⅱ部 「長い18世紀」のヨーロッパ国際政治

### *Column* ⑥ 「ロシア帝国」の光と影

　小説『罪と罰』『カラマーゾフの兄弟』などで知られる19世紀のロシアの文豪ドストエフスキーは，次のような言葉を残している。「ヨーロッパではわれわれは居候であり奴隷でもあったが，アジアでは主人として通用する」。これは，ピョートル大帝以後のロシア人が抱いてきた複雑な心性(メンタリティー)を見事に表した名言であるといえよう。

　中世ロシアの起源は，モンゴル帝国による200年にわたる支配後の，イスラーム教のキプチャク・ハーン国に由来する。やがてイヴァン雷帝の時代（16世紀半ば）以降には，人口も少なく未開なシベリアへと乗り出していけるようになった。しかし，18世紀末に南のステップ地帯全域を支配するまでは，森林とタイガとツンドラに囲まれ，痩せた土地しかなかったロシアは，面積ではヨーロッパ最大であったものの，その人口はフランスより少ない（1762年の時点で2000万人いなかった）ほどであった。

　そのような中央アジア的な要素から脱却し，ヨーロッパの持つ優れた文明を全面的に吸収しようと試みたのがピョートル大帝であった。ロシアでは16世紀初頭までに住民の大半がロシア正教徒に改宗しており，ヨーロッパと同じキリスト教で結ばれていたことが，文化的にも親近感を抱かせていた。また，ロシア正教は東方教会（ギリシャ正教）に起源を持つ独自の宗派であったため，16-17世紀のカトリック対プロテスタ

## ナルヴァの敗戦と軍制改革

　大使節団がロシアに帰国して2年後の1700年8月，ピョートル1世はフィンランド湾に面するナルヴァ要塞（イングリア西部）の攻撃を命じた。ここに「北方戦争」と呼ばれる大戦争が始まったのである。ところが，皇帝の意気込みとは裏腹に，ロシア軍の動きは鈍かった。彼らがナルヴァに到着したのは9月のことである。その間に，スウェーデンは電光石火の早業で外交的な成果を収めていた。

　当時のスウェーデン国王は，18歳と若いながらも，軍事的能力に長けたカール12世（Karl XII, 1682-1718, 在位1697-1718）であっ

第 5 章　ロシア帝国の台頭と拡張

ントの闘争からも離れていられた。

　とはいえ，18 世紀初頭のロシアはヨーロッパ人の目から見れば未だ「アジアの専制国」にすぎなかった。ヨーロッパに対する劣等感を補ったのが，アジアに対する優越感であった。ヨーロッパ国際政治でも一角の行為主体(アクター)と認められ，18 世紀後半からは五大国の一つにまで数えられるようになったロシアは，アジアの「蛮族」を文明化させる使命に燃えるようになった。それが前記のドストエフスキーの言葉に表れているわけである。

　他方，同じ文化を共有するようになったように見えて，やはりヨーロッパ（特に西欧）とは異なる独自の文化を備えたロシアは，教会・皇帝・正教徒の三者を大衆支配の拠り所とする「聖なるロシア」としての心性も育んでいった。15 世紀半ばのモスクワ大公国は，450 年後の 1914 年までには面積にして 562 倍にも膨れ上がり，世界最強の陸軍を擁し，「ロシア帝国」と呼ばれるようになっていた。

　しかし，かつて 100 を超える民族と言語を内包していたロシアは，「帝国」としては存続できたものの，来るべき 20 世紀の主流をなす「国民国家」になることはできなかった。それは皇帝専制主義に対する社会主義の台頭と相俟って，「ロシア帝国」を瓦解に導く通奏低音となり，やがて 1917 年という運命の年を迎えることになるのである。

た。ピョートルが攻撃命令を出すや，カールは素早くコペンハーゲンに向かい，フレゼリク 4 世と条約を結んで，デンマークを北方同盟から離脱させてしまった。背後から脅威を取り除くと，カールはリガ湾へ陸軍を派遣し，11 月末にはスウェーデン軍 1 万 8000 人がナルヴァに姿を現した。これを迎え撃つロシア軍は 4 万人の大軍であった。

　ところが，訓練もままならない新兵の寄せ集めにすぎなかったロシア軍は，数では劣るが精鋭のスウェーデン軍にあっという間に打ち破られてしまったのである。緒戦でロシアは手痛い敗北を喫した。

しかしながら、ピョートルは決して不運には見舞われなかった。

ロシアなど取るに足らぬと考えたカール12世は、まずは北方同盟の雄、ポーランドを攻撃することにしたのである。各地でザクセン軍を敗走させたカールは、アウグスト2世の統治に不満を抱いていたポーランドの反アウグスト派の貴族たちと通じていった。貴族たちはカールの推す盟友レシチンスキ（Stanislaw Leszczyński, 1677-1766, 在位1704-09, 33）を国王に推戴し、1704年にアウグストは廃位された。

これにアウグスト派の貴族が反発し、この後ポーランド情勢は泥沼と化していった。カールはオーデル川を越えてザクセンに乗り込み、アウグストとの全面対決に打って出た。そして1706年9月、敗北したアウグストはポーランド王位を放棄するとともに、北方同盟からも離脱し、同盟は瓦解してしまったのである。

一人でスウェーデンと戦わなければならなくなったピョートルではあったが、カールがポーランド問題に拘泥している隙に、軍制と税制を改革し、ロシア陸海軍の強化を図った。ナルヴァでの敗戦を教訓に、ピョートルは本格的な徴兵制度を導入することを決断した。

それまでのロシアでは戦時のみに徴兵が行われていたが、彼が望んだのは恒常的な徴兵であった。1705年2月の勅令で、皇帝は「20世帯につき一人の健康な若者」を兵士として差し出すよう、全国の町や村に通達したのである。これで毎年2万人前後の新兵を徴集できる見込みが立った。

さらにピョートルは、強力な艦隊の必要性も痛切に感じていた。1703年に「西欧への窓口」としてネヴァ川畔を埋め立て、フィンランド湾を臨む地に新たに建設したサンクト・ペテルブルク（1712年からロシアの首都となる）には、その翌年から海軍工廠も造られ、ここでバルト海艦隊を編成する軍艦が次々と建造されていったのである。西欧で学んだ最新鋭の技術を駆使して、やがて50門の大砲

を積載した大型軍艦まで造られるようになった。

　しかし強国スウェーデンとの戦争で，軍事費はうなぎ登りに上昇しており，新たな税収が必要となった。ピョートルは民衆が使うもののすべてに税を課した。橋にも馬の水飲み場にもである。禁じられている顎髭を生やしていたい者には，「髭税」まで課せられた。すでにロシア古来の伝統を踏みにじられてきた民衆たちは，さらなる重税と徴兵に怒り，各地で一揆や反乱などが後を絶たなかった。

　それでもピョートルはかまわず反乱を鎮圧し，情け容赦なく兵士を徴し，税を取り立てていった。「どんなに良く，必要なことでも，新しいこととなると，わが臣民は強制なしには何事もなさない」とは，この当時の皇帝の言葉である（土肥, 1994）。

　悩みの種は国内の反乱者だけではなかった。同時期（1704-05 年）にロシアは，オスマン帝国との国境問題でも対立を抱えていたのである。しかし，ここはスウェーデンこそが倒すべき相手である。ピョートルはオスマンに対しては大幅な譲歩で衝突を回避した。内憂外患の最中にあったピョートルに，今度はカール 12 世のスウェーデンが襲いかかった。

## 3　ロシアの勝利と「帝国」への道

### 北方戦争での大勝利

　アウグスト 2 世がポーランド王位を放棄し，北方同盟からの離脱を正式に宣言した 1 年ほど後の 1707 年 8 月，カール 12 世は 4 万 5000 人のスウェーデン軍を率いてロシアへの侵攻を開始した。当時のスウェーデン軍は，総勢では 12 万人にも及ぶバルト海最強の軍隊であった。ロシアの命運もこれまでと思われた。

　しかし，スウェーデン軍は精鋭揃いとはいえ，1700 年から続く戦争に疲れ切っていた。彼らはこの 7 年間，休みなしに行軍し続け

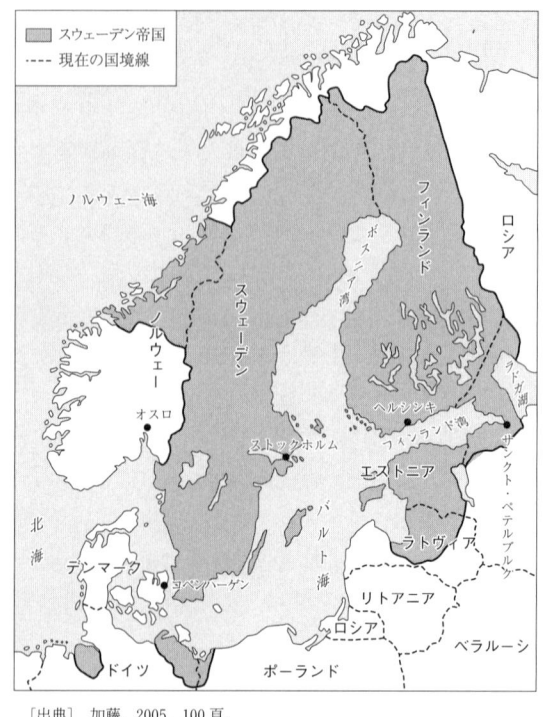

図5-3 北方戦争前夜のスウェーデン帝国

[出典] 加藤, 2005, 100頁。

ていた。それは人口の少ないスウェーデンにとっては、農工業の労働人口の減少という問題にもつながった。このためカール12世は、行軍にあたっての食糧や武器弾薬などは、「掠奪」も含めた現地調達にその多くを頼らざるをえなかった。

これに対してピョートルがとった手段が「焦土戦術」であった。スウェーデンとの国境地帯では、住民たちは穀物や家畜とともに森に隠され、畑や製粉所、橋にいたるまで、すべてが焼き尽くされた。スウェーデン軍は後方からの物資の補給に頼らなければならない。そこへ1708年9月に食糧や武器弾薬を積んだスウェーデンの部隊

が駆け付けた。しかし、ロシア軍の奇襲で物資はすべて奪われてしまったのである。

カール 12 世は、仕方なく、より食糧の豊富なウクライナに下り、ピョートルに敵意を抱くカザーク（コサック。ロシア東南部に住む騎馬戦士軍団）の首領マゼッパ（Ivan Mazepa, 1639-1709）と手を結んだ。マゼッパは 5 万人ものカザークの首領で、カールは彼とともに翌年春になってから、満を持してピョートルを討とうと計画していた。

しかし、すべては気候によって狂ってしまった。1709 年の冬にはヨーロッパ中を大寒波が襲った。ルイ 14 世が、スペイン王位継承戦争で一時は全面降伏まで考えた、あの大寒波である（第 4 章を参照）。凍て付いていたのはパリだけではなかった。南欧の水の都ヴェネツィアでは、運河の水が凍った。屋外では薪が燃えなかったとまで言われる。ウクライナも例外ではなかった。スウェーデンの兵士たちは凍傷で苦しみ、凍死する者も珍しくなかった。4 万 5000 人の兵力は、1709 年春までには、2 万 4000 人に減少していた。

時宜を見極めたルイ 14 世とは異なり、気位が高くロシア軍を見下していたカール 12 世は、側近たちの進言を退けて、いっさい撤退する気配を見せなかった。1709 年 4 月、それを見届けたピョートル率いる 4 万 2000 人のロシア兵と 102 門の大砲とが、ウクライナ中部のポルタヴァ要塞に姿を現した。対するカールは 2 万人弱の兵力に 40 門以下の大砲、しかも弾薬の補給もままならなかった。マゼッパに付くカザークもわずか 1300 人ほどで、大半はピョートルに忠誠を誓っていた。

1709 年 7 月 8 日、ついに戦いの火蓋が切って落とされた。9 年前のナルヴァの時とは違い、ロシア軍は強かった。ピョートルは大勝利を収め、カールはオスマン帝国を頼って亡命を余儀なくされた。カールは逃げ延びた 1000 人ほどの部隊とともにベンデリ（現在のル

ーマニアとロシアの国境の町）でかくまわれた。「ポルタヴァの勝利」は、陸戦でピョートルがヨーロッパ全土にその名を轟かせる契機となった。

その後、ロシア軍はバルト海へと進路を変え、フィンランドを攻め落とした（1713年）。さらに、本章冒頭でも記した、バルト海艦隊によるハンゴー海戦での勝利（1714年7月）で、周辺諸国も勢いを盛り返した。北方同盟は再結成され、これにプロイセンまで加わった。1714年10月に故国に戻ったカール12世は、神聖ローマ皇帝カール6世からの調停の提示も断り、あくまでも徹底抗戦の構えを見せた。

ところが1718年12月11日、ノルウェーで要塞の工事を視察中に、カール12世は流れ弾に当たって戦死してしまった。36歳の若さであった。その後もスウェーデンと北方同盟の戦闘は続いたが、1721年4月からフィンランド南部の港町ニスタットで和平交渉が始まった。そして、同年9月10日にニスタット条約が結ばれ、21年の長きにわたった戦争は終結した。ロシアはフィンランドをスウェーデンに返還する代わりに、イングリア、エストニア、リヴォニア、カレリアなどバルト海の要衝を獲得したのである。

ここにロシアは念願のバルト海への進出を決定的にした。元老院はこの偉大なる皇帝に「大帝（インペラトール）」の称号を贈り、自国を公式に「ロシア帝国」と呼ぶようになったのである。

## ヨーロッパ国際政治と「大帝」の挫折

スウェーデンの「バルト海帝国」を倒し、北方に新たな大国として登場してきた割には、ニスタット条約でのロシアの「取り分」は少なかったように思われる。この北方戦争での最大の功労者は、ロシアのピョートル大帝に他ならなかった。彼のおかげで、デンマークも領海が広がり、ザクセンのアウグスト2世はポーランド国王に

復位できたのである。しかもニスタットで和平交渉が話し合われていたとき、大帝には11万5000人もの常備軍があった。もう一合戦ぐらいしかけることも可能であった。

しかし、あの1697-98年の大使節団の時と同じように、当時のヨーロッパ国際政治を支配していた列強の権謀術数(けんぼうじゅっすう)がそれを許してはくれなかった。

1700年（ナルヴァの敗戦）から09年（ポルタヴァの勝利）までは、列強はロシアなど相手にしていなかった。同時期の最大の焦点であったスペイン王位継承戦争の最中に、列強が自陣に引き寄せたかったのは強国スウェーデンの方であった。1707年にはイギリス政府の指令を受けてマールブラがカール12世にハーグ同盟への加盟を要請していた。さらにデンマークやザクセン（ポーランド）にも、無益な北方戦争など止めて、対仏戦争に加わるよう要望していた。

しかし、それもポルタヴァでの勝利（1709年7月）で一変した。ロシアは今や「北のオスマン」として、ヨーロッパに勢力の均衡をもたらす可能性が高まったのである。ところが、1711年から英仏間で和平交渉が始まり、1713-14年の一連の条約で西欧に平和が訪れると、再び事態は変化した。スウェーデンの代わりにロシアがバルト海で勢力を拡張することに、同盟者のデンマークやドイツ諸侯が脅威を感じるようになったのである。

中でもイギリス国王ジョージ1世（George I, 1660-1727, 在位1714-27）が警戒感を強めていた。彼は、1714年8月からイギリス国王を兼任するようになったハノーファー選帝侯でもあった。ハノーファーは北ドイツに位置し、スウェーデンと対峙して、戦利品を獲得しようとイギリスまで戦争に巻き込んでいた。しかし、ロシアの勢力が大きくなるや、途端にスウェーデンに肩入れするようになっていた。

ピョートルはイギリスに対抗しようとフランスへの接近を試みる

が，瀕死の病人であったルイ14世は「アジアの専制君主」に会おうともしなかった（1715年9月死去）。しかし，「太陽王」が亡くなり，曾孫のルイ15世が即位するや，ピョートルは二度目のヨーロッパ歴訪の旅に乗り出した。そして1717年には，フランス，プロイセン，ロシアの三国でアムステルダム条約が結ばれ，相互の安全保障が確保された。ところがフランスは直後に，ジョージ1世の呼び掛けに応じ，皇帝カール6世やアウグスト2世たちとウィーン条約を結び，ロシアとプロイセンの牽制に乗り出した。さらに，ニスタット条約に先立ち，スウェーデンはハノーファーにブレーメンやヴェルデンを，プロイセンにシュテッティンやポンメルンなどを与え，その結果，北方同盟は再び崩壊し，ピョートルは孤立させられていたのである。

しかも，ロシアがこれ以上スウェーデンに攻撃をしかけてくる場合には，英仏両国が資金を提供し，オーストリアとプロイセンとでロシアを粉砕するという密約までが大国間で交わされていた。とはいえ，皇帝カール6世もプロイセン国王フリードリヒ・ヴィルヘルム1世（次章で登場）も，ロシアとの無益な戦争には内心気乗り薄であった。そのうえ1720年，南海泡沫事件（イギリス）とミシシッピー会社事件（フランス）という，英仏両国の経済と財政を直撃する「バブルの崩壊」が生じ，軍資金など用立てできなくなった。

こうした状況の中で，ピョートルは1721年にニスタットで講和に応じ，条約も締結したのである。ブラウンシュヴァイク公爵家やメクレンブルク公爵家など，ドイツの名門諸侯との縁組みでヨーロッパに閨閥を持つようになり，さらにヨーロッパの主要都市には次々とロシア大使館が設置され（ピョートル即位時には一つしかなかったのが，彼が亡くなる1725年には21にも増えていた），ヨーロッパ国際政治に徐々に浸透するようになっていた「新興大国」ロシアではあった。

しかし，ルイ14世やカール6世，ジョージ1世など，百戦錬磨の強者(つわもの)たちが跋扈(ばっこ)する弱肉強食の時代のヨーロッパ国際政治においては，いかに強力な陸海軍を持つようになっても，新参者ピョートルは未だその流儀や慣習にはなじめず，これら西欧の大国に翻弄されていたのが現実であった。それが証拠に，1721年にロシア元老院が公式に使った「皇帝」の称号は，ヨーロッパでは神聖ローマ皇帝にのみ許される呼称であり，各国はロシアに猛然と抗議してきた。彼らが「ロシア皇帝」を正式に認めるのは，次の大戦争がヨーロッパを襲い，勢力の均衡にとってロシアが無視できなくなっていた，1740年代に入ってからのことであった。

### アジアでの動向と「大帝」の死

北方戦争に乗り出している間は，さすがのピョートル大帝も東方にその勢力を拡張する余裕はなかったが，ポルタヴァやハンゴー海戦で勝利を収めるようになったころから，各地へ触手を伸ばしていった。しかし18世紀初頭の段階では，未だロシアには東洋帝国にかなう力は備わっていなかった。

ピョートルが「第一皇帝」として実権を掌握した直後にネルチンスク条約を結んだ清朝の中華帝国は，未だ康熙帝の治世であった。ピョートルは二度にわたって北京に使節団を派遣し（1692, 1719年），清国と通商・外交関係を構築したいと強く望んだが，康熙帝はこれをすげなく追い返した。1716年には，インドへ探検隊を派遣したピョートルであったが，翌17年に隊員が皆殺しにされ，インドとの交易も失敗に終わった。

唯一，ロシアに成果があったのは，もはや崩壊の一歩手前にあったサファヴィー朝のペルシャ帝国であった。ニスタット条約が締結された翌年，1722年には，陸海軍の遠征隊がヴォルガ川をアストラ・ハーンへと下り，さらにカスピ海西岸からデルベントに進軍し

た。ロシアはペルシャからバクーとレシュトを獲得した。この動きに敏感に反応したのがオスマン帝国であり、両国はフランスの仲介によって1724年にコンスタンティノープル条約を結び、ペルシャ領コーカサスを分割した。

さらにピョートルは、最晩年にはデンマーク出身の探検家ベーリング（Vitus Jonassen Bering, 1681-1741）に命じて、ユーラシア大陸の最北東端カムチャッカを探検させた。これはやがてロシアによるアラスカ領有にもつながる偉業となった。

領土と影響力を拡大することに成功を収めたピョートル大帝ではあったが、後継者には恵まれなかった。特に、皇太子アレクセイ（Alexei Petrovich, 1690-1718）とは性格的にも反目し合い、宿敵カール12世が戦死する半年ほど前、1718年6月に拷問の末、ピョートルはアレクセイを獄死させた。ピョートル後のロシアは、皇后エカチェリーナ（Ekaterina I, 1684-1727, 在位 1725-27）を筆頭に「女帝」の時代が続くが、ヨーロッパ国際政治におけるロシアの影響力は、「長い18世紀」という大戦争が連続した時代のおかげもあって、ますます強まっていった。

そのピョートルも北方戦争終結後は、日ごろの暴飲暴食もたたり、数多くの病気を抱えるようになっていた。1724年12月、ペテルブルクに近いラドガ運河を視察中に大帝は座礁した船を発見し、真冬の海に浸かって救助にあたった。これが原因で風邪を引いた大帝は、翌25年1月28日についに帰らぬ人となった。享年52。大帝が日ごろから口癖にしていた「私はわが祖国と人々のために自分の命を惜しまなかったし、またこれからも惜しまない」という言葉どおりの最期であった。

大帝が亡くなるころまでには、サンクト・ペテルブルクは、パリ、ウィーン、ロンドンと並ぶ国際都市へと発展を遂げていた。さらに、ピョートル時代には創設されていなかった外務省も登場し、大帝が

悩まされたヨーロッパ国際政治の流儀や慣行にも巧みに対応できる組織が整備された。そして，大帝の孫の妃である「女帝」エカチェリーナ2世（Ekaterina II, 1729-96, 在位 1762-96）の時代までには，パーニン（Nikita Ivanovich Panin, 1718-83）やオステルマン（Ivan Osterman, 1725-1811）といった優れた外相たちが登場し，ロシア外交を主導していくことになる。こうしてロシアは，名実共にヨーロッパにおける大国となった。

北方戦争は，フランスとともに三十年戦争で勢力を一気に拡張した，スウェーデン帝国を解体した。その最大の功労者であるロシアと並んで，新たにバルト海沿岸部，さらにはヨーロッパ国際政治において影響力を増した大国がプロイセン王国であった。ピョートル大帝が亡くなったとき，まだ13歳の少年にすぎなかった当時のプロイセンの皇太子は，やがて大帝や「太陽王」ルイ14世と肩を並べるほどの野心家に成長し，ヨーロッパ全土を震撼させ，さらなる大戦争の時代へと各国を誘っていくことになる。

●引用・参考文献●

加藤雅彦，2005年『図説 ヨーロッパの王朝』河出書房新社。

木崎良平，1984年『帝制ロシアの巨星――ピーター大帝』清水新書。

田中陽児・倉持俊一・和田春樹編，1994年『ロシア史2 18世紀〜19世紀』（世界歴史大系）山川出版社。

土肥恒之，1994年「ピョートル改革とロシア帝国の成立」田中陽児・倉持俊一・和田春樹編『ロシア史2 18世紀〜19世紀』（世界歴史大系）山川出版社。

土肥恒之，2007年『ロシア・ロマノフ王朝の大地』講談社。

土肥恒之，2009年a『図説 帝政ロシア――光と闇の200年』河出書房新社。

土肥恒之，2009年b「国境警備・戦争・入植――近世ロシアの軍隊と社会」阪口修平・丸畠宏太編『軍隊』（近代ヨーロッパの探究⑫）ミネルヴァ書房。

マン,マイケル／森本醇・君塚直隆訳,2005 年『ソーシャルパワー:社会的な〈力〉の世界歴史 II——階級と国民国家の「長い 19 世紀」』上・下巻,NTT 出版。

百瀬宏・熊野聰・村井誠人編,1998 年『北欧史〔新版〕』(世界各国史 21) 山川出版社。

リーベン,ドミニク／袴田茂樹監修／松井秀和訳,2002 年『帝国の興亡——ロシア帝国とそのライバル』下巻,日本経済新聞社,2002 年。

Anderson, M. S., 1995, *Peter the Great*, 2nd ed., Longman.

Black, Jeremy, 2002, *European International Relations 1648–1815*, Palgrave.

Hughes, Lindsey, 2002, *Peter the Great: A Biography*, Yale University Press.

Lee, Stephen J., 1993, *Peter the Great*, Routledge.

# 「大王」と「女帝」の確執

● 神聖ローマ帝国の運命

第**6**章

❶サン・スーシ宮殿の広間でフルートを演奏するフリードリヒ大王——「武器のない外交は, 楽器のない楽譜のようなもの」という名言を残した大王は, フルートの名手であった（Adolf von Menzel 画。写真提供：Bridgeman Art Library/PANA）

第Ⅱ部 「長い18世紀」のヨーロッパ国際政治

## *1* 国事勅書と帝国の行方

### カール6世と後継問題の深刻化

　ピョートル大帝が，ニスタット条約で長い北方戦争に終止符を打った翌年，1722年に神聖ローマ皇帝カール6世は，スペイン王位継承戦争の結果スペインから割譲されたネーデルラント（現在のベルギー）の港町オスタンドに，新たな商業会社を設立した。内陸国のオーストリアは，大西洋，太平洋，インド洋など七つの海を駆け巡る大洋航海に乗り出すこともできず，貿易面でもスペイン，フランス，オランダ，イギリスなどの海洋国に後れを取っていた。それが，インド交易を目的とした国家資本によるオスタンド商業会社の立ち上げで，巻き返しを図る機会がめぐってきたのである。

　その4年前にはオスマン帝国軍も破り，パサロヴィッツ条約で北セルビアやワラキアまで獲得していたカール6世は，中欧で最大の版図を持つ帝国を築いていた。

　しかし彼の内心は穏やかではなかった。その帝国を託す後継者に恵まれていなかったのである。カールは1716年に男の子を授かり，偉大な父の名にあやかって「レオポルト」と命名した。ところが，その王子はわずか数カ月で世を去ってしまった。その後，皇帝は1717年5月に生まれたマリア・テレジア（Maria Theresia, 1717-80, 在位1740-80）を筆頭に，3人の女の子を授かった。

　スペイン王位継承戦争が始まった直後の1703年に，当時はスペイン国王候補者であったカールと兄ヨーゼフとの間で「相続規定」が定められた。戦争の原因となったスペイン・ハプスブルク家の末路を教訓に，争いにならないよう，あらかじめ規定を設けておこうというのである。そこでは，双方共に男系長子相続が基本とされた。一方に男系が絶えたら他方の男系が継ぎ，双方共に男系が絶えたら

第6章 「大王」と「女帝」の確執

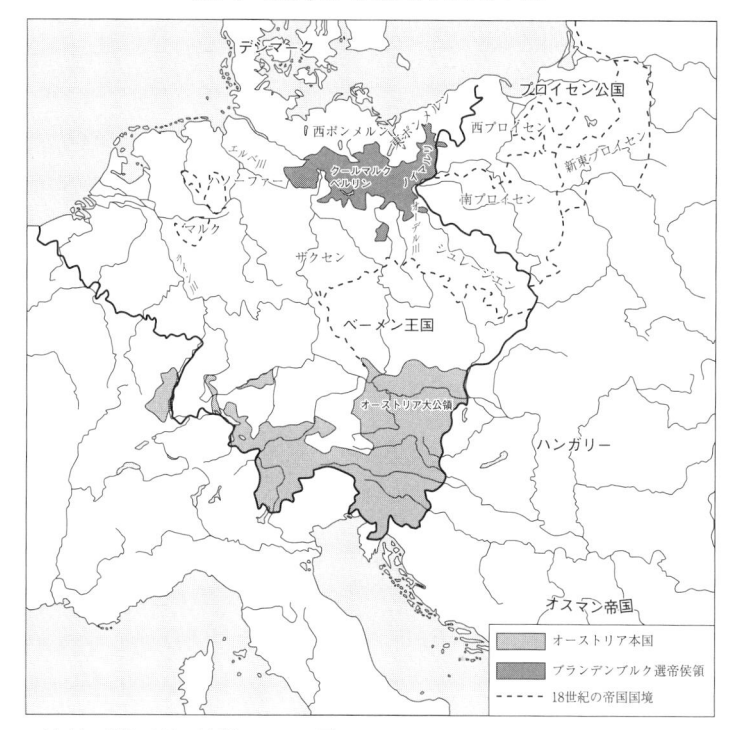

図6-1 1525年のハプスブルクとプロイセン

[出典] 成瀬・山田・木村編, 1996, 47頁。

女系相続に移るという決まりであった。

その2年後，父レオポルト1世の死でヨーゼフ1世が即位したが，彼は女子2人を残して急逝し，弟カール6世が即位したのであった。即位から2年後の1713年，カール（当時はまだ世継ぎがいない）はこの規定に加えて，ハプスブルク家の全家領の不分割・不分離と，女系相続の場合には自身の家系がヨーゼフの家系より優先されるとする新たな規定を設け，それは枢密参議官立ち会いの下で制定された。「国事勅書」である。

国事勅書の制定からさらに10年を経て、カールの家系にも男子継承者はできなかった。カール自身の年齢（1725年で満40歳）も考え、ハプスブルク帝国の運命は長女マリア・テレジアに託されることにほぼ決まった。家督の相続は彼女でよいとしても、神聖ローマ皇帝位やベーメン選帝侯位はさすがに女性には継承できない。これらの称号は、将来彼女が結婚する相手に継がせることも決められた。ハプスブルク帝国内では、この相続規定に反対は見られなかったが、ここに外部から強烈な横槍が入った。

### 国事勅書と列強の反応

1726年ごろから、神聖ローマ帝国の有力諸侯の一人バイエルン選帝侯カール・アルブレヒト（Karl Albrecht, 1697-1745, 在位1726-45）が国事勅書に強硬に反対し、親戚筋にもあたるプファルツ、ケルン、トリーアの選帝侯たちと団結して、これを潰しにかかろうとした。実は彼の妃が、ヨーゼフ1世の次女マリア・アマリアだったのである。さらにヨーゼフの長女は、ポーランド（ザクセン）の「強健王」アウグスト2世の長男に嫁いでいた。カール6世は、9人の選帝侯のうち5人をすでに敵に回してしまっていた。

しかし、カールの真の脅威は帝国内にはいなかった。彼がむしろ恐れていたのは、帝国外でヨーロッパ国際政治に影響力を持つ外国の諸列強だったのである。そこでカール6世は、帝国の本拠地ウィーンを舞台に、三次にわたる条約を結び、諸列強を味方につけてカール・アルブレヒトの動きを牽制しようと試みた。

まずは、1725-26年の第一次ウィーン条約で、スペイン、プロイセン、ロシアが国事勅書に同意を示した。プロイセン国王はブランデンブルク選帝侯でもあり、強い味方となった。次は北西部の大国イギリスとオランダである。特に1727年からイギリス国王に即位したジョージ2世（George II, 1683-1760, 在位1727-60）は、ハノー

第 6 章 「大王」と「女帝」の確執

ファー選帝侯でもあり，カールもかなりの譲歩を覚悟した。1731年 3 月に結ばれた第二次ウィーン条約で，イギリスとオランダはカールの王女たちがフランス，プロイセンのいずれの王子とも結婚しないことを条件に国事勅書を受け入れた。

ただし，条件はもう一つあった。オスタンド商業会社の解散である。共に東インド会社を擁し，東方貿易のほとんどを独占してきたイギリス，オランダ両国にとって，ハプスブルク家がその莫大な財力をバックに設立したオスタンド商業会社は，脅威以外の何者でもなかった。カール 6 世はやむをえずこの条件を呑んだ。こうしてハプスブルク家が海洋国家へと転身を遂げる機会は，ここに永遠に失われることになったのである。

それでもまだカールには気がかりな国があった。宿敵フランスである。これまでたびたびハプスブルク家の騒動に首を突っ込んできたフランスに，家督相続を邪魔立てされてはたまらない。ところがそのような矢先に，フランスと正面から衝突する事態が生じたのである。

1733 年，ポーランド国王にしてザクセン選帝侯のアウグスト「強健王」が亡くなった。ポーランドは当時も貴族政治に立脚した選挙王政を採用していた。しかし，候補者を推薦するのは国外の有力な王侯たちであった。カール 6 世はロシア皇帝とともに，先王アウグストの長男アウグスト 3 世（August III, 1696-1763, 在位 1733-63）を次期国王に推挙した。これに対して，フランス国王ルイ 15 世（Louis XV, 1710-74, 在位 1715-74）が推してきたのが，かつてスウェーデン国王カール 12 世に推されて，短期間（1704-09 年）だけポーランド国王に即いたことのあったレシチンスキであった（第 5 章を参照）。彼の娘マリーがルイ 15 世の王妃だったからである。

1733 年 10 月，ルイ 15 世はカール 6 世に宣戦を布告し，ここにポーランド王位継承戦争が始まった。フランスは前もってオランダ

と中立条約を結んでおり，皇帝はネーデルラントからルイを攻めることはできなかった。スペインと手を結んでイタリアを舞台に戦争に乗り出したフランスに押されて，カールはたじろいだ。このポーランド王位継承戦争は，1735年に一時休戦となったが，その後カールがオスマン帝国との戦争（1736-39年）に苦しめられたことから（39年9月に，パサロヴィッツ条約で得たすべての領土をトルコに返還した），1738年11月には第三次ウィーン条約によって，ついにフランスとオーストリアは共に矛を収めた。

この条約で，ルイがアウグスト3世のポーランド国王即位を認める代わりに，ルイの義父レシチンスキにロレーヌとバールの両公国が割譲された（両公国ともレシチンスキの死後フランス領となる）。さらにフランスは，この条約で正式に国事勅書にも同意を示した。こうしてヨーロッパのすべての大国がマリア・テレジアの家督相続を認めた。しかし，弱肉強食の当時のヨーロッパ国際政治においては，まさに一寸先は闇であった。

## 2　オーストリア王位継承戦争と「大王」の勝利

### フリードリヒの登場

1740年10月20日，神聖ローマ皇帝カール6世が亡くなった。ここに国事勅書に定められたとおり，長女マリア・テレジアが家督を相続し，4年前に彼女と結婚したロートリンゲン公フランツ・シュテファン（Franz Stephan, 1708-65）が皇帝とベーメン選帝侯に収まるかに見えた。しかし，先に見たとおり，すでに国事勅書に反対していたバイエルン選帝侯カール・アルブレヒトがフランツの皇帝即位に反対し，ザクセン選帝侯アウグスト3世までフランツの選帝侯就位に反発を示してきたのである。帝国の最有力諸侯同士の衝突の中で，その動向に注目が集まったのが，ブランデンブルク選帝侯

第6章 「大王」と「女帝」の確執

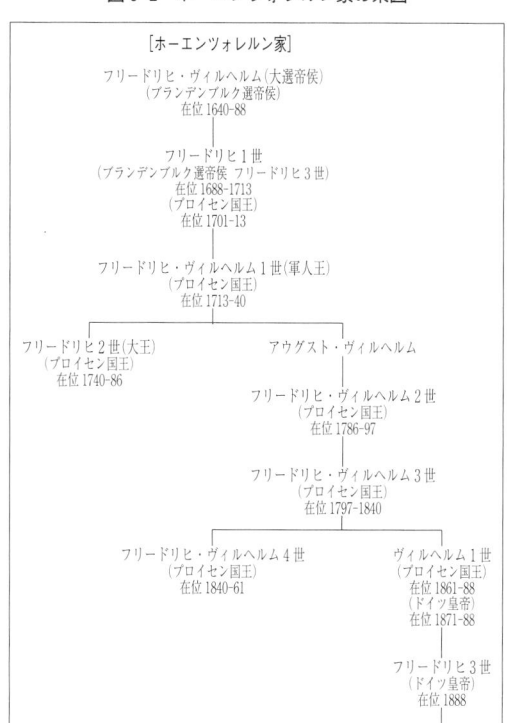

図6-2 ホーエンツォレルン家の系図

```
[ホーエンツォレルン家]
         │
フリードリヒ・ヴィルヘルム(大選帝侯)
   (ブランデンブルク選帝侯)
      在位 1640-88
         │
     フリードリヒ1世
(ブランデンブルク選帝侯 フリードリヒ3世)
      在位 1688-1713
      (プロイセン国王)
      在位 1701-13
         │
フリードリヒ・ヴィルヘルム1世(軍人王)
      (プロイセン国王)
      在位 1713-40
         │
   ┌─────┴─────┐
フリードリヒ2世(大王)   アウグスト・ヴィルヘルム
  (プロイセン国王)           │
   在位 1740-86      フリードリヒ・ヴィルヘルム2世
                      (プロイセン国王)
                       在位 1786-97
                           │
                  フリードリヒ・ヴィルヘルム3世
                      (プロイセン国王)
                       在位 1797-1840
                           │
                  ┌────────┴────────┐
          フリードリヒ・ヴィルヘルム4世   ヴィルヘルム1世
             (プロイセン国王)         (プロイセン国王)
              在位 1840-61            在位 1861-88
                                      (ドイツ皇帝)
                                      在位 1871-88
                                          │
                                     フリードリヒ3世
                                      (ドイツ皇帝)
                                       在位 1888
                                          │
                                     ヴィルヘルム2世
                                      (ドイツ皇帝)
                                      在位 1888-1918
```

[出典] 著者作成。

であった。

　カール6世死去の5カ月前，1740年5月に父の死を受けて選帝侯ならびにプロイセン国王に即位したのが，フリードリヒ2世（大王，Friedrich II, 1712-86, 在位 1740-86）である。先王は国事勅書に同意を示していたが，彼はどう動くか。それを見る前に，フリードリヒ2世が登場するまでの，ブランデンブルク＝プロイセンの流れ

を説明しておこう。

　ホーエンツォレルン家が叙されていたブランデンブルク辺境伯は，帝国北部にその主な所領を持っていた。大国への道が切り開かれたのは，フリードリヒ2世が即位したちょうど一世紀前に選帝侯となった曾祖父フリードリヒ・ヴィルヘルムの時代（1640-88年）からである。彼は，大国スウェーデンとポーランドとの狭間で，常備軍と恒常的な租税制度を確立し，徐々に実力をつけていった。1660年にはポーランド東北部のプロイセン公国も手に入れ，75年のフェールベリンの戦いでスウェーデンに対して大勝利を収めた。これらの業績で彼はやがて「大選帝侯」と呼ばれるようになった。

　次いで登場したフリードリヒ3世（Friedrich III, 1657-1713, 在位1688-1713）は，父とは異なり，華麗なる宮廷生活を好むタイプの貴族であった。その彼が固執したのが「国王」の称号であった。ライバルのザクセン選帝侯アウグストがポーランド国王に，ハノーファー選帝侯のゲオルクがイギリス国王（ジョージ1世）にそれぞれ即くと聞き，実力では自分の方が上であると考えていたフリードリヒは，皇帝レオポルト1世に頼み込んだ。折しもスペイン王位継承問題をめぐって対仏戦争の準備に入っていた皇帝は，8000人の兵力とレオポルト父子への忠誠を条件に，1700年11月に「プロイセン国王」即位を認めた。

　翌1701年1月，フリードリヒは，こうして初代プロイセン国王フリードリヒ1世（Friedrich I, 在位1701-13）としてプロイセンの首府ケーニヒスベルクで自ら戴冠したのである。彼は，皇帝との約束どおり，スペイン王位継承戦争にはオーストリア側について参戦し，1713年のユトレヒト条約で「プロイセン国王」としてイギリス，フランス，オランダなど列強からも認められるに至った（ただし，その2カ月前にフリードリヒはこの世を去っていた）。しかしフリードリヒ1世は，1703年にカール12世と条約を結び，プロイセン国王位

## 第 6 章 「大王」と「女帝」の確執

を認めることと引き替えに，北方戦争には加わらなかった。

北方戦争に加わってプロイセン王国の領土をさらに拡大したのが，その子フリードリヒ・ヴィルヘルム 1 世 (Friedrich Wilhelm I, Soldatenkönig, 1688-1740, 在位 1713-40) である。彼は，「軍人王」のあだ名のとおり，将校団やカントン制度（全国を徴兵区に分けて連隊ごとに割り当てる）や軍事規律を新たに制定し，強力なプロイセン軍を形成した。王妃の父にあたるジョージ 1 世のイギリスに誘われ，1715 年から北方戦争に加わって，1720 年に締結されたストックホルム条約ではシュテッティンと西ポンメルンという要衝をスウェーデンから獲得した。

さらに「軍人王」は，官僚制度を充実化させるとともに，強大な常備軍の拡張のために貴族層の免税特権まで切り崩し，重商主義経済政策を進めて，国富を拡大した。彼が亡くなったとき（1740 年），プロイセンの常備軍は平時で 8 万人に達し，それは大選帝侯フリードリヒ・ヴィルヘルムの没時（1688 年）に比べて 2.5 倍以上の数であった。しかもそれを，彼は財政赤字なしで実現したのである。ところが，その最強の軍隊は実戦には使用されなかった。軍備増強期の 20 年間（1720-40 年），彼はいっさい戦争には加わらなかったからである。

これら 3 人の祖先たちが残してくれた，軍事力・財政・官僚制度を活用し，プロイセンをさらなる大国に押し上げようとしていたのが，「軍人王」の長男フリードリヒ 2 世であった。青年時代には戦争を嫌っていた彼もまた，軍事の才は祖先から受け継いでいた。オーストリアの名将オイゲン公の晩年にも接し，彼から戦略・戦術を学んだ。さらに父とは異なり，当代随一の哲学者ヴォルテールなどとも親交を結び，哲学・歴史・政治など数々の著作を物し，建築や音楽にも造詣の深い，文武双方に優れた国王であった。

フリードリヒは，プロイセンをヨーロッパの一流国に仕立てよう

と努力した。父が将校や官僚たちに叩き込んだ「国家への奉仕」を第一とする信条は、「国家第一の下僕」を自ら公言するフリードリヒにも脈々と受け継がれていた。その彼が、隣国オーストリアの継承問題に直面して、真っ先に目を付けたのが、ベーメンとポーランドの中間に位置するハプスブルク家の所領シュレージエンであった。

確かに今や軍事力だけではヨーロッパで4番目の大国となったプロイセンではあるが、その財政規模や人口（250万人）ではまだまだ諸大国には及ばなかった。オーストリアなどは1100万人の人口を抱えていたのである。プロイセンがより上をめざすためには、人口160万人を擁し、石炭や鉄鉱石などの工業資源に恵まれ、農業でも豊かなシュレージエン領有は不可欠であった。この土地をプロイセンに譲るのであれば、フランツの帝位もマリア・テレジアの家督相続も共に認めよう。しかし、オーストリアの反応は冷やかであった。

ここにフリードリヒに行動の時が訪れたのである。

### マリア・テレジアの反撃

皇帝カール6世の死からわずか2カ月後、1740年12月16日、フリードリヒ2世は4万人の兵を率いて突如シュレージエンへと侵攻を開始した。皇帝が亡くなる3日前、ロシアでは女帝アンナ（Anna Ivanovna, 1693-1740, 在位 1730-40）が急逝し、生後2カ月の幼帝をめぐって国内は混乱していた。それゆえ、背後から脅かされる心配がないと確信してのフリードリヒの賭であった。シュレージエンではこれといった反抗も受けず、翌41年1月には、フリードリヒは中心都市ブレスラウへの無血入城を果たした。

この「既成事実」を盾に、フリードリヒはマリア・テレジアにシュレージエンの領有を認めるよう要請した。もちろんフランツ・シュテファンの帝位も約束するというわけである。マリア・テレジア

第6章 「大王」と「女帝」の確執

はこれを断固拒否した。シュレージエンへの派兵に踏み切った彼女を待ち構えていたのは、ブレスラウ南東部のモルヴィッツでの惨敗（1741年4月）であった。このモルヴィッツ会戦での大勝利で、フリードリヒの令名はヨーロッパ中に鳴り響いた。すぐに近づいてきたのが、ルイ15世であった。6月には、ルイとフリードリヒは15年間の約束で同盟を結んだ。フランスは下部（ニーダー）シュレージエンの領有をプロイセンに認め、フリードリヒは皇帝選挙でバイエルン選帝侯を支持するという協約であった。

ハプスブルク帝国に群がったのはフランスだけではなかった。オーストリアが意外にも弱いと知り、バイエルン、ザクセン、スペインの各国が分け前に与（あずか）ろうとフランスと手を結んだ。1741年11月、バイエルン、ザクセン、フランス連合軍がベーメンの首都プラハに入城した。そして12月、カール・アルブレヒトは自らベーメン国王であると宣言した。皇帝選挙で見事に当選を果たした彼は、翌42年2月12日、フランクフルトで神聖ローマ皇帝「カール7世」（Karl VII, 在位1742-45）として戴冠したのである。ハプスブルク家以外から皇帝が選出されたのは、1438年（ハプスブルク家のアルブレヒト2世の選出）以来、実に304年ぶりの出来事であった。

この間、ウィーンからハンガリーの首都プレスブルク（現在のスロヴァキアの首都ブラティスラヴァ）へと移ったマリア・テレジアは、とまどう夫フランツを後目（しりめ）に、1741年9月、ハンガリー議会に出席し、並み居る議員たちを前に軍事的・財政的援助を訴えた。彼女の腕には、その年の3月に生まれたばかりの長男ヨーゼフ（後の皇帝ヨーゼフ2世、Joseph II, 1741-90, 在位1765-90）が抱かれていた。女王マリア・テレジアの気迫に議員たちは圧倒された。ここにハンガリーは、全面的に女王を支持することになった。

さらにイタリア諸国からも支援を取り付けたマリア・テレジアは、ついに反撃に打って出た。翌1742年にはカール7世の所領バイエ

第Ⅱ部 「長い18世紀」のヨーロッパ国際政治

❶ハンガリー議会に援助を訴えるマリア・テレジア（1741年9月）——オーストリア王位継承戦争で窮地に陥った「女帝」は，生まれたばかりの長男ヨーゼフを抱え，ハンガリー貴族たちに支援を訴えた（写真提供：The Picture Desk）

ルンに侵攻し，2月12日には首都ミュンヘンを占領した。それはフランクフルトでカールが戴冠式を遂げたのと同じ日であった。この後カールはしばらくの間，フランクフルトでの「亡命生活」を余儀なくされた。

マリア・テレジアにとって，さらなる強い味方が登場した。イギリスである。イギリスはすでに，1739年から通商問題をめぐってスペインと交戦中であり（「ジェンキンズの耳戦争」），スペインと組むフランスとも対立関係にあった。また，オーストリア軍がミュンヘンを占領したころ（42年2月），20年以上にわたって君臨したウォルポール（Sir Robert Walpole, 1676-1745）率いる政権が退陣に追い込まれた。彼は対外戦争にはできるだけかかわらない方針を採っていた。代わって登場した新政権で国務大臣（当時は外交も担当）に就任したのが，対外強硬派のカートレット（Baron Cartret, 1690-

1763)である。彼は，かつてルイ14世の野望を挫(くじ)くために結成された「大同盟」(イギリス，オランダ，オーストリア)の再興をめざし，国王ジョージ2世もこれを支持した。

オーストリアによるミュンヘン占領の3カ月後，イギリス軍はネーデルラントに上陸した。こうした中で，フリードリヒ2世は再度オーストリア軍を打ち破り，1742年6月，イギリスの仲介でオーストリアとプロイセンはブレスラウで講和を結んだ。これによってシュレージエンの大半がプロイセンの領土に組み込まれた(第一次シュレージエン戦争の終結)。強国プロイセンが戦線を離脱してくれたおかげで，オーストリアは勢い付いた。

続いてオーストリア軍はプラハからフランス軍を追い払い，マリア・テレジアがここにあらためてベーメン女王に戴冠した。フランスに付き従っていたザクセンもオーストリア側に付くことになった。1743年6月，イギリス，オランダ，オーストリア連合軍は，各地でフランス軍を敗走させた。翌44年には，マリア・テレジアの義弟ロートリンゲン公カール(Prinz Karl von Lothringen, 1712-80)がフランス本土への侵攻を狙い始めていた。

マリア・テレジアは，カール7世を追い払い，夫フランツ・シュテファンを帝位に即け，奪われた土地のすべてを奪回しようと計画した。

## 「大王」と「女帝」の攻防戦

マリア・テレジアに追い込まれたルイ15世は，1744年春にはオーストリアとイギリスに正式に宣戦布告した。しかし，彼を支えたのはスペインとバイエルンだけであった。この状況に焦りを感じたのがフリードリヒ2世である。このままフランスが負ければ，マリア・テレジアは次にシュレージエンの奪回をめざしてプロイセンに矛先を向けるに違いない。南方に兵を集中させるために，フリード

リヒは北の大国スウェーデンの皇太子と自らの妹の縁組みを成立さ
せ，プロイセン領シュテッティンの総督アンハルト・ツェルプスト
侯爵の娘をロシア皇太子の妃に仲介した。この娘が後の女帝エカチ
ェリーナ2世である。これでフリードリヒは，北の両大国の介入を
ひとまずは防いだ。

　1744年6月にフリードリヒは再びフランスと同盟し，8月にはザ
クセンに侵攻を開始した。第二次シュレージエン戦争の始まりであ
る。ところがザクセン軍から思わぬ反撃を受け，プロイセン軍はベ
ーメンからも撤退した。オーストリア軍はシュレージエンを占領し，
翌45年1月にマリア・テレジアはイギリス，ザクセン，オランダ
と四国同盟を結成して，フリードリヒ包囲網を築いた。

　その2週間後の1月20日，カール7世が世を去った。主を失っ
たバイエルンは相続請求権をすべて放棄し，帝位もハプスブルク家
に返還した。この後，ルイ15世が次期皇帝にザクセンのアウグス
ト3世を推したが，皇帝選挙で当選したのはマリア・テレジアの夫
フランツであった。ここに念願の「フランツ1世」(Franz I, 在位
1745-65) の即位が決まり，1745年10月にフランクフルトで戴冠式
が挙行された。

　その間に，フリードリヒの猛烈な反撃が始まっていた。フランツ
1世が戴冠していたころ，ドイツ各地でプロイセン軍は連勝を重ね，
12月18日にはザクセンの首都ドレスデンに入城した。1週間後の
25日，オーストリアなど四国同盟はプロイセンとドレスデンで講
和を結び，1742年6月のブレスラウ条約の内容が再確認された。
すなわち，シュレージエンの大半がプロイセン領としてあらためて
認められたのである。見返りにフリードリヒは，フランツ1世の皇
帝位を承認した。こうして第二次シュレージエン戦争は終結した。

　この後も世界規模で戦争は続いた。イタリア方面ではオーストリ
アが優勢を誇ったが，ネーデルラントではフランス軍がオーストリ

アを追い出していた。北アメリカではイギリスが勝利を収め、逆にインドではフランスがイギリス軍を屈服させた。各国が決定的な勝利をつかめぬままに、1748年10月18日、ドイツ西部のアーヘンで講和条約が結ばれた。この条約で、プロイセンによるシュレージエン領有はヨーロッパ各国から承認された。

こうして後に「オーストリア王位継承戦争」と呼ばれる8年にわたる戦争に終止符が打たれた。マリア・テレジアは自らの家督相続と夫の帝位継承を認められたものの、その代償も大きかった。160万人の人口を擁する豊かなシュレージエンをフリードリヒに持って行かれたのである。彼女もこれだけは許せなかった。マリア・テレジアはベーメンとハンガリーの女王ではあったが、神聖ローマ帝国の皇帝にはなれず、正式な称号は「皇妃」である。しかし、ヨーゼフを筆頭に16人の子どもの面倒も見ながら、ハプスブルク帝国のすべてを取り仕切った彼女の活躍ぶりは、事実上「女帝」のそれに他ならなかった。

対するフリードリヒは、このときの戦いから「大王」などとも呼ばれるようになった。そしてこの「女帝」と「大王」の対決は、まだ終わってはいなかったのである。

## 3 外交革命と七年戦争

### オハイオ川から始まった外交革命

戦争が終結した直後から、「女帝」マリア・テレジアの念願はフリードリヒからシュレージエンを奪回することに集約された。そのためには手段を選ばない覚悟であった。すなわち、長年の宿敵フランスとの同盟締結である。パリ駐在大使を務める名うての外交官カウニッツ（Wenzel Anton Graf Kaunitz-Rietberg, 1711-94）が、ルイ15世の宮廷に入り込んでいろいろと手を尽くしたが、難しかった。

過去300年にわたってライバル関係にあったフランスとオーストリアであり、一朝一夕に仲を取り持つのは容易ではなかった。国王の愛人で政策にも影響力を持つポンパドゥール夫人（Marquise de Pompadour, 1721-64）の進言をもってしても、ルイ15世はなかなか首を縦には振らなかった。

対するマリア・テレジアにも不安はあった。それまでたびたび侵攻されてきたオーストリア領ネーデルラントにフランスが入り込むことである。それを守ってくれたのが、イギリス、オランダとの同盟関係であった。イギリスでは30年にわたって外交を主導したニューカースル国務大臣（1st Duke of Newcastle, 1693-1768）が、この三国による「旧体制（オールド・システム）」を維持しようとオーストリアに好意を示していた。それゆえ、ヨーロッパ国際政治の現状を見るかぎりでは、オーストリアとフランスが手を結ぶ機会はないように思われた。

ところが、ここに思いがけない転機が訪れた。きっかけを作ったのは、ヨーロッパのいずこでもなかった。それは大西洋の彼方、北アメリカ中央部オハイオ渓谷から始まったのである。イギリス領（ヴァージニア植民地）とフランス領（ケベック植民地）が接するオハイオ川で1754年7月、両国の軍隊が衝突した。ヴァージニア植民地の民兵軍を率いたのが、後の独立の英雄ワシントン（George Washington, 1732-99）であった。これは後に「フレンチ・アンド・インディアン戦争」と呼ばれる英仏間の大戦争に発展した。

北アメリカに兵力を集中させたいニューカースル首相（1754年3月から首相に就任）は、ハノーファーの安全を確保するために、1755年9月にロシアと条約を結んだ。プロイセンが北ドイツで不穏な動きを見せていたので、いざというときに備え、供与金と引き換えにロシアにハノーファーの防衛に協力してもらうというものであった。

これに対し、逆に脅威を感じたのがフリードリヒであった。彼は伯父のジョージ2世に近づき、1756年1月16日には、プロイセン

がハノーファーの安全を保障するウェストミンスター協定を締結したのである。この協定は，双方の領土の保全を目的とした中立条約であり，プロイセンはフランスとの同盟（同年6月に更新が迫っていた）と，イギリスはロシアとの条約とそれぞれ両立可能であると判断していた。

ところがフランスとロシアはそうは受け取らなかったのである。ルイ15世は，これをフリードリヒによる背信行為と受け止め，同盟の更新に応じる気持ちを失った。ロシアの女帝エリザヴェータ（Elizaveta Petrovna, 1709-62, 在位 1741-62）も，これは共通の敵（プロイセンを想定）とは個別に交渉しないという1755年の条約に違反すると激怒した。こうしてウェストミンスター協定は，期せずして，ロシアとオーストリアの「女帝」同士を結び付けるきっかけとなった。エリザヴェータはもともとフリードリヒを個人的に嫌っていたし，バルト海で勢力を拡張するプロイセンの台頭にも危機感を抱いていた。

事態はそれだけにとどまらなかった。1756年5月1日，ヴェルサイユ宮殿を舞台に，フランスとオーストリアが対プロイセンの防御同盟を結成したのである（外交革命）。300年来のヨーロッパ国際政治の歴史において，両国が公式に同盟結成に動いたのはこれが初めてであった。さらに，血気にはやるエリザヴェータは，早々にプロイセンを攻めたいとオーストリアに打診してきたが，宰相に転じていたカウニッツの説得で，プロイセン攻撃は1757年になってからと決まった。未だ計画も軍備も全く整っていなかったのである。

ここで動いたのがなんとフリードリヒであった。「先手をとられるよりはとった方がよい」が口癖でもあった大王は，1756年8月28日，オーストリア側に付いていたザクセンに突如侵攻を開始したのである。すでに同年5月17日には，地中海のミノルカで英仏が開戦していた。この年の暮にロシアとオーストリアは防御同盟を

結び，それは翌年1月には攻勢同盟に切り替えられた。防御同盟結成から1年後の1757年5月1日には，フランス，オーストリア間でも攻勢同盟に切り替えられ（第二次ヴェルサイユ条約），フランスは10万5000人の兵力と供与金をオーストリアに約束し，両国はプロイセンの分割に乗り出した。

ここに「外交革命」と呼ばれる，ヨーロッパ国際政治に転機をもたらした一連の条約が完結し，ヨーロッパは再び大戦争へと巻き込まれていくのである。

### 「大王」最大の危機

敵対国の機先を制したフリードリヒではあったが，味方に付いたのはイギリス＝ハノーファーと少数のドイツ諸侯だけで，心細い船出であった。フランス，オーストリア，ロシアの側には，スウェーデンや帝国議会も付き，大王は「帝国の敵」とみなされた。しかも，イギリスはヨーロッパには兵力をほとんど回さず，北アメリカやインドなどでフランスと戦っていた。ヨーロッパ大陸における人口で換算すれば，それは500万人のプロイセンが9000万人の諸列強と対峙するという「無謀な賭」でもあった。

1756年8月にザクセンへと出陣する際，大王は自分が死んでも，あるいは捕虜になっても，かまわず戦争を続行するようにとベルリンに指令を残していた。ポケットには毒薬をしのばせ，不名誉な事態に遭遇すればいつでも自害する覚悟であった。11万6000人の兵力でザクセンを制覇した後，57年5月にはベーメンでプラハを陥落させた。ところがその直後の6月，プラハ東のコーリンでオーストリア軍に敗北し，東プロイセンはロシアに，ポンメルンはスウェーデンに，そしてハノーファーはフランスにそれぞれ占領された。

しかし，軍事の天才フリードリヒはそれを押し返した。1757年11月にライプツィヒ西のロスバッハでフランス軍に大勝利を収め

第 6 章 「大王」と「女帝」の確執

た大王は,それに慢心せず,すぐに12月にはロイテン(ブレスラウ近郊)でオーストリア軍を打ち破った。イギリスではニューカースルの下で国務大臣を務め,国民から人気の高いピット(大ピット,William Pitt, the Elder, 1708-78)が,新聞雑誌やパンフレットを駆使して,フリードリヒの人気を煽った。この「世論操作」のおかげもあって,翌58年4月に第二次ウェストミンスター協定が結ばれ,両国は単独講和は結ばないことを約し,イギリスからプロイセンに年間67万ポンドの供与金が出されることになった。当時のプロイセンの国家歳入の4割に近い巨額の資金である。

こうして財力・兵力が疲弊しているプロイセンは,イギリスからの供与金,貨幣改鋳,占領地ザクセンの財力活用などで戦争を続行した。しかし,1759年以降,大王は守勢に立たされることになった。8月12日のクーネルスドルフ(オーデル川左岸)の戦いでは,ロシア,オーストリア連合軍に壊滅的な敗北を喫した。この戦いで,全軍の約半数と重砲兵隊のすべてを失ったのである。大王はポケットの毒薬を使用することまで考えた。このまま連合軍がベルリンに侵攻し,ホーエンツォレルン家の首都を陥落させてしまえば一巻の終わりであり,大王の命運も尽きるかに思われた。

### 「ブランデンブルクの奇跡」と戦争の終結

フリードリヒ大王がヨーロッパで風前の灯火の状態に置かれていた中で,同盟国イギリスは皮肉にも世界規模で連戦連勝であった。すでに1757年6月,インド北東部のプラッシーの戦いでベンガルに拠点を築いたイギリスは,翌58年には北アメリカでもフランスを下していた。そして1759年には,7月にル・アーブルでフランス艦隊を撃破したのを皮切りに,ラゴス沖海戦(8月),キブロン沖海戦(11月)でも勝利を収め,北アメリカではケベックも陥落させ(9月),「奇跡の年」とまで呼ばれたのである。

その「奇跡」がフリードリヒにも起こった。クーネルスドルフでプロイセン軍を完膚無きまでに粉砕したオーストリアとロシアは、そのままベルリンには直行せず、シュレージエンへと南下し始めたのである。オーストリアはシュレージエンを、ロシアは東プロイセンを分割しようとする、「政治」が「軍事」に優先した結果であった。後にこれを大王は「ブランデンブルクの奇跡」と呼んだ。

しかし、ベルリン陥落は免れたものの、その後もプロイセンの苦境は続いた。1760年11月にはトールガウの戦いでオーストリア軍を破り、ドレスデンを除くザクセン全土から連合軍を駆逐したものの、翌61年になると兵力も財力も底をついていた。1762年の冬を迎えられるか、はなはだ心許ない状況であった。そのような大王を神が救ってくれた。1月5日、ロシアで女帝エリザヴェータが急逝したのである。世継ぎのいない彼女の後は、甥のピョートル3世 (Pyotr III, 1728-62, 在位 1762) が皇帝となった。彼は、文武双方に優れ「啓蒙専制君主」の代表格として当時のヨーロッパに令名が轟いていたフリードリヒ大王の、熱烈な支持者であった。

ピョートルはすぐにヨーロッパに配備されているロシア軍を召還し、5月5日にサンクト・ペテルブルクでプロイセンと講和条約を結んで、翌6日にはオーストリアに対する攻守同盟まで締結するに至ったのである。両大国の和解にスウェーデンが恐れをなし、22日にこの同盟に加わった。プロイセンはスウェーデンが占領していたポンメルンも取り返し、これで北・東部の脅威は完全に取り除かれた。マリア・テレジアは激怒したが、後の祭であった。

激怒したのはオーストリアの「女帝」ばかりではない。ロシアの宮廷内には30万人の命と3000万ルーブリもの大金を犠牲にして得られた戦果を一夜にして棒にふった皇帝に対し、怨嗟の念が沸き起こっていた。それは半年後のクーデタにつながり、1762年7月、皇帝は廃位され(直後に殺害)、皇妃がエカチェリーナ2世として女帝

に即位した。これでロシア、プロイセン両国の関係はピョートル時代に比べれば冷却化したが、エカチェリーナはプロイセンを裏切ることはなく、あくまでも中立に徹することにした。

ところがフリードリヒは、すでにその間に、ドイツに残っていたロシア軍2万人の助けを借りてオーストリア軍を打ち破っていたのである。マリア・テレジアにとってのもう一つの頼みの綱フランスは、1762年11月にフォンテーヌブローでイギリスと仮講和を結び、翌63年2月10日にパリ条約で戦争を終えていた。今や孤立しているのは、「大王」ではなく「女帝」の方であった。1762年12月からザクセンのフベルトゥスブルクで和平交渉に入ったプロイセン、オーストリアの両国は、パリ条約の5日後、1763年2月15日に和睦を結んだ。シュレージエンはプロイセン領にとどまり、フリードリヒは次期皇帝選挙にあたっては、「女帝」の長男ヨーゼフを支持することで講和は成立した。こうして「七年戦争」と呼ばれたヨーロッパ大戦争も幕を閉じたのである。

### 二人の傑物の死

オーストリア王位継承戦争と七年戦争によって、神聖ローマ帝国に「二元主義(ドゥアリスムス)」が確立した。それまではハプスブルク家とそれを取り巻く勢力の争いが主であったのが、オーストリアとプロイセンという二元的な対抗関係がここに現れたのである。200年前のカール5世の時代（第1章を参照）には、未だ帝国北部の田舎貴族にすぎなかったホーエンツォレルン家が、今やハプスブルク家と肩を並べるまでになっていた。それも、曾祖父以来の三代の王侯たちが残してくれた遺産を巧みに利用し、大胆不敵な戦略と「天恵」をもって、プロイセンを一流国に押し上げた、フリードリヒ2世の偉業の賜物であった。

七年戦争が終結した2年後、フランツ1世は急逝し、神聖ローマ

第Ⅱ部 「長い18世紀」のヨーロッパ国際政治

*Column ⑦* ポーランドの分割

　第5章でも見たように，17世紀前半にロマノフ王朝が形成されたばかりの時には，弱小国ロシアに脅威を与えていた大国ポーランドであったが，その後の貴族間の対立や政争によって，国内的には不安定を，対外的には周辺大国からの圧力を抱えるようになっていた。

　1763年にアウグスト3世が亡くなり，後継の国王にはロシア女帝エカチェリーナ2世の腹心スタニスワフ・アウグストが選出された（1764年）。啓蒙主義者であった新国王はポーランドの財政・軍制改革に乗り出したが，改革の行き過ぎを懸念したワルシャワ駐在ロシア大使からの口出しに激怒した貴族や市民たちが，ロシアによる内政干渉に抗議し，1768年には全国規模での蜂起に進展した。

　ロシアは圧倒的な陸軍力によってポーランド蜂起を鎮圧し，エカチェリーナからの圧力を受けたスタニスワフ・アウグストは領土の一部割譲を容認した。ロシアの「西進」に脅威を感じたプロイセンのフリードリヒ2世は，オーストリアのヨーゼフ2世を誘って三大国による領土分割に切り替えるようロシアに要請し，1772年8月5日にサンクト・ペテルブルクで国境確定のための条約が三国間に結ばれた。「第一次ポーランド分割」である。

　第一次分割でロシアが得た領土は小さかったが，この後ポーランドは事実上ロシアの保護体制の下に組み込まれた。国王はロシア大使との協

皇帝にはヨーゼフ2世が即いた。彼はハプスブルク帝国の共同統治者でもある，母マリア・テレジアと衝突することもあったが，野心家の女帝エカチェリーナとフリードリヒ大王と共に，国内に混乱の続くポーランドの分割に乗り出した（第一次分割，1772年）。さらに1777年には，継承者の絶えたバイエルンに乗り込もうともしたが，これはフリードリヒ大王に牽制された。いずれも母マリア・テレジアの意向に反した政策であった。

　そのマリア・テレジアも1780年11月29日に63年の生涯を閉じた。夫フランツの死後は終生喪服で通した。それから6年後の

第6章 「大王」と「女帝」の確執

調路線を進め、新設の常設評議会が外交・軍事・財政・警察などを統括した。しかし、次第に国王とロシア大使との間で齟齬が生じるようになり、アメリカ独立（1783年）やフランスでの革命（1789年勃発）に触発された改革派は、1791年の「5月3日憲法」によって常設評議会を廃止し、ロシアの保護体制の無効が国会によって宣言されるに至った。

この憲法には立憲君主制に基づく世襲王政の樹立が盛り込まれたが、ポーランド国内にはこれに反対する貴族も多数いた。それに目をつけたロシアが再び軍事介入し、1793年1月にプロイセンとの二国間でさらなる領土分割に乗り出した（第二次分割）。その直後に第二次分割に反対する民衆蜂起が生じたものの、翌94年秋までにはそれも鎮圧され、95年10月24日の第三次分割によって、士族共和制としてのポーランドは歴史から消滅した。

テシィケの表現を借りれば、このような王朝間での領土獲得競争こそが近世ヨーロッパにおける勢力均衡の到達目標であり、他者を食い物にする君主たちが集団的に富を最大化するダイナミックな体系の表れであった。その意味でも18世紀に三度にわたって分割されたポーランドは、北東部ヨーロッパでの「地域的な勢力均衡」の犠牲者でもあった。ポーランドが再び独立国として歴史に登場するのは、1919年まで待たなければならない。

1786年8月17日、フリードリヒ2世も74歳で亡くなった。その在位は46年に及んだ。この二人の傑物の死で、ヨーロッパ国際政治にも、一つの時代の終わりが訪れた。

「武器のない外交は、楽器のない楽譜のようなものである」とは、フリードリヒ大王が好んだ名言の一つである。戦争の達人であったばかりか、フルートの名手でもあった大王らしい格言である。まさに彼自身が、七年戦争でこの言葉を体現していたと言えよう。しかし、この言葉の逆もまた然りである。「外交のない武器は、楽譜のない楽器」も同然で、一時的に美しい音色は聞こえるかもしれない

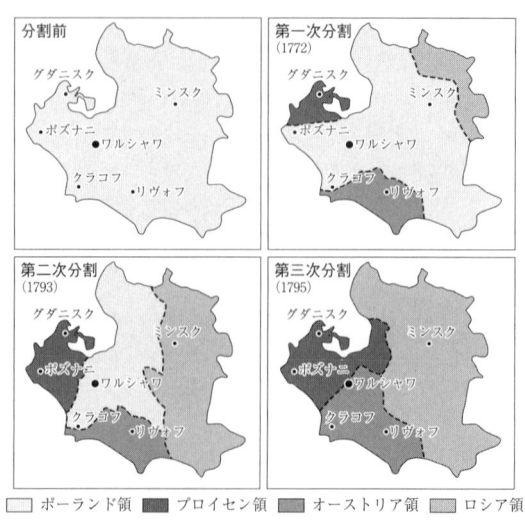

図 6-3 ポーランド分割

| 分割前 | 第一次分割 (1772) |
| 第二次分割 (1793) | 第三次分割 (1795) |

□ ポーランド領　■ プロイセン領　■ オーストリア領　■ ロシア領

［出典］加藤, 1995, 49頁。

が，それは永遠には残らない。後世にも語り継がれることのない，単なる空論で終わってしまうであろう。

　それを示したのが，七年戦争で最大の利益を受けた大国イギリスであった。フリードリヒ大王がシュレージェンの確保だけで満足していたのに対し，同盟国イギリスはカナダ，セネガル（西アフリカ），グレナダ，トバゴ，ドミニカ，セント・ヴィンセント（いずれも西インド諸島），そしてフロリダを，フランスとスペインから獲得した。さらに，インドにおける覇権まで確立してしまったのである。今や七つの海を支配する帝国は，スペインやオランダに代わって，イギリスへと移りつつあった。

　その帝国を一身に背負ったのが，七年戦争の最中に 22 歳で即位した若き国王であった。しかしこの若者は，フリードリヒ大王の格言の逆説とも言えようか，「外交のない武器」を振りかざしてしま

ったため，この後，手痛いしっぺ返しを食らうことになる。

### ●引用・参考文献●

青木康，1990年「ハノーヴァ朝の安定」今井宏編『イギリス史2 近世』(世界歴史大系) 山川出版社。

伊東孝之・井内敏夫・中井和夫編，1998年『ポーランド・ウクライナ・バルト史〔新版〕』(世界各国史20) 山川出版社。

加藤雅彦，1995年『図説 ハプスブルク帝国』河出書房新社。

阪口修平，2009年「常備軍の世界——一七・八世紀のドイツを中心に」阪口修平・丸畠宏太編『軍隊』(近代ヨーロッパの探究⑫) ミネルヴァ書房。

柴田三千雄・樺山紘一・福井憲彦，1996年『フランス史2 16世紀〜19世紀なかば』(世界歴史大系) 山川出版社。

テシィケ，ベンノ／君塚直隆訳，2008年『近代国家体系の形成——ウェストファリアの神話』桜井書店。

土肥恒之，1994年「十八世紀のロシア帝国」田中陽兒・倉持俊一・和田春樹編『ロシア史2 18世紀〜19世紀』(世界歴史大系) 山川出版社。

成瀬治・山田欣吾・木村靖二編，1996年『ドイツ史2 1648年〜1890年』(世界歴史大系) 山川出版社。

ブル，ヘドリー／臼杵英一訳，2000年『国際社会論——アナーキカル・ソサイエティ』岩波書店。

村岡哲，1984年『フリードリヒ大王——啓蒙専制君主とドイツ』清水新書。

Asprey, Robert B., 2007, *Frederick the Great: The Magnificent Enigma*, iUniverse.com.

Beales, Derek, 2008, *Joseph II*, Vol.1: *In the Shadow of Maria Theresa, 1741–1780*, Cambridge University Press.

Black, Jeremy, 1985, *British Foreign Policy in the Age of Walpole*, John Donald.

Black, Jeremy, 2002, *European International Relations 1648–1815*, Palgrave.

Fichtner, Paula Sutter, 2003, *The Habsburg Monarchy, 1490–1848:*

*Attributes of Empire*, Palgrave Macmillan.

Fraser, David, 2000, *Frederick the Great*, Allen Lane.

MacDonogh, Giles, 1999, *Frederick the Great: A Life in Deed and Letters*, Weidenfeld & Nicolson.

Peters, Marie, 1998, *The Elder Pitt*, Longman.

Shennan, Margaret, 1995, *The Rise of Brandenburg-Prussia*, Routledge.

# 「愛国王」の孤立とアメリカの独立

第7章

❶ジョージ3世──「愛国王」として華々しく登場したが，ヨーロッパ国際政治の中で孤立し，「虎の子」の植民地アメリカを失った（Sir Nathaniel Dance Holland 画。写真提供：The Picture Desk）

## 1　ジョージ3世の登場とイギリス政治の動揺

### 「愛国王」の即位

　北のスウェーデン，東のロシア，南のオーストリア，西のフランスから囲まれ，フリードリヒ大王がまさに八方ふさがりの状態にあった1760年10月25日，大王の伯父で同盟者でもあるイギリス国王ジョージ2世が亡くなった。77歳での大往生であった。皇太子のフレデリックはその9年前にすでに鬼籍に入っており，後を継いだのは，弱冠22歳の皇太孫ジョージ3世（George III, 1738-1820, 在位 1760-1820）である。

　この若きジョージは，即位する以前から，「愛　国　王（ペイトリオット・キング）」としてイギリスを救おうとの強い気概を抱いて登場した。それでは祖父ジョージ2世は，国を愛していなかったというのか。孫のジョージ3世の目から見ればそう映ったのである。

　ハノーヴァー王朝（1714-1901年）の初期の二代の君主，ジョージ1世と2世の父子は，実は生涯を「ハノーファー選帝侯ゲオルク」として過ごしたといっても過言ではない。共に人生の大半をハノーファーで暮らし，「国王」の称号とイギリスの豊富な資金に惹かれて，この国にやってきたのである。そのため，エリザベス1世の時代に始まり，17世紀後半からイギリスに定着した閣議（国王の信頼する枢密顧問官たちが集まって国事を審議する会議）にも，二人はほとんど出席することはなかった。イギリス政治に対しては，基本的に強い関心を示さなかったのである。

　そこで国王に代わり閣議の議長役を務める「筆頭の大臣（プライム・ミニスター）」（首相）が必要となった。1721年4月から20年以上にわたって第一大蔵卿（国家財政を取り仕切る閣僚）としてこの役割を担ったウォルポールが引退して（1742年2月）以来，首相には第一大蔵卿が就く慣習が定

着し、第6章に登場したニューカースルも1754年に首相に就く際には、それまで30年以上も務めた国務大臣の職を離れ、第一大蔵卿に就任したのである。

ハノーヴァー王朝が成立して以来、第一大蔵卿や国務大臣などの閣僚職を独占し、イギリス政治を事実上支配してきたのは、議会内でホイッグと呼ばれる党派の政治家たちであった。彼らは、王権を抑制する議会の役割を強調し、イングランド国教徒以外にも宗教的な寛容を推進する党派であった(対するトーリの方は、国民統合の上で国王と国教会が果たす役割をより重視していた)。

この「ホイッグ優越」の時代が続く中で、ハノーヴァー王朝三代目の国王に即位したジョージ3世は、曾祖父や祖父とは異なり、同王朝ではイギリスで生まれた初めての君主でもあった。彼の目から見れば、祖父ジョージ2世は、周囲を取り巻く腐敗し切ったホイッグの政治家たちによって「囚われて」おり、彼らを排して国に有徳の政治をもたらす使命が「愛国王」たる自らには課せられていたのである。こうした考え方は、皇太孫時代から師事したビュート伯爵(3rd Earl of Bute, 1713-92)の影響で培われたものだが、ジョージ3世は即位するとともに、ビュートを重用し、ホイッグ政権の影響力を徐々に削いでいく。

### イギリス議会政治の動揺

「愛国王」の登場は、イギリス政治に大きな衝撃をもたらした。即位の翌年、1761年3月に国王はビュートを国務大臣の一人に任命した。当時のイギリスは、北部担当(オランダ、ドイツ諸国、スウェーデン、ロシアなど担当)と南部担当(フランス、スペイン、イタリア諸国、トルコなど担当)の二人の国務大臣がおり、彼らがそれぞれの領域の外交を掌握すると同時に、国内の治安行政や陸軍・植民地の問題にもかかわっていた。ビュートは北部担当となり、南部担当の

## Column ⑧ トーリとホイッグ――イギリス二大政党制の起源

　近代以降のイギリス議会政治といえば「二大政党制」を連想する読者も多いことだろう。その二大政党の源流となった党派の登場は、世継ぎに恵まれなかったステュアート王朝の国王チャールズ2世の後継者問題にかかわっていた。

　1679-81年にかけて議会内は王弟ヨーク公爵（後の国王ジェームズ2世）に王位を継承させるべきか否かをめぐって大論戦となっていた。ヨーク公は自らがカトリック教徒であると公言しており、国王暗殺計画にも荷担したとされていたのである。このため、彼を王位継承者から排除する法を成立させようとした「請願派」と、これへの「嫌悪派」とに議会内は分裂してしまった。両派はお互いを誹謗する名称で呼び合い、請願派は「ホイッグ」（スコットランドの暴徒）、嫌悪派は「トーリ」（アイルランドの盗賊）と称された。これが後に議会内での政治的党派の呼称として定着してしまったのである。

　トーリは伝統的な秩序観を基礎に、国王とイングランド国教会が国民統合の上で果たす役割を重視した。対するホイッグは王権を抑制する議会の役割をより重視し、宗教的にはプロテスタント各派への寛容を推進する立場をとった。1760年のジョージ3世の登場で、この名称の使用にも若干の混乱が生じたが、18世紀末ごろからは、小ピットを首班と

国務大臣はピットであった。

　ところが、この二人の国務大臣は対フランス戦争をめぐって意見を異にした。国王の後押しを受けたビュートは、フランスとの早期講和を提唱していた。それに対してピットは、フランスに対する完全勝利をつかむまでは早まった講和は結ぶべきではないと訴えた。1761年8月、スペインが同じブルボン王家のフランスと「同門連合（ファミリー・コンパクト）」を結び、イギリスの利害を脅かすかに見えたとき、ピットは即座に対スペイン戦争の開始を主張したが、閣内で孤立させられた。10月にピットは国務大臣を辞任したが、皮肉なことにそれからわずか3カ月ほどで、イギリスは対スペイン戦争に乗り出

する政府与党側がトーリ，フォックスを指導者に戴く野党側がホイッグと呼ばれるような状態が定着していった。

　両党派は，トーリが地主（農業利害），ホイッグが商工業利害をそれぞれ代弁していたという，これまでの紋切り型の単純な区分ではとらえきれず，むしろ両党派とも近代イギリス議会政治の中核を担った地主貴族階級を母体としていた。

　トーリはやがて 1834 年ごろから「保守党」へと名称を変えた。ホイッグは，旧ピール派（1846 年の穀物法の廃止をめぐって保守党から離脱した党派），急進派（議会内の最左翼勢力）と離合集散を繰り返した後に，1859 年に三党派で「自由党」を立ち上げた。

　この保守党と自由党の二大政党制が確立するのは，1860 年代後半になってからのことである。そのころまでには労働者階級の男性世帯主層も徐々に選挙権を獲得して国政に参与し，両党は彼らを取り込んで全国的な組織化に乗り出していった。両党を指導する党首も，保守党のディズレーリ（ユダヤ系の小説家出身）と自由党のグラッドストン（大貿易商人の息子）といった具合に，地主貴族からより下の階層へと徐々に移行し，ここに近代的な意味でのイギリス二大政党制が定着していくことになるのである。

したのである。

　ここにさらなる政変が待ち構えていた。対スペイン戦争の開始にともない，新たな財源が必要となった。そこでビュートは第二次ウェストミンスター協定（1758 年）以来，プロイセンに送り続けていた 67 万ポンドの供与金を打ち切りたいと提案した。これには当事者の一人ニューカースル首相自身が反対したが，国王からの支持を得ていたビュートの意見は 1762 年 5 月に採用された。国王にとって愛すべき国はイギリスであって，ハノーファーの安全など二の次だったのである。直後にニューカースルは首相を辞任した。

　ここに国王は，晴れて寵臣ビュートを首相に任命した。しかし，

国王もビュートもイギリス議会政治の慣例を充分理解する前に政治の実権を握ってしまったため、この後議会は混乱の渦に巻き込まれた。半世紀近く続いた「ホイッグ優越」時代が終わり、ホイッグは国王支持派と国王反対派とに分かれ、トーリ側も分裂した。さらにホイッグ、トーリのいずれにも属さない「独立派(インディペンデンツ)」の議員も多数おり、議会内で盤石な支持基盤に支えられた政権が成立しにくい状態が生じた。それは国王が即位してからのわずか10年間（1760-70年）で、5度も政権交代が生じるという事態にもつながった。

政変の連続は外交政策にも大きな影響を及ぼした。七年戦争が終結してからの10年弱（1763-72年）の間に、北部担当国務大臣はなんと8回も交代していたのである。プロイセンのフリードリヒ大王は「イギリス国王は、まるでシャツを着替えるかのごとくに、大臣を次々とすげ替えている」と嘲笑した。

しかも新たに任命された大臣は、それまでホイッグの歴代政権を支えてきた経験豊かな政治家ではなかった。国王はホイッグ（特に反国王派）の政治家を政権の中枢から外したため、それまでより若いものの、経験の浅い人材ばかりが登用された。

そのような矢先に、国王も大臣たちも、18世紀のイギリスがそれまで経験したこともない、未曾有の大事件に直面することになったのである。

## 2 「有益なる怠慢」の終焉と革命への道

### イギリス帝国の拡張

七年戦争の終結を決めた1763年2月のパリ条約によって、イギリスは海外に広大な領土を獲得した。インドや西インド諸島でも勢力を拡張したが、中でも伸張が目立ったのが北アメリカ植民地であった。フランスとスペインを打ち破ったことで、カナダ、ミシシッ

第 7 章　「愛国王」の孤立とアメリカの独立

ピー川以東のルイジアナ，フロリダを手に入れたのである。この北アメリカと西インドに築かれた植民地帝国は，折しも進行中であったイギリス産業革命（1760-1830年代）の波と相俟って，イギリスの原材料供給地にして製品市場ともなる，きわめて重要な取引先として存在感を一層強めていった。

　イギリスの北アメリカへの本格的な進出は1607年に始まる。スチュアート王朝の開祖ジェームズ1世の時代にあたり，この年に造られた入植の拠点は国王にあやかって「ジェームズタウン」と名づけられた（今日のヴァージニア州）。これ以後，大西洋岸を中心に，南部ではタバコ・穀物生産などの農業が，北部では漁業，林業，造船業が，それぞれ営まれた。17世紀半ばには，三度にわたるオランダとの戦争で，北アメリカも戦場となった。特に第二次戦争（1665-67年）では，後のニューヨーク植民地を獲得し，イギリス領全体における商工業の発展に寄与していった。

　北アメリカでオランダの次に勢力圏争いを演じた相手は，フランスであった。第4章で見た九年戦争とスペイン王位継承戦争は，イギリスとフランスとの間では，そのまま北アメリカや西インドをめぐるウィリアム王戦争（1689-97年）とアン女王戦争（1702-13年）に発展した。同様に，第6章で見たオーストリア王位継承戦争と七年戦争は，それぞれジョージ王戦争（1744-48年）とフレンチ・アンド・インディアン戦争（1754-63年）として，北アメリカで熾烈な戦いが繰り広げられた。

　こうしたオランダ，フランス（さらにはスペイン）との戦いを経て，イギリス領植民地は，入植からおよそ150年で北アメリカに並ぶ者のない強大な勢力へと変身を遂げた。

　その間のイギリスの植民地政策の基本が，「有益なる怠慢（サルタリー・ニグレクト）」であった。フランスやスペインが大西洋の彼方の植民地を本国の強力な統制下に置こうとしていたのに対し，イギリスは法制や通商の大枠

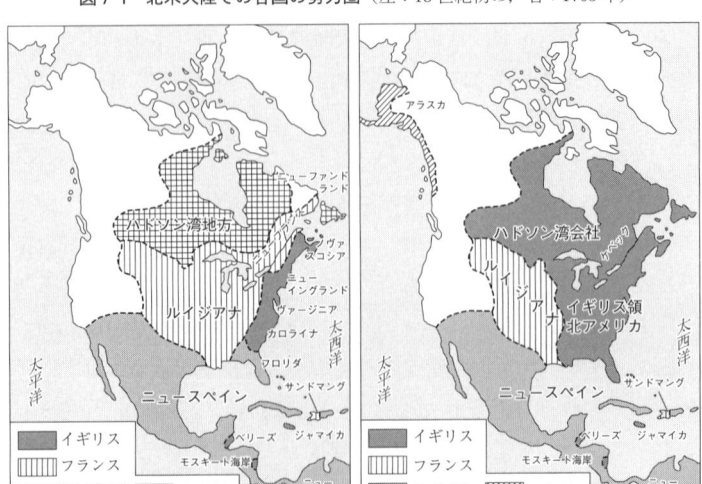

第Ⅱ部 「長い18世紀」のヨーロッパ国際政治

図7-1 北米大陸での各国の勢力圏（左：18世紀初め，右：1763年）

［出典］ 有賀・大下・志邨・平野編，1994，99頁。

は提示するものの，植民地での日々の暮らしや取り引きに関しては，ある程度は植民地の自由裁量に任せたのである。やがて北はニューハンプシャーから南はジョージアに至る13の植民地が形成され，それぞれに「植民地議会（コロニアル・アセンブリー）」が設置され，地域にかかわる法令を整備していった。

また，17世紀のオランダとの闘争の過程で，植民地と本国の間の交易は第三者を介さないとする法令（航海法）が制定されたが，18世紀前半までには，一部の商品（砂糖など）については植民地から外国への直接輸出も許されるようになった。これもまた「有益なる怠慢」の恩恵であり，そのためイギリス本国と北アメリカ植民地との関係は，比較的良好に進んでいった。

## 「有益なる怠慢」からの逸脱

 ところがここに転機が訪れた。原因を作ったのは，またもや「愛国王」であった。七年戦争の終結で，確かにイギリスは植民地帝国を強大化させたが，その間にイギリスの国債は1億3260万ポンドにまで膨れ上がっていた。これは当時の税収（830万ポンド）のおよそ16年分に相当する。そのため政府は，陸海軍の予算を大幅に削減するとともに，それまでの「有益なる怠慢」を改めて，植民地に対する締め付けを強化し，税収を上げることを試みたのである。

 戦争終結の8カ月後，1763年10月には国王の「宣言（プロクラメーション）」が出され，北アメリカにおける移住地域が限定されるとともに，防衛や行政整備の費用は植民地が負担することにされた。1763年2月の段階で，ジョージ3世は植民地防衛に1万人の兵力を駐屯させる心づもりでいた。そのためには財源となる新たな税収が必要であった。

 1764年には，砂糖税が導入され，植民地に輸入される外国産砂糖への関税を軽減（それまで1ガロンにつき6ペンスだったのを3ペンスに半減）する代わりに，密輸に対する取り締まりが強化された。これは税率だけ見れば減税であったかもしれないが，実はそれ以前の植民地の税関は砂糖商人と通じており，1ガロンにつき1ペニーで外国産の糖蜜（サトウキビから不純物を取り除いた液体）を輸入させていたのである。それは厳密に言えば不正であり，密輸にも相当したが，これもまた「有益なる怠慢」の恩恵であった。

 さらに，翌1765年には印紙法が制定され，植民地では証書や新聞に印紙を貼付することが義務づけられた。これらの新税は，すべてロンドンのウェストミンスターにある，イギリス議会（パーラメント）が厳正なる審議の末に制定したものである。彼らの考えでは，植民地に対する課税権は本国の議会にあった。ところが13植民地の反応は違った。植民地人が植民地の防衛や行政整備のために支払う税金は，植民地

議会の了解を得てから制定するのが筋であるというのである(「代表なくして課税なし」)。

　植民地の人間も自分たちのために税を払うのに異存はない。しかし、各植民地議会の議員がウェストミンスターに招かれて、イギリス議会の議員たちとともに審議するのであれば問題はないが、彼らの頭越しに勝手に課税されるのでは納得できない。植民地各地で抗議の集会が相次ぎ、彼らはイギリス製品を購入しないという不買運動まで始めた。これに敏感に反応したのが、植民地との取り引きの多い、ロンドンやブリストルといった商業都市であった。1766年1月には、これら20以上もの都市が議会に請願書を出し、印紙法の撤廃を要求するに至ったのである。

　これを受けて1766年3月には、イギリス議会で印紙法の撤廃が決まったが、それと同時に新たな法も制定された。植民地に対しては本国議会(パーラメント)が完全な立法権を持つとする「宣言法」である。ウェストミンスターの議員の大半は、自分たちこそが植民地に対する法の制定に権限を持つと、相変わらず信じていた。

　とはいえ、印紙法を廃止してしまっては、植民地の防衛も整備も滞ってしまい、結局は形を変えた新税が必要となる。1767年6月、染料・ガラス・鉛・紙・茶などに輸入関税が課せられ、植民地の支配機構を強化する一連の法令が出された。これらは、当時の大蔵大臣の名前から「タウンゼンド諸法」と名づけられた。しかし、これでは印紙法と何ら変わりなどなく、植民地の各地で激しい反対闘争が繰り広げられた。

　ついに翌1768年1月、アメリカ植民地問題を専任で担当する国務大臣職が新たに設けられ、植民地に対する強硬派で知られたヒルズバラ (1st Earl of Hillsborough, 1718–93) が就任した。2月には、商業地で知られたマサチューセッツ植民地の議会が、タウンゼンド諸法への反対闘争を呼び掛けた。ヒルズバラは、同議会を解散させ、

軍隊を派遣して，植民地の不穏な動きを力で押さえ付けようとした。

当時の首相はチャタム伯爵（1st Earl of Chatham, 大ピットが1766年に叙された）であり，彼は植民地の主張に同情的であったが，病身でヒルズバラを押さえる力に欠けていた。チャタム首相は1768年10月に辞任し，イギリス政府はますます植民地に対する強硬策を推進する一派で占められるようになった。翌69年5月には，農業地ヴァージニアの植民地議会でもイギリス製品不買協定が採決された。本国と植民地はかつてない闘争の嵐に巻き込まれたのである。

### 「強圧的諸法」と革命への道

ジョージ3世の即位から10年を経た1770年3月，マサチューセッツ植民地最大の商業港ボストンで，「ボストン虐殺事件」と呼ばれる事件が起こった。イギリス軍と市民との小競り合いから発展した発砲事件で，3人の市民が殺され，数百人が大怪我を負う大惨事となった。これは，タウンゼンド諸法に反発する商業港の市民たちの不満にとどまらず，薄給のため現地で「外国人労働者」として働き，市民たちの職を奪っていたイギリス兵に対する人々の怒りも導火線となった闘争でもあった。

さらに，同じくボストンを舞台に，1773年12月16日に大事件が発生した。同年5月にイギリス議会は茶法を制定し，東インド会社に植民地における茶の独占販売権を認めた。この法で，それまで課せられていた植民地への茶の再輸出関税が廃止されたため，植民地では茶の値段が安くなった。ところが植民地の人々にとって，これもまた「有益なる怠慢」への侵害と映ったのである。12月，先住民や黒人の扮装をした市民がボストン港に停泊中の東インド会社の船から茶箱約340個を持ち出し，海へ投げ捨てるという示威行動（デモンストレーション）を行った。この事件は後に「ボストン茶会事件」（ティーパーティー）と呼ばれる。

第Ⅱ部 「長い18世紀」のヨーロッパ国際政治

　これに対するイギリス本国議会の対応は厳しかった。翌1774年3月，議会はボストン港封鎖法を制定し，市民が東インド会社に損害賠償を行わないかぎり，港を封鎖することが決まった。さらに，マサチューセッツ植民地の自治権を制限するなどの「強圧的諸法」と呼ばれる一連の法令も，6月までの間に次々と制定された。これらの法案は，議会内からはほとんど反対も受けずに通過していった。同じく74年6月には，ケベック法が制定され，旧フランス領ケベックを国王直轄領とし，住民のカトリック信仰も伝統も尊重されることが定められた。これは，17世紀初頭の入植以来，プロテスタント信者を中心に開拓が進められてきたイギリス領植民地の人々にとっては，「脅威」に感じられた。

　こうした動きは，マサチューセッツにとどまらず，13植民地全体にとっての「脅威」とも認識された。1774年9月5日，ペンシルヴァニア植民地の都フィラデルフィアに12の植民地（ジョージアは参加しなかった）の代表が一堂に会し，本国への対応を協議した。第一回大陸会議である。しかし，成立の事情もその後の発展も異なる12の植民地の代表の間には，意見の食い違いが目立った。イギリスとの交易を重視する南部の農業植民地と，一連の関税に激怒する北部の商工業植民地との間で，足並みに乱れが生じていたのである。

　1カ月にわたった審議では，最終的にイギリス商品の輸入中止が決議されたにすぎなかった。この「腰砕け」とも言うべき決議を受けて，より強硬な態度を示したのが「愛国王」ジョージ3世であった。国王の最大の目的は，「強圧的諸法」によって植民地の秩序を回復することであった。彼にとって，この植民地との衝突は，本国の立法権をめぐる闘争ではなく，政治的・道徳的秩序を乱そうとする叛徒への懲罰の意味が込められていたのである。

　第一回大陸会議が開催されたのと同時期に，国王はノース首相

第 7 章 「愛国王」の孤立とアメリカの独立

(1770年から政権に就く,Lord North, 1732-92)に「今や賽は投げられた。植民地は服従か勝利かのいずれかだ」と伝えていた(Black, 2006)。イギリス議会内では,植民地同情派のチャタムでさえ,本国議会の権限は植民地には及ばないとする大陸会議の見解に否定的であった。こうして本国と植民地との亀裂は,後戻りできないところにまで達しようとしていた。

## 3 まさかの敗退——ヨーロッパ国際政治での孤立

### 独立戦争の始まり

第一回大陸会議が幕を閉じた半年後,1775年4月19日,ボストン近郊のレキシントンとコンコードで,イギリス軍と植民地民兵との間でついに衝突が始まった。5月10日には,フィラデルフィアで第二回大陸会議が招集され,民兵からなる「大陸軍(コンティネンタル・アーミー)」が結成されるとともに,その総司令官にヴァージニア植民地の代表ワシントンが選ばれた。

しかし,注意しなければならない点は,この大陸会議においても,集まった代表たちの多くは「独立」など考えていなかったことである。植民地の人々にとって,悪政を敷いているのはイギリス議会や大臣たちであり,「愛国王」に責任はないと認識されていた。そのため,大陸会議での決議も「国王に和解を求める請願」を送るにとどまっていた。

ところが,「愛国王」の受け取り方は違った。8月に本国政府はアメリカ植民地を「叛徒」と宣言し,11月には植民地に対する強硬な態度で知られるジャーマン(Lord George Germain, 1716-85)がアメリカ植民地担当国務大臣に就任した。それまで植民地に同情的な声も多かったイギリス世論も,戦争勃発とともに反植民地的な姿勢に転じ,ノース政権もそのような声に押されて本格的な戦争に乗

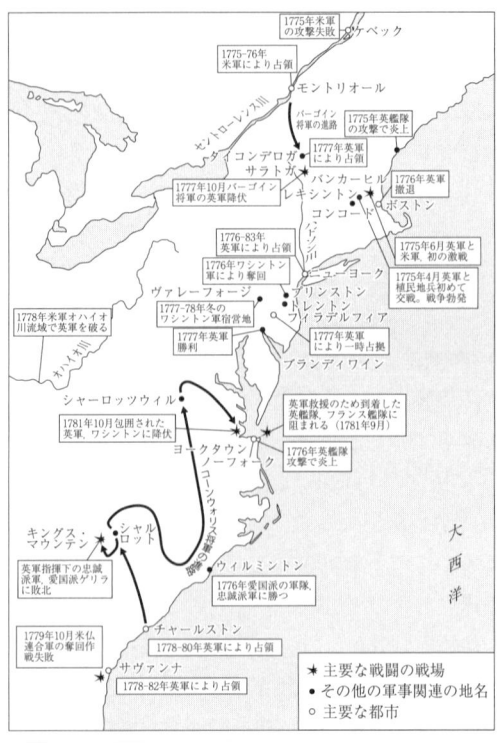

第Ⅱ部 「長い18世紀」のヨーロッパ国際政治

図7-2 アメリカ独立戦争

[出典] 有賀・大下・志邨・平野編, 1994, 157頁。

り出した。しかし, ノース首相には明らかに戦争指導者としての資質が欠けていた。彼は, 圧倒的な軍事力と物量をもってすれば, 植民地との戦争など早期に終結すると楽観視していたのである。

このノースの予想は見事に外れた。翌1776年1月に刊行されたペイン (Thomas Paine, 1737-1809) の『コモン・センス』に触発された植民地の人々は, 独立こそが自分たちの生命や財産や権利を守る唯一の手段であると認識するように変わった。この本で「頑迷で不機嫌なファラオ」と評されたジョージ3世に対する忠誠心など,

失せていった。

1776年7月4日，大陸会議は「独立宣言」を採択した。この日をもって，1年前から始まっていた戦争は正式に「アメリカ独立戦争」へと姿を変えたのである。独立宣言採択の5日後，ニューヨーク市ではジョージ3世の銅像が引き倒された。銅像は溶かされ，国王の軍隊に向けられる薬莢に改鋳された。

それから2カ月後の1776年9月，ワシントン将軍の守っていたニューヨークが，イギリス軍に占領された。ところが，イギリス軍はそのままワシントン軍を捕捉することができなかった。同年末から翌77年の前半にかけて，神出鬼没のワシントン軍は各地でイギリス軍に奇襲攻撃をかけて，敵を疲弊させていった。

対するイギリス軍の方は，陸軍と海軍との間でも，さらには陸軍内部においてでさえ，足並みの乱れが目立ち，横の連繋がとれない状態が続いた。それがサラトガ（ニューヨーク植民地北東部）におけるバーゴイン将軍（John Burgoyne, 1722-92）の悲劇につながった。他の部隊との合流に失敗したバーゴインは，1777年10月17日に大陸軍に降伏したのである。その衝撃はイギリス本国にもすぐに伝わった。戦争を早期に勝利へと導くというノース首相の思惑は外れ，長期化・泥沼化が決定的となった。

### イギリス外交の失敗──同盟者の欠如

しかし，なぜイギリス軍は早期に勝利を収められなかったのであろうか。勝利の極意とも言うべき，ヒト（兵力），モノ（武器弾薬・食糧），カネ（軍資金）を集める力において，イギリス本国の方がアメリカ植民地よりも圧倒的に優っていたはずである。

当時の両者の人口は，本国が1200万人に対して，植民地は250万人にすぎなかった。しかもこのうち50万人は黒人奴隷であったから，実質的には6分の1（200万人）である。さらに，本国では

1760年代から世界に先駆けて産業革命が始まっており、機械制の大工場生産が可能となっていた。加えて、本国からは正規の陸海軍が派遣されたのに対して、植民地では急ごしらえの民兵がそれと対戦した。彼らは20万人という大軍ではあったが、その前日まで農夫や職人だった素人(アマチュア)である。おまけに植民地には海軍などなかったが、本国は世界に誇るイギリス海軍(ロイヤル・ネイヴィー)を投入したのである。どう見ても本国が有利であった。

ところが、当時の兵站学(ロジスティックス)をもってしては、いかにイギリスでも無理が多かったのである。まず戦場となったのはアメリカであった。大西洋の荒波を3000マイル(4800 km)も越えて兵士や軍需物資が到着するには、早くて3カ月、遅いと半年はかかった。しかも途中で海難事故に遭わないとも限らなかった。運よく植民地に到着しても、大半の兵士はアメリカの土地などそれまで踏んだこともなかった。土地勘もなく地理に慣れていない彼らにとって、大陸軍による奇襲戦法は恐怖であった。

さらに、もともとイギリスは陸軍があまり強くなく、「長い18世紀」のそれまでの戦争でも、つねにヨーロッパ大陸の陸軍強国と同盟を結んで、主には海軍力によって敵を打ち倒してきたのであった。それがこのときの戦争では、フレンチ・アンド・インディアン戦争で頼りにしてきた、かつての植民地の民兵が敵となっているのである。

しかし、何よりも当時のイギリスに欠けていたもの、それが強力な同盟者の存在であった。七年戦争が終結した後、ヨーロッパ大陸にイギリスの同盟者などいなかった。最大の利益を獲得したイギリスは慢心し、この後、外交ではなく海軍力による脅しで自らの利害をごり押ししていったのである。南アメリカ大陸の最南端マゼラン海峡の東方に位置する、フォークランド諸島をめぐるスペインとの衝突(1766, 70年)などはその典型例である。

第7章 「愛国王」の孤立とアメリカの独立

　七年戦争後のヨーロッパ国際政治は,「長い18世紀」が終結した後に顕在化する,五大国による協調の時代に徐々に移行しつつあった。すなわち,フランス,プロイセン,オーストリア,ロシアの大陸四カ国にイギリスを加えた五大国である。しかし,大陸の四大国は当時すでに二つの陣営に分かれていた。七年戦争末期以来の,フランス＝オーストリアとプロイセン＝ロシアの陣営である。イギリスはいずれにも与することができなかった。

　オーストリアでは,「外交革命」をもたらした宰相のカウニッツが,フランスとの同盟関係を堅持していた。それは,1770年5月に,皇太孫ルイ（後のルイ16世, Louis XVI, 1754-93, 在位1774-92）と「女帝」マリア・テレジアの末娘マリー・アントワネット（Marie Antoinette, 1755-93）の結婚で再確認された。その意味で,フランスの宿敵イギリスと手を結ぶ考えなど,オーストリアには微塵もなかった。

　それでは七年戦争で共に戦ったフリードリヒ大王のプロイセンはどうか。大王はジョージ3世（およびビュート）が戦争末期に67万ポンドの供与金を打ち切った「裏切り」を終生忘れなかった。皇帝の代替わりでロシアが同盟国に転じてくれていなかったら,プロイセンは大敗を喫して消滅していたかもしれない。1766年に首相として政権に復帰したチャタムがロシアを交えた三国同盟の締結を打診してきても,大王は拒絶した。

　エカチェリーナ2世のロシアは,ヨーロッパ大陸における利害については,イギリスと敵対するどころか,むしろ協調できる最も近い位置にいた。しかし,オスマン帝国を打ち負かし,黒海から地中海へと南下してくる可能性のあったロシアと,インドへの道を確保するためにオスマン帝国の保全を狙うイギリスとは,次第に協調できなくなった。さらにフリードリヒ大王がロシアに警告し,イギリスとの同盟を阻止しようとしていた。

このように、ヨーロッパ四大国のうちの三カ国は、イギリスと同盟を構築できるような状態にはなかった。そしてイギリス最大の敵こそが、残る大国フランスであった。フランスは1775年4月の英米開戦以来、露骨にアメリカ植民地の支援に回っていた。大西洋でイギリス船を襲うアメリカの私掠船は、フランスの港で物資や人員の補給を行っていた。さらに、「独立宣言」が出された直後からは、当時のアメリカを代表する文人・実業家にして科学者でもあったフランクリン (Benjamin Franklin, 1706-90) が、ルイ16世の宮廷に特使として派遣され、フランスから資金や物資の援助を受けることに成功した。

そのフランスが、サラトガでのイギリス軍敗北の報に接し、1778年2月にアメリカと同盟を結んで参戦してきた。七年戦争後に海軍力を大幅に増強したフランスに、イギリス海軍は翻弄された。同時期には、イギリスはアイルランドでの不穏な動きにも影響され、アメリカへのさらなる援軍は望めなくなっていた。次いで、1779年6月にはスペインもイギリスに宣戦布告してきた。そして、1780年12月には、オランダとも戦闘状態に突入したのである。第三次英蘭戦争が終結して (1674年) 以来、オランダとは一世紀も同盟関係で結ばれてきたイギリスにとって、第四次戦争の勃発はさらなる痛手となった。

しかもヨーロッパでは、ロシアが音頭をとるかたちで、イギリス海軍が中立国の船舶の航行や通商を妨害するのに抵抗する「武装中立同盟」が結成され (1780年3月)、スウェーデンやデンマークに続き、オーストリアとプロイセンもこれに加盟した。オランダも、当初は加盟国であったが、同年末にイギリスとの戦争に突入した。すなわち、この加盟国はすべてイギリスにとっての潜在的な敵国となりえたのである。イギリスはヨーロッパで完全に孤立していた。

第 7 章 「愛国王」の孤立とアメリカの独立

### アメリカの独立とイギリスの再起

　フランスが対英戦争に加わってきた1778年から，ノース首相は，チャタムをはじめとするアメリカ寄りの有力者を政権内に取り込みたいと国王に要望していた。しかし，彼ら「親米派」を嫌うジョージ3世は頑(かたく)なにこれを拒んだ。ノースはたびたび辞任を申し出たが，それも受け入れられなかった。今や戦争は，フランス，スペイン，オランダの参戦で，北米大陸にとどまらず，インド，西インド諸島，南アフリカ（ケープタウン）にまで拡大していた。

　同じく1778年初頭から，イギリス議会内では，フォックス（Charles James Fox, 1749-1806）らの野党勢力が，アメリカの独立を認めるべきだと主張するようになった。

　1781年の夏までには，それまでイギリス側が優位に立っていたアメリカ南部でも劣勢が目立つようになってきた。ヴァージニアに拠点を置くコーンウォリス将軍（2nd Earl Cornwallis, 1738-1805）は，ニューヨークからの援軍を待った。しかし救援軍を乗せたイギリス艦隊は，フランス艦隊に阻まれ，到着できずにいた。10月19日，ついにコーンウォリスはヨークタウンでワシントン将軍に降伏した。この後も，各地で小競り合いは続いたが，この降伏がイギリスの敗北を決定づけた瞬間であった。

　翌1782年3月にはノース政権が総辞職に追い込まれた。皮肉にもこの直後の4月には，ロドニ提督（1st Baron Rodney, 1719-92）率いるイギリス艦隊がドミニカ沖でフランス艦隊を打ち破り，西インド諸島でのイギリスの権益を守ったのである。

　1782年11月30日，イギリスとアメリカとの間で講和予備条約が結ばれ，北は五大湖，南はジョージア南境，西はミシシッピー川に至る広大な領土を持つ植民地の独立が認められることになった。翌83年1月には，イギリスはフランス，スペインとも仮講和条約を結んだ。そして正式な取り決めとしては，1783年9月3日にパ

第Ⅱ部 「長い18世紀」のヨーロッパ国際政治

リ条約が結ばれた。13州からなる「アメリカ合衆国」の独立が公式に認められ，フランスにはトバゴ（西インド）とセネガル（西アフリカ）が，スペインにはミノルカ（地中海）とフロリダがそれぞれ割譲された。

ここに，七年戦争でせっかく手に入れたイギリスの戦果の多くが失われてしまったのである。しかもこのアメリカとの戦争に，イギリスは1億2400万ポンドもの大金を注ぎ込んでいた。戦争が終わった時点で，イギリスの国債は2億4290万ポンドにまで膨れ上がっていた。神聖ローマ皇帝ヨーゼフ2世は，弟でトスカナ大公のレオポルト（後の皇帝レオポルト2世，Leopold II, 1747-92, 在位 1790-92）に「イギリスは今やデンマークかスウェーデン並みの二流国に成り下がったな」と伝え，嘲笑った。

このヨーゼフの嘲笑は単なる皮肉ではなかった。彼より3歳年上のイギリス国王ジョージ3世は，第6章で紹介したフリードリヒ大王の名言の逆説とも言うべき，「外交のない武器」を振りかざしたことで，本来負けるべき相手ではない敵に，まさかの敗北を喫したのである。「愛国王」ジョージが愛したのは，実は「イングランド」だけであった。彼が「あのいまわしいちっぽけな選帝侯国」と呼んだハノーファーはもとより，同じグレート・ブリテン島内のスコットランド，さらには隣の島アイルランドにさえ，この「愛国王」は一度として訪れたことがなかったのである。

ジョージが即位してすぐにでもニューヨークやボストンを訪れ，現地の人々と友好を交わし，また植民地の詳細な現状を把握できていたならば，その後の歴史は変わっていたかもしれない。ジョージを嘲笑したヨーゼフなど，かつての神聖ローマ皇帝カール5世を彷彿させるかの如く，その人生の4分の1を所領の訪問に費やし，回った総距離は5万kmにも達したと言われる。ヨーゼフは，ハンガリーやベーメンなど，多種多様な民族から成るハプスブルク帝国を，

そのような地道な努力によって維持していたのである。

　しかし，ヨーゼフの予見は当たらなかった。イギリスは，三十年戦争後のデンマークや，北方戦争後のスウェーデンとは異なって，決して「二流国」に落ちぶれることはなかった。その「救世主」が，アメリカ独立の3カ月後，1783年12月に弱冠24歳で首相に就任したピット（小ピット。チャタムの次男，William Pitt, the Younger, 1759-1806）であった。彼は，破綻しかけた国家財政を再建し，10カ年（1783-93年）計画で海軍力も立て直し，フランスとの通商条約（1786年），オランダ，プロイセンとの三国同盟（1788年）の締結で，ヨーロッパでの孤立からイギリスを脱却させることに成功を収めたのである。

　その三国同盟が結成された直後に，ヨーロッパで孤立を強いられることになったのは，宿敵フランスであった。その原因となった大事件の末に，フランスで最高権力を掌握した一人の男との闘争が，ピット首相にとっての次なる使命となる。それは，「長い18世紀」のヨーロッパにとって最後の大戦争となったのである。

### ●引用・参考文献●

青木康，1990年「改革と革命の時代の開幕」今井宏編『イギリス史2　近世』（世界歴史大系）山川出版社。

有賀貞，1988年『アメリカ革命』東京大学出版会。

有賀貞・大下尚一・志邨晃佑・平野孝編，1994年『アメリカ史1　17世紀〜1877年』（世界歴史大系）山川出版社。

今井宏編，1990年『イギリス史2　近世』（世界歴史大系）山川出版社。

今津晃，1984年『アメリカ独立の光と翳』清水新書。

君塚直隆，1998年『イギリス二大政党制への道——後継首相の決定と「長老政治家」』有斐閣。

君塚直隆，2005年「イギリス外交の源流と伝統——ナポレオン戦争からウィーン体制期まで」佐々木雄太・木畑洋一編『イギリス外交史』有斐閣アルマ。

本間長世，2006年『共和国アメリカの誕生——ワシントンと建国の理念』NTT出版。

Black, Jeremy, 2002, *European International Relations 1648-1815*, Palgrave.

Black, Jeremy, 2006, *George III: America's Last King*, Yale University Press.

Dickinson, H. T., ed., 1998, *Britain and the American Revolution*, Longman.

Holmes, Geoffrey, and Daniel Szechi, 1993, *The Age of Oligarchy: Pre-industrial Britain 1722-1783*, Longman.

Perry, Keith, 1990, *British Politics and the American Revolution*, Macmillan.

Peters, Marie, 1998, *The Elder Pitt*, Longman.

Thomas, Peter D. G., 2002, *George III: King and Politicians 1760-1770*, Manchester University Press.

# フランス革命とナポレオン戦争

第**8**章

❶ ナポレオン 1 世の戴冠式（1804 年 12 月 2 日，ノートルダム大聖堂）——後ろに座る教皇ピウス 7 世からの戴冠を拒み，ナポレオンは自らの手で帝冠をかぶった
（Jacques Louis David 画。写真提供：Bridgeman Art Library/PANA）

第Ⅱ部 「長い18世紀」のヨーロッパ国際政治

## *1* 対仏大同盟の光と影

### フランス革命の衝撃

　8年にわたる戦争の末に独立を果たした,アメリカ合衆国のニューヨーク市に建つフェデラル・ホール(当時の連邦議事堂)で,1789年4月30日,独立戦争の英雄ワシントンが初代大統領に就任した。それと同じころ,大西洋の反対側のフランスでは,国内を騒然とさせる出来事が起ころうとしていた。ワシントン大統領就任の5日後,1789年5月5日,フランス全国から1200人近くもの名士たちが,ヴェルサイユへと集まってきたのである。それは,175年ぶりに開催される「全国三部会」に出席する議員たちであった。

　アメリカ独立戦争に加わりイギリスに勝利したものの,当時のフランスはルイ14世の治世から始まったたび重なる大戦争(第4章を参照)によって,慢性的な財政赤字に陥っていた。1788年度だけでも負債の年利負担は3億リーヴルを超えており,それは国家歳出の半分に相当した。この破産寸前の国家財政を救うため,全身分を対象とする新税の導入を図りたいルイ16世であったが,名士会(貴族たちの集まり)やパリ高等法院など特権階級から反対されていた。ここに国王は全国三部会を招集し,広く意見を徴しようとした。

　全国三部会とは,第一身分(聖職者),第二身分(貴族),第三身分(平民)の三部会から成る身分制議会のことである。免税の特権に与る第一・第二身分に対し,このころまでには第三身分に属する商工業階級(ブルジョワジー)の不満が高まっていた。特に1780年代後半の当時は,イギリス産業革命の煽りを受けて,フランスでは繊維産業を中心に不況が続いていた。1787–88年には全国的な凶作で農民の生活も困窮した。特権階級が穀物を買い占め,隠匿しているという流言が広がり,各地で民衆騒擾も見られていた。

第 8 章　フランス革命とナポレオン戦争

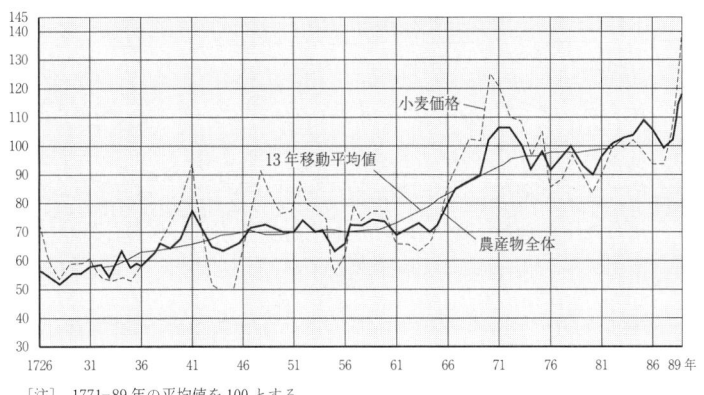

図 8-1　18 世紀フランス農産物価格の変動（全国平均）

［注］　1771-89 年の平均値を 100 とする。
［出典］　柴田・樺山・福井編，1996，52 頁。

　こうした中で 1614 年以来，実に 175 年ぶりに全国三部会が開かれるに至ったのである。しかし，開会からすぐに第三身分と国王との対立が顕在化し，彼らは国民議会と称して国王に抵抗を見せた。第一身分が国民議会に擦り寄ると，ルイ 16 世は表面では好意的な姿勢を示したが，裏では武力を使って国民議会の解散を画策した。これに怒ったパリ民衆は，1789 年 7 月 14 日に政治犯が収監されるバスチーユ監獄を襲撃し，銃撃戦の後にここを占領した。パリでの動きは，農民反乱となって全国に波及し，ここに「フランス革命」と呼ばれる世界史上の大事件が勃発したのである。

　バスチーユ襲撃の翌月，1789 年 8 月 26 日に憲法制定国民議会は「人および市民の権利の宣言」（人権宣言）を発表し，「人間は生まれながらにして自由であり，権利において平等である」と高らかに表明した。こうして，封建制の廃止を盛り込んだ法令を次々と制定する国民議会と国王（および国王派の貴族）の対立は深刻化していった。

　フランスにいたたまれなくなった国王一家は，1791 年 6 月 20 日，パリのテュイルリ宮殿を抜け出し，秘かに国外逃亡を図った。しか

し国境付近のヴァレンヌで逮捕され、一家はパリに送還された。この「ヴァレンヌ逃亡事件」は、国民の国王に対する信頼を一気に失わせる契機となった。それは王政に対する怒りとともに、共和主義運動を高揚させていった。それまでは「革命」といっても指導者にも民衆にも明確な未来像(ビジョン)はなかったが、これで人々は旧体制(アンシャン・レジーム)との完全な決別を叫ぶようになった。そればかりではない。ルイ16世一家の逃亡事件は、フランスでの革命が抜き差しならない状況にまで発展していることを、国外にまで知らしめる結果となり、この後革命はヨーロッパ全体にとっての大問題となったのである。

### 干渉戦争の始まり

フランス革命が勃発した当初、諸外国の革命に対する反応は冷静なものであった。バスチーユ襲撃の翌年、1790年に兄ヨーゼフ2世の死を受けて神聖ローマ皇帝に即いていたレオポルト2世は、国民の参政権にも理解を示す啓蒙君主の代表格でもあり、フランスが立憲君主制に移行しようとしている動きを邪魔立てするつもりは毛頭なかった。ところが、「ヴァレンヌ逃亡事件」がすべてを変えてしまったのである。

ルイ16世の王妃マリー・アントワネットはレオポルトの妹である。彼らの命が危険にさらされているともなれば話は変わってくるし、親族の生命だけではなく、今や君主制そのものまで脅かされていた。事件の翌月、1791年7月5日、レオポルトはヨーロッパ全土の君主たちに書簡を送り、フランス王政を救うために共同行動をとろうと提唱した。しかしこれに賛同したのは、プロイセン国王フリードリヒ・ヴィルヘルム2世 (Friedrich Wilhelm II, 1744-97, 在位1786-97) だけであった。

フリードリヒ大王とマリア・テレジアの確執（第6章を参照）の時代には犬猿の仲であったプロイセンとオーストリアは、当時懸案

のポーランド分割問題をめぐって歩み寄り，かつてないほどの親密さを保っていたのである。1791年8月27日，二人の君主はザクセンのピルニッツで会合し，「ピルニッツ宣言」を発した。武力干渉は断念し，ヨーロッパ全体が圧力をかけてフランス王政の維持を提唱するという宣言であった。

ところがフランス側の受け止め方は違った。これを内政干渉と受け取った国民議会は，翌1792年4月20日にオーストリアに宣戦布告した。これに対し，その2カ月前にオーストリアと同盟を結んでいたプロイセンも参戦することになった。こうして「フランス革命戦争」が始まった。しかしドイツの両大国の動きは緩慢であった。両軍がモーゼル川に沿ってフランス領に侵入してきたのは8月になってからのことである。対するフランスでは民衆がこぞって徴兵に応じ，前線へと行軍した。

革命の行方を左右した一大決戦が，1792年9月20日のフランス中北部のヴァルミでの戦いであった。雨の降りしきる中，砲撃戦でフランス側が勝利を収め，プロイセン軍は撤退を余儀なくされた。素人あがりの国民軍がプロの軍隊に勝利したのである。これで勢いづいた革命勢力は，翌21日に国民公会を開会し，王制の廃止を決定するとともに，22日には共和政の樹立を宣言したのである。12月からは国民公会を法廷とする国王の裁判が開始され，ついにルイ16世は1793年1月21日にパリの革命広場（現在のコンコルド広場）で処刑台の露と消えたのであった。

ヴァルミの勝利で勢いづいたのは国民公会だけではない。この後革命軍はベルギー，ライン川左岸へと侵攻し，1792年11月末にはサヴォイアを，翌93年1月にはニースまで占領下に置いた。ここに至って交戦国の仲裁に乗り出したのが，イギリス首相ピットであった。フランスの勢力拡張はヨーロッパでの勢力均衡を脅かすことになると懸念した彼は，干渉政策に反対の国王ジョージ3世を押し

切って、1792年11月から交戦国に停戦を呼び掛けた。しかしプロイセンもオーストリアも、このまま戦争を終わらせるつもりはなかった。

ピットの提案に対するフランスの反応は、翌1793年2月1日の対英宣戦布告となって表れた。その4日後、イギリス政府は対仏大同盟の結成を各国に呼び掛け、オーストリアとプロイセンに加えて、スペイン、ポルトガル、ナポリがこれに賛同した。こうして、フランス革命戦争は一挙にヨーロッパ全体に拡大していったのである。

### 初期の大同盟の失敗

1793年2月に結成された「第一次対仏大同盟」は、陸軍の弱いイギリスがヨーロッパの陸軍大国と同盟を結ぶことで敵を粉砕するという、それまでのイギリスの伝統的な手法に則った外交であった。アメリカ独立戦争での壊滅的な打撃から国を救ったピットは、その豊富な資金を背景に、ヨーロッパ諸国との協同でフランスの封じ込めに乗り出した。彼が用意した莫大な供与金や借款は、「ピット氏の黄金」と呼ばれ、大同盟の基盤となった。

ところが、大同盟はピットの思うような方向には進んでくれなかったのである。プロイセンには年間120万ポンドという大金を供与して5万人の兵力を動員してもらう約束であったのに、1793年6月に各地でフランス軍の後退が続くや、プロイセン軍は東方へと踵を返してしまった。1792年3月の父の死を受けて皇帝に即位したオーストリアのフランツ2世(Franz II, 1768-1835, 在位1792-1806)も、11万人の大軍を派遣してくれると約束していた(見返りは460万ポンドの借款)にもかかわらず、2万9000人しかフランスの戦地に送ってこなかった。当時のプロイセンとオーストリアは、中立国ロシアをも含めた最後のポーランド分割(第三次)に忙しく(*Column*⑦参照)、約束など簡単に反故にしてしまった。

それどころか，1795年4月には，プロイセンは単独でフランスと講和を結び，フランスがライン川左岸を保有することまで認めた。その間，フランスではジャコバン派独裁による「恐怖政治(テルール)」(1793年9月〜94年7月)の時代を経て，95年10月からは5人の総裁による総裁政府の統治に代わっていた。対外的な強硬策を継続したフランス総裁政府に対し，イギリスはオーストリアに622万ポンドの借款を条件に，ドーヴァーからアルプスまで100万人の兵力を配備する約束を取り付けたが，1796-97年のイタリア戦役で敗北を喫したオーストリアは，97年10月に北イタリアのカンポ・フォルミオでフランスと単独講和を結び，ベルギー，ロンバルディア，イオニア諸島を割譲してしまった。

　ここに第一次対仏大同盟は瓦解した。ピットは，フランスとの戦争が短期決戦では済まされないことを悟った。それと同時に彼は，大陸の陸軍国がいざというときには当てにならないことも思い知った。イギリス自身が，遅まきながら，自国の陸軍を養成し直す時期にきていることもわかった。とはいえ，早急に次の手を打たなければならない。

　ピットが次に同盟相手に選んだのが，エカチェリーナ2世の長男パーヴェル1世 (Paver I, 1754-1801, 在位 1796-1801) が治めるロシアであった。1798年12月，ピットは彼に100万ポンドの供与金と引き換えに，5万人の援軍を派遣させる同盟を結んだ。これには翌99年3月にオーストリア，オスマン帝国，ナポリも加わり，「第二次対仏大同盟」となった。

　しかし，国内政治でも「気まぐれ」ぶりを発揮して混乱を引き起こしていたロシアのパーヴェルは，イギリスが当時占領していた地中海のマルタ島をめぐる問題で対立し，大同盟を離脱した。その後，彼は近衛兵のクーデタによって暗殺された(1801年3月)。その間に，フランスでは1799年11月のクーデタで，陸軍の英雄ボナパルト将

第Ⅱ部 「長い18世紀」のヨーロッパ国際政治

軍 (Napoléon Bonaparte, 1769-1821) を第一統領とする新政府が樹立された。軍事の天才ボナパルトは，1800年春に近代装備の軍隊による史上初の「アルプス越え」を敢行し，6月にはミラノ近郊のマレンゴの戦いでオーストリア軍を粉砕した。翌1801年2月に，オーストリアはフランスと単独で講和し，第二次対仏大同盟も崩壊した。イギリスでは翌3月にピット政権が総辞職に追い込まれ，1802年3月にフランス北西部のアミアンで英仏間に講和が成立した。ここに束の間の平和が訪れた。

## 2　皇帝ナポレオンの即位と帝国の形成

### ナポレオンの野望と戦争再開

　対仏大同盟を構成する各国の足並みの乱れに助けられて，第一統領のボナパルトに息をつく暇が与えられた。この10年間，戦い詰めであったフランス国内の行財政・司法制度の改革に乗り出すとともに，ボナパルトは，フランス銀行の設立，減債基金の設置で国家再建に尽力した。また新たな徴兵制度の導入で，来るべき戦争にも備えた。これら一連の改革でフランス経済は安定化し，国民から絶大な信頼を寄せられたボナパルトは，1802年8月に終身統領に就任した。さらに1804年5月には，護民院・元老院と国民からの圧倒的な支持を受けて，彼は皇帝ナポレオン1世 (Napoléon I, 在位1804-14, 15) に推戴された。その絢爛豪華な戴冠式は，同年12月2日にパリのノートルダム大聖堂で執り行われた。

　「自由・平等・博愛」を掲げて共和政を打ち立てたフランスは，皮肉にも史上初の帝政へ移行してしまったのである。

　ナポレオンが皇帝に推戴されたころ，イギリスではピットが首相に返り咲き，列強に再度の対仏大同盟結成を呼び掛けていた。しかし，大国は当初ピットに耳を貸さなかった。その状況を変えたのが，

第8章　フランス革命とナポレオン戦争

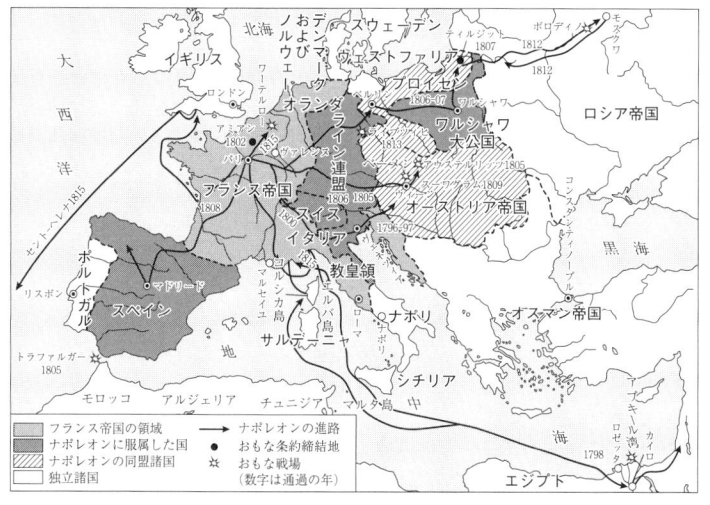

図 8-2　ナポレオン帝国

[出典]　柴田・樺山・福井編, 1996, 430 頁。

ピットが翌 1805 年 1 月にロシア大使に送った一通の書簡であった。

そこには，フランスに占領されているハノーファーをイギリスが取り戻し，ポーランドやドイツ東部についてはロシア，オーストリア，プロイセンに任せ，北イタリア，ネーデルラント，ラインラントは周辺の大国に併合させてフランスとの緩衝地帯とし，イギリスが占領中のフランス領植民地を返還すると書かれていた。それとともに，戦後の国際秩序の構築と維持にイギリスは全面的に協力するというのであった。

このピットの気概に打たれたのが，父パーヴェルの暗殺後にロシア皇帝となったアレクサンドル 1 世（Aleksandr I, 1777-1825, 在位 1801-25）であった。彼は 1805 年 4 月に対仏大同盟に加わった。すでに前年 11 月にオーストリアも大同盟に参加しており，ここに第三次対仏大同盟がナポレオンへの挑戦を開始した。この間にナポレ

オンはイタリア王国を新たに創設し、1805年3月からその国王に収まっていた。彼の野望は、イギリスを封じ込めることにあった。それゆえ20万人もの大軍をドーヴァー海峡にほど近いブーローニュに集め、スペインと同盟も結んで、フランス、スペイン連合艦隊で海峡を制し、イギリスへの侵攻を開始しようと計画した。そのための莫大な資金を集めるために、ナポレオンは北アメリカ中央部の広大な土地（ルイジアナ植民地）を合衆国に売却した。

ところが、機先を制したのはイギリスの方であった。1805年10月21日、スペイン南端のトラファルガー岬の沖合で、ネルソン提督 (1st Viscount Nelson, 1758-1805) 率いるイギリス海軍はフランス、スペイン連合艦隊を撃破した。連合艦隊（33隻）で生き残ったのは半分以下であった。イギリスはこれによって海上制覇を確実にした。この海戦でネルソンは戦死したが、勝利の報に接するや、ピットは高らかに演説した。「イギリスはその努力と意志の強さによって自らを救っている。このイギリスの事例こそがヨーロッパを救うことになるだろう」(Duffy, 2000)

海でナポレオンを制したイギリスの次には、陸でフランスを制する役目がオーストリアとロシアに期待された。

### 神聖ローマ帝国の消滅

海では負け続きのナポレオンではあったが、陸ではまさに無敵であった。トラファルガー海戦と時を同じくして、1805年10月にドイツ南部のウルムの戦いで、フランスはオーストリア軍を打ち破っていた。さらに、皇帝の戴冠式1周年記念の日（12月2日）、ナポレオン率いるフランス軍はベーメン南東部のアウステルリッツでロシア、オーストリア連合軍と対戦し、大勝利を収めたのである（三帝会戦）。12月26日、オーストリアは単独講和を結び、イタリアはナポレオンに、ドイツの領土はフランスの同盟国バイエルンとヴュ

ルテンベルクにそれぞれ割譲した(プレスブルク条約)。

そればかりではなかった。この条約で新たに王国として認められた、バイエルンとヴュルテンベルクなど、西南ドイツの16邦がナポレオンを「保護者(プロテクトール)」に戴いた「ライン連盟(ブント)」を翌1806年7月に結成するに至ったのである。ライン連盟は8月1日に、レーゲンスブルクの帝国議会に帝国からの離脱を宣言し、ここに8月6日、神聖ローマ帝国は消滅した。皇帝フランツ2世は、1804年10月から帯びていた「オーストリア皇帝フランツ1世(Franz I, 在位1804-35)」を名乗り、神聖ローマ皇帝から退位した。こうして中世以来連綿と続いてきた、ヨーロッパ中央部の帝国が姿を消したのである。

代わりに形成されたライン連盟は、ナポレオンにとって、オーストリアとプロイセンに対する緩衝地帯の役割を果たしてくれただけではなく、激戦の連続で不足しがちであった兵力の供給源ともなった。ナポレオンと連盟の協定で、1808年に連盟は11万9000人の陸軍力をナポレオンに提供する取り決めがなされた。この連盟軍がナポレオンの指令の下、この後オーストリアやプロイセンはもとより、スペインやロシアにまで遠征するのである。

さらにナポレオンは、ライン川沿岸にヴェストファーレン王国やベルク大公国を新たに造り、ここを自らの弟たちに治めさせた。

次にナポレオンの餌食となったのが、プロイセンであった。第三次対仏大同盟に加わらなかったプロイセンは、フランスが占領していたハノーファーを割譲するという密約で中立を保っていたが、ナポレオンはトラファルガーで大敗させられたイギリスと一時的にでも講和を結ぼうと、イギリスにハノーファー返還を申し込んでいた。これにプロイセンが怒ったのである。当時のプロイセン国王は、ナポレオンが敬愛してやまないフリードリヒ大王の、甥の長男フリードリヒ・ヴィルヘルム3世(Friedrich Wilhelm III, 1770-1840, 在位1797-1840)であった。しかしこの国王は、大伯父とは軍事の才も技

量も違った。

1806年10月9日にプロイセンはフランスに宣戦布告した。満を持して侵攻を開始したナポレオンは、そのわずか5日後、10月14日にドイツ中部のイエナとアウエルシュテットで同時にプロイセン軍と衝突し、これを粉砕したのである。ナポレオン軍はそのままさしたる抵抗も受けずに、10月27日にはプロイセンの首都ベルリンに入城した。国王はロシア皇帝を頼って東プロイセンのメーメルへと逃亡していた。

このフリードリヒ大王の都とも言うべき重要な場所で、ナポレオンはこの後、衝撃的な宣言を発するのである。

### 大陸体制の形成

ベルリンに入城してから1カ月ほど後の、1806年11月21日、皇帝ナポレオンは勅令を発した。これ以後、イギリス諸島を封鎖し、イギリスとの交易や連絡は一切禁止するというのである。この勅令は「大陸封鎖令」とも呼ばれた。これによって、イギリス商品はヨーロッパ大陸から締め出されることになった。海軍力ではかなわないイギリスを経済的に疲弊させるのが狙いであり、ヨーロッパ大陸は自給自足し、「ヨーロッパではない」イギリスは近づかせないとする「大陸体制(コンティネンタル・システム)」の形成であった。

その間、プロイセンとロシアは公然とフランスに挑戦を開始した。ところが、1807年にはアイラウ(2月)とフリートラント(6月)で相次いでフランス軍に大敗を喫し、すでにロシアは戦意を喪失していた。7月9日、三国はニーメン(ネマン)川畔のティルジットで講和条約を結んだ。プロイセンは、エルベ川以西の全領土とポーランド分割で獲得した全領土を差し出した。これでプロイセンの領土は半減してしまった。さらに賠償金3240万ターレル(1億2000万フラン)も痛手であった。この金額は当時のプロイセンの国家歳入の

3倍に相当したのである。

ロシアは領土は割譲させられなかったものの、ナポレオンの「大陸封鎖令」に従わざるをえない状況となった。イギリスへの一次産品（小麦・毛皮・木材など）の輸出と、イギリスからの工業製品や植民地物産（コーヒー・砂糖・綿花など）の輸入に頼っていたロシア経済には大きな打撃であった。穀物輸出が減少したことで地主たちは怒り、貿易の激減で商人たちは困惑した。それは国家財政にも大きな影響を与えた。

ティルジット条約後のナポレオンが、次なる標的に選んだのはイベリア半島であった。イギリスとの取り引きを続けるポルトガルに1807年10月に侵攻し、ここを占領した後は、隣国スペインの内政に干渉した。確執の続いていた国王と皇太子の仲裁役として、ナポレオンが登場したのである。国王は退位させられ、国民から人気の高い皇太子がフェルナンド7世（Fernand VII, 1784-1833, 在位 1808, 1814-33）として王位に即けられた。しかし、その直後に国王はナポレオンの脅しに屈し、1808年6月にナポレオンの兄ジョゼフ（Joseph Bonaparte, 1768-1844）が「ホセ1世」として国王に祭り上げられた。

この暴挙にスペイン全土で反フランスの暴動が沸き起こった。8月からは、ポルトガルにウェリントン将軍（後に 1st Duke of Wellington, 1769-1852）率いるイギリス軍が上陸し、イベリア半島の解放戦争に乗り出した。スペイン各地でも反乱が相次いで、フランス軍は苦境に陥った。皇帝ナポレオンは直々にスペインに乗り込み、事態を収拾したが、皇帝がフランスへ帰国した後には、再び反フランスの狼煙が上がった。

このスペイン遠征にあたって、ナポレオンはロシア皇帝アレクサンドル1世とプロイセンのエルフルトで協定を結び、オーストリアを牽制した。しかし、ナポレオンが「外交」ではなく「腕力」だけ

で勢力を拡張するのに反対した，名うての外交官タレーラン (Charles Maurice de Talleyrand-Périgord, 1754-1838) はナポレオン追い落としを謀るようになっていた。彼は，パリ駐在のオーストリア大使メッテルニヒ (Klemens von Metternich, 1773-1859) に，「ロシアにオーストリア侵攻の意図はない」という極秘情報を流した。これをもとにオーストリアは，起死回生の対仏戦争に乗り出していくのである。

1809年4月に20万人の大軍でフランスへの侵攻を開始したオーストリアは，5月にアスペルンとエスリンクで優位を示したものの，7月5-6日にウィーン郊外のヴァグラムでナポレオン軍に敗退し，10月14日にシェーンブルン宮殿で講和を結んだ。これでザルツブルクやイン川流域などを失い，8500万グルデン（2億フラン）の賠償金まで支払わされた。当時のオーストリアの国家歳出は1億グルデンであった。さらに人口にして350万人が失われた。

他方，ナポレオンは子どものできなかった皇妃ジョゼフィーヌと離縁した。外相に転じていたメッテルニヒの勧めもあって，オーストリア皇女マリー・ルイーズと再婚し，1811年3月に待望の皇太子が誕生した。彼の帝国は人口4400万人を擁し，130の県から成る巨大なものへと成長していた。向かうところ敵なしのナポレオン帝国であった。

## 3 「第二次英仏百年戦争」の明と暗

### ロシア遠征とナポレオンの凋落

ナポレオンがヴァグラムでオーストリア軍を打ち破ったとき (1809年7月)，フランスはすでに革命勃発から20年が経過していた。その間，国内の権力闘争と対外戦争が続き，フランス経済はどん底にあった。それがナポレオン統治下の第一帝政 (1804-14年) で，

## 第8章　フランス革命とナポレオン戦争

国内の秩序が安定し，営業の自由や金融制度の整備，税制改革や国内市場の統一などが図られ，経済成長が見られるようになった。また，1806年以降の大陸封鎖令による「大陸体制」の形成で，ヨーロッパ大陸におけるフランス製品の市場は拡大した。

しかし同時に，大陸封鎖令は貿易商や船主には大打撃を与えた。いつ終わるとも知れない戦争の連続に，国民も疲弊していた。1810年代に入るとフランス全土を凶作が襲い，国民の間には不満が高まった。皇帝にはその不満をそらすはけ口が必要であった。

ここに登場したのが東の大国ロシアである。1810年12月に，ドイツ北部のオルデンブルク公国をナポレオンが併合したのが事の始まりであった。ここはロシアにとって戦略上の拠点であったばかりか，皇帝アレクサンドル1世の妹の嫁ぎ先でもあった。これを機に，ロシアは中立国の船舶にロシア入港を許し，フランス製品に高関税を課すようになった。

1812年2-3月，プロイセン，オーストリアと順次同盟を結んだナポレオンは，総勢で60万人にも及ぶ「大陸軍(グランド・アルメ)」を率いて，ロシア遠征に乗り出した。このうちフランス兵は30万人で，ライン連盟から13万人，プロイセンが2万人，オーストリアが3万人，その他にポーランド，ベルギー，オランダ，イタリアなどさまざまな国からの連合軍であった。大砲は1200門，馬は20万頭を数えた。これだけの規模での遠征は世界史上初めてであった。

1812年6月24日にニーメン川を越えた大陸軍を待ち構えていたのが，夏の厳しさであった。モスクワに着くまでに，1万頭の馬が死に，数万人の兵士が落伍(らくご)した。しかもこの間，ナポレオンはロシア軍主力を粉砕できず，ロシア軍はモスクワへの戦術的退却を続けた。さらにピョートル大帝時代以来のロシア軍お得意の「焦土(しょうど)戦術」(第5章を参照)で，兵士たちの飢えと疲労は頂点に達しようとしていた。やっとの思いで9月にモスクワに入城したナポレオンで

はあったが、20万人の市民たちはすでに逃げてしまっており、入城のその日にモスクワは放火されて炎上し、市内の8割が消失してしまった。

ナポレオンは3度もサンクト・ペテルブルクのアレクサンドルに講和を呼び掛けたが、ロシア皇帝から返事はなかった。パリで皇帝追い落としの陰謀が渦巻いているという情報に、ナポレオンはついに10月19日に撤退を命じた。この時を待っていたロシア軍は反撃に転じ、逃げるナポレオン軍を次々と追撃した。この年は寒波が来るのが遅く、川が凍っていなかったため、架橋工兵が急ごしらえで橋を造ったが、兵士の多くはロシア軍に捕捉された。ニーメン川を渡河して故国に戻れた兵士は3万人にも満たなかったと言われている。

こうしてナポレオンのロシア遠征は大失敗に終わった。35万人もの精鋭部隊をスペインに残し、さらに60万人の大軍をロシアに振り分けるなど、この当時の兵站学(ロジスティックス)をもってしては困難を極めたのである。この時代ではいかに有能な司令官でも20万人の軍を指揮するぐらいが限度であった。すべてはナポレオンの慢心に原因があった。彼は「冬将軍」(ロシアの冬の寒さ)を敗因にしたが、むしろ「夏将軍」(酷暑による疲労と病気の蔓延)と、寒波の到来が遅かったことによる渡河の困難さとが敗戦と被害拡大の要因であった。

## ナポレオン帝国の終焉

ロシア遠征の失敗は、ナポレオンの支配下にあったヨーロッパ全土に希望を与えた。1813年2月にロシアとプロイセンが同盟を結び、ここにイギリスも加わって、第六次対仏大同盟が結成された。オーストリアでは外相のメッテルニヒが慎重な姿勢を示していた。彼は「勢力均衡」(バランス・オブ・パワー)(*Column* ⑤参照)の考えから、フランスの凋落でロシアが勢力を拡張することに脅威を感じていたのである。彼

はナポレオンに講和を呼び掛けたが、誇り高きフランス皇帝はこれに応じようとはしなかった。ついに8月にはオーストリアも大同盟に加わり、列強によるナポレオン追討が始まった。

大同盟は巧みな連繫プレーを発揮し、1813年10月半ばにライプツィヒの戦いで大勝利を収めた（「諸国民戦争」）。ロシア遠征で大軍を失い、フランス軍の質は明らかに低下していた。さらにこれまで指揮の全権をナポレオンに集中させていたため、元帥たちの優柔不断ぶりも目立つようになっていた。ナポレオンはパリに敗走し、ライン川以東が解放された。「今やヨーロッパ全土がわれわれに敵対している」と危機感を覚えたナポレオンは、さらなる増税と徴兵とで国民から顰蹙を買った。しかし、かろうじて集めた新兵7万人を率いた軍事の天才ナポレオンは、翌14年1-3月の戦闘でフランス東部の防衛戦に勝利した。ここに大同盟の側に「名将ナポレオン」に対する恐怖が再び広がった。

転機をもたらしたのは、イギリスの外相カースルレイ（Viscount Castlereagh, 1769-1822）であった。彼はロシア、オーストリア、プロイセンの皇帝・国王が集結するフランス東部のショーモンに自ら足を運んだ。そして、フランスを抑えるため、今後20年間にわたって同盟関係を維持し、その資金はすべてイギリスが提供するとともに、戦後のヨーロッパ問題にもイギリスは積極的に関与すると約束した。この3月9日のショーモン条約で、各国の皇帝・国王も勇気づけられ、同盟は強化されたのである。すでにイベリア半島は、ウェリントン率いるイギリス軍と現地軍との協力で解放され、イギリス軍はピレネー山脈を越えてフランス南部に侵入していた。

勢いを得た大同盟軍は、3月31日にパリに入城した。フォンテーヌブローに逃れていたナポレオンは、側近たちに裏切られ、4月6日に退位した。彼は年金200万フランと600人の将兵を与えられ、地中海に浮かぶエルバ島へ流された。こうして14年に及んだ戦争

第Ⅱ部 「長い18世紀」のヨーロッパ国際政治

*Column* ⑨　その後のナポレオン一族

　地中海に浮かぶコルシカ島の小貴族の次男にすぎなかったナポレオンが皇帝にまでのぼりつめられるほどに、フランス革命はそれまでの「旧　体　制（アンシャンレジーム）」を根底から覆す大事件であった。それは彼を取り巻く元帥たちにとっても然りであった。そのほとんどが下層階級の出身であった彼らは、皇帝によって大公や公爵に叙せられ、莫大な富も手に入れた。

　後にナポレオンを裏切るベルナドット元帥のように、スウェーデン国王に推挙され、今日に続くスウェーデン王室の開祖となった者までいた。さらに、ナポレオンの兄弟たちは、兄ジョゼフ（ナポリ国王、次いでスペイン国王）、弟ルイ（オランダ国王）、ジェローム（ヴェストファーレン国王）、さらに妹婿のミュラ元帥（ナポリ国王）など、いずれも王国を与えられた。

　栄華を極めたナポレオンであったが、唯一の気がかりが世継ぎの不在であった。最初の妻ジョゼフィーヌ（ナポレオンより6歳年上）との間に子どもができず、一時は自らの責任かと諦めていたナポレオンは、ポーランド遠征時にマリア・ヴァレヴスカという伯爵夫人と出会った。やがて二人は愛人関係となり、1809年9月にマリアの懐妊が判明した。12月には、早くも皇帝はジョゼフィーヌと離婚してしまう。翌10年4月に皇后として迎えたハプスブルク家のマリー・ルイーズとの間には、11年3月に待望の男の子が誕生した。

は終結した。5月には、処刑されたルイ16世の弟ルイ18世（Louis XVIII, 1755-1824, 在位1814-24）がパリに戻り、ブルボン家が王政復古を遂げた。5月30日にパリ条約が締結され、フランスは1792年（戦争勃発時）の国境線に戻されることになった。

　この後1814年9月から15年6月まで、ウィーンで戦後処理問題を討議する国際会議が開かれたが、フランスではブルボン復古王政に対する不満が、特に解雇された兵士たちやパリ市民の間に広がっていった。それはエルバ島のナポレオンの耳にも伝わった。彼は1815年2月末に島を脱出し、3月20日にはパリに戻ってきた。市

第 8 章　フランス革命とナポレオン戦争

　しかし，没落後のナポレオンは妻子から引き離され，1821 年 5 月に南大西洋のセント・ヘレナ島で寂しく亡くなった。ナポレオンの一族も散り散りとなり，弟ルイの次男が皇帝「ナポレオン 3 世」として登場する（1852 年）まで没落は続いた。このナポレオン 3 世を外相として支えたのが，ナポレオン 1 世とマリアとの間に生まれた，新皇帝の「従弟」ヴァレヴスキ伯爵にほかならなかった。その第二帝政も 1870 年 9 月の普仏戦争での敗北で瓦解した。

　二人の皇帝は，共に後継者には恵まれなかった。ナポレオン 1 世とマリー・ルイーズとの間に生まれた王子（21 歳で病死）も，ナポレオン 3 世の一人息子（1879 年にアフリカ南部でのズールー戦争において 23 歳で戦死）も，いずれも世継ぎを残さずに世を去ってしまったのである。21 世紀の今日，ナポレオン 1 世の末弟ジェロームの末裔が，「ナポレオン公爵」として一族の出身地コルシカに暮らしている。

　ついでながら，そのナポレオン一族に王位を追われたブルボン家では，スペインの現国王フアン・カルロスの従兄（父の兄の子）の一族が正統な後継者であると主張し，オルレアン家（七月王政のルイ・フィリップの末裔）では，パリ伯爵がやはりフランス王位の正統なる継承者を自認しており，両家の間では 2004 年に訴訟まで起こったほどである。

民たちは宮殿に再び「皇帝陛下」を招き入れた。5 日後，ウィーンで第七次対仏大同盟が結成されたが，フランスから遠方のロシア軍とオーストリア軍の動員には時間が必要であった。ナポレオンはその前に大同盟を打倒しようとした。

　1815 年 6 月 18 日，決戦の舞台はベルギーのブリュッセル郊外ワーテルローとなった。イギリス，プロイセン連合軍の前にナポレオンは敗退した。22 日に再び退位した皇帝は，南大西洋のイギリス領セント・ヘレナ島へ流され，そこで 1821 年 5 月 5 日，波瀾に満ちた 51 年の生涯を閉じたのである。「私の権力は私の栄光によるも

のであり，私の栄光は私の勝利によるものである。栄光とあらたな勝利を権力の基盤にしないならば，私の権力は衰弱するであろう」（柴田・樺山・福井編，1996）。ここにナポレオン帝国は消滅した。

## 「長い18世紀」とイギリスの勝利

　ナポレオンがその強大な帝国を失った最大の原因は，彼が外交によらず，軍事的な征服によってのみ，帝国を維持しようとした点にあった。前記の言葉は，彼が1799年11月にクーデタで第一統領に就いた直後のものである。まさに最高権力をつかんだ瞬間から，彼は自身の権力の性質を鋭くとらえていたと言えよう。ナポレオンがここまで戦争によって帝国を拡大しようとした理由は，彼の政権の正統性が唯一勝利によるものであり，それ以前のブルボン王政のような王朝的正統性に基づくことができなかったことにある。しかし，彼が敬愛したフリードリヒ大王の名言の逆説は，第7章のジョージ3世を上回る規模で，このナポレオンにも当てはまったのである。彼は「外交のない武器」に，あまりにも頼りすぎてしまった。

　そればかりではない。ナポレオンはそれまでのヨーロッパ国際政治の慣行を無視し，それを根底から引っ繰り返してしまい，誇り高き人々の顔に泥を塗って，彼らの恨みを買ったのである。1804年12月の戴冠式では，ローマ教皇をわざわざ呼び付けておきながら彼に戴冠させず，ナポレオンは自ら帝冠をかぶった。また，「イタリア国王」の称号に，北部イタリアを支配していた神聖ローマ帝国のハプスブルク家は怒り心頭であった。そればかりかその神聖ローマ帝国まで消滅させ，ヨーロッパ中の怨嗟の的となったのである。

　さらに「大陸体制」にしても，ヨーロッパ大陸のいずれの指導者にも相談せず，力ずくで強引に押し付けたものであった。ドイツ諸国では産業の発展を促す場合が見られたが，ロシアやプロイセンのようにイギリスとの通商を重視する国々では密貿易も行われること

第8章　フランス革命とナポレオン戦争

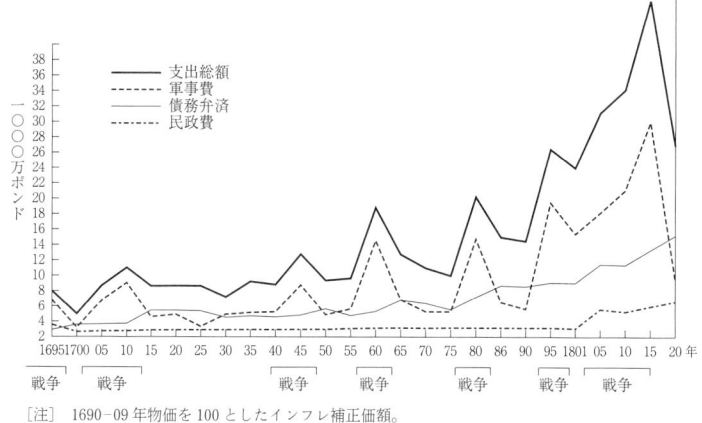

図8-3　イギリスの国家支出（1695-1820年）

［注］1690-09年物価を100としたインフレ補正価額。
［出典］マン，2002，526頁。

になった。しかも大陸封鎖は，当のイギリスにはそれほどの打撃を与えられなかった。スペインとポルトガルの衰退（フランスによる占領）で，ラテンアメリカに広がる両国の広大な植民地が，イギリス製品にとっての重要な市場として開かれるようになっていたのである。ナポレオンの対イギリス経済制裁は，自らの頭上に災いをふりかける結末となった。

しかしナポレオン帝国の衰退は，単にナポレオン・ボナパルトという一人の英雄の失敗だけではなく，ルイ14世時代に端を発する，「長い18世紀（1688-1815年）」という長期的な視野から眺めれば，この一世紀，あるいはもっと長い期間にわたるフランス政治の失敗に原因があった。「長い18世紀」の時代にヨーロッパを舞台に繰り広げられた七つの大戦争（アメリカ独立戦争も含む）で，一度として手を結ばなかった二つの国，それがイギリスとフランスであった。それゆえこの時期は，別名「第二次英仏百年戦争」の時代とも呼ばれている。そして，この第二次百年戦争での勝利者はイギリスであ

った。

歴史家のジョン・ブリュアによれば，イギリスは「長い18世紀」に地主貴族階級(ジェントルマン)から成る議会(パーラメント)を効率的な徴税機関に変え，この時代の初期のころ (1694年) にはイングランド銀行も創設し，1720年代までには長期国債の導入にも成功を収めていた。まさに，勝利の極意「ヒト・モノ・カネ」を大量に素早く集める術(すべ)を，イギリスは身に着けるようになっていた。中でも大切だったのが「カネ」であり，その大切さを如実に示してくれたのが，フランス革命戦争およびナポレオン戦争における「ピット氏の黄金」であった。

対するフランスでは，聖職者や貴族は免税の特権に与り，ルイ14世時代からの積もりに積もった負債を補塡する税収は，商工業階級や小農民から搾(しぼ)り取られていた。その彼らに政治的な発言権はなく，それが1789年の革命へとつながった。国債を引き受ける中央銀行がパリに開設されたのは，「長い18世紀」が終わろうとしていた1800年のことであった。さすがのナポレオンでも，一世紀以上に及んだイギリスへの後れを取り戻すことはできなかった。まさにイギリスは，この同じ時期に「財政=軍事国家」へと衣替えし，それがそのまま「近代国家」建設の基盤となったのである (ブリュア，2003)。

それゆえ，ナポレオン戦争に終止符を打った最大の功労者はイギリスであり，諸列強もそれを充分理解していたため，最初のナポレオン退位の直後の1814年6月，列強の首脳たちはロンドンに一堂に会し，国王から国民にいたるイギリスの人々に感謝したのである。それから3カ月後に，その首脳たちのほとんどが場所をオーストリアの首都ウィーンへと移し，ナポレオン戦争の戦後処理問題を協議した。

しかし彼らは，ナポレオンがめちゃくちゃにした国境線の引き直しという短期的な利害だけではなく，「長い18世紀」という戦争の

第 8 章　フランス革命とナポレオン戦争

世紀に今度こそ終止符を打つために，長期的な視点に立って，平和の世紀としての 19 世紀を構築することも真剣に話し合っていた。それを主導したのが，会議の議長役を務め，ナポレオンの好敵手でもあった，辣腕のオーストリア外相だったのである。

●引用・参考文献●

エリス，ジェフリー／杉本淑彦・中山俊訳，2008 年『ナポレオン帝国』岩波書店。

岡本明，1992 年『ナポレオン体制への道』ミネルヴァ書房。

君塚直隆，2005 年「イギリス外交の源流と伝統──ナポレオン戦争からウィーン体制期まで」佐々木雄太・木畑洋一編『イギリス外交史』有斐閣アルマ。

君塚直隆，2009 年「ヨーロッパ協調から世界大戦へ 一八一五──一九一四年──『不実の白い島(アルビオン)』の呪縛」細谷雄一編『イギリスとヨーロッパ──孤立と統合の二百年』勁草書房。

柴田三千雄・樺山紘一・福井憲彦編，1996 年『フランス史 2 16 世紀〜19 世紀なかば』(世界歴史大系) 山川出版社。

田中陽兒・倉持俊一・和田春樹編，1994 年『ロシア史 2 18 世紀〜19 世紀』(世界歴史大系) 山川出版社。

チャンドラー，デイヴィッド・ジェフリ／君塚直隆・糸多郁子・竹村厚士・竹本知行訳，2002-03 年『ナポレオン戦争──欧州大戦と近代の原点』全 5 巻，信山社。

成瀬治・山田欣吾・木村靖二編，1996 年『ドイツ史 2 1648 年〜1890 年』(世界歴史大系) 山川出版社。

ブリュア，ジョン／大久保桂子訳，2003 年『財政 = 軍事国家の衝撃──戦争・カネ・イギリス国家 1688-1783』名古屋大学出版会。

マン，マイケル／森本醇・君塚直隆訳，2002 年『ソーシャルパワー：社会的な〈力〉の世界歴史 I ──先史からヨーロッパ文明の形成へ』NTT 出版。

本池立，1992 年『ナポレオン──革命と戦争』世界書院。

Black, Jeremy, 2002, *European International Relations 1648-1815*, Palgrave.

Chandler, David G., 1994, *On the Napoleonic Wars*, Greenhill Books.
Chandler, David G., 2001, *Napoleon*, Leo Cooper.
Chandler, David G., 2002, *Waterloo: The Hundred Days*, Penguin.
Duffy, Michael, 2000, *The Younger Pitt*, Longman.
Dwyer, Philip G., ed., 2001, *Napoleon and Europe*, Longman.
Ellis, Geoffrey, 1997, *Napoleon*, Longman.
Mori, Jennifer, 1997, *William Pitt and the French Revolution, 1785-95*, Keele University Press.
Mori, Jennifer, 2000, *Britain in the Age of the French Revolution 1785-1820*, Longman.
Schroeder, Paul W., 1994, *The Transformation of European Politics 1763-1848*, Clarendon Press.
Turner, Michael J., 2003, *Pitt the Younger: A Life*, Hambledon & London.
Wright, D. G., 1984, *Napoleon and Europe*, Longman.

# 第Ⅲ部

# 「ヨーロッパの時代」の栄光と衰退

第9章　ウィーン体制の確立と勢力均衡
第10章　クリミア戦争とウィーン体制の崩壊
第11章　アメリカ南北戦争——史上最大の内戦
第12章　ビスマルク体制下のヨーロッパ
第13章　第一次世界大戦への道

第Ⅲ部で扱う時代には、ヨーロッパが世界最強の国家群を擁し、この時代の後半には、アジア・アフリカなど世界の大部分を席巻(せっけん)するようになった。

　大航海時代から18世紀までは、東洋と西洋とは対等、もしくは東洋の諸帝国の方が強大であった。それが19世紀の産業革命によって、経済力の面では西洋の圧倒的な優位が確立した。これ以後は、「西洋の衝撃」が東洋を脅かしていくことになる。

　第Ⅱ部で見た「長い18世紀」を経て、ヨーロッパはイギリス、フランス、プロイセン、オーストリア、ロシアの五大国による協調によって平和が保たれる時代に突入した。それは1870年代から、プロイセンがドイツ帝国を統一し、新興のイタリアが加わり、新たな六大国の時代になってからも基本的には変わらなかった。しかもこの時代は、戦争による問題解決ではなく、大国間の合意（具体的には国際会議の開催）によって安全保障体制を構築するようになった。「ヨーロッパ協調(コンサート・オブ・ヨーロッパ)」の時代の始まりである。

　この時代には、ナポレオン戦争の前後に表面化した、国民主義(ナショナリズム)がさらなる発展を見せた。ロシアやオーストリアの支配下にあった弱小民族は、この時代の前半には抑圧を受けて、自前の「国民国家(ネイション・ステイト)」を形成できなかったが、オスマン帝国の弱体化が目立つようになった19世紀末ごろから、バルカン半島を舞台に国民主義の動きが活発化した。

　さらに1870年代からは、それまではイギリスの独壇場であったヨーロッパ外の世界が、帝国主義(インペリアリズム)の本格化とともにフランス、ロシア、ドイツによる植民地の拡大につながり、「ヨーロッパ」そのものが世界規模に拡大した。それはまた、ヨーロッパ列強がアジアやアフリカを舞台に壮絶な死闘を繰り広げていく結果となり、それまでの「勢力均衡(バランス・オブ・パワー)」は、国民主義と帝国主義の高まりを受けて徐々に崩壊していった。

　その帰結が、終章で見る第一次世界大戦（1914-18年）である。この戦争とともに、栄華を誇った「ヨーロッパの時代」は終焉を迎えるのであった。

# ウィーン体制の確立と勢力均衡

第 **9** 章

❶ウィーン会議（1815年）——メッテルニヒ（左から7人目で直立している人物），カースルレイ（中央に座っている人物），タレーラン（右から2番目に座っている人物）といったヨーロッパ国際政治の立役者たちが一堂に会した（Jean-Baptiste Isabey 画。写真提供：The Picture Desk）

第Ⅲ部 「ヨーロッパの時代」の栄光と衰退

# *1*　「会議は踊る」——ウィーン体制の始まり

**ウィーン会議**

　ナポレオン1世がフォンテーヌブローで退位宣言に署名した翌月，1814年5月30日に，対仏大同盟の諸国とフランスとの間で第一次パリ条約が締結された。フランスは1792年時点の国境に戻され，ナポレオン帝国に組み込まれたオランダやドイツ諸国，イタリア諸国の独立が認められた。まずは西ヨーロッパでの安全が保障されたのである。

　次いで1814年9月からは，オーストリア帝国の首都ウィーンを舞台に，ナポレオン戦争の戦後処理問題を討議する大々的な国際会議が開かれた。「ウィーン会議」である。会議が正式に開会したのは11月1日からであったが，関係各国はすでに9月半ばから非公式に交渉を開始していた。この会議は，夜ごと繰り広げられる舞踏会や晩餐会，午餐会や秘密の集会など，公式の会議場以外の場所での王侯たちによる社交が主となっていたため，「会議は踊る，されど進まず」などと揶揄された。

　しかし現実には，非公式の場でのねばり強い交渉と，列強がお互いに示した妥協案とによって，ヨーロッパに久方ぶりの平和の時代が訪れようとしていた。この会議を議長としてとりまとめたのが，1809年からオーストリア外相を務めるメッテルニヒであった。ロシアからは皇帝アレクサンドル1世，プロイセンも国王フリードリヒ・ヴィルヘルム3世，そして主催国オーストリアは皇帝フランツ1世がそれぞれ出席するという具合に，北方の三列強からは対外政策の最高決定権者がそれぞれ乗り出した。イギリスからは外相のカースルレイ，敗戦国フランスからも外相のタレーランが出席した。会議にはフランスへの懲罰的な意味はなかった。

この会議の基本原則となったのは、「正統主義(レジティマシー)」と「勢力均衡(バランス・オブ・パワー)」であった。正統主義とは、フランス革命以前の諸王朝の復位と領土支配権の復活を唱える考え方であり、主権は軍事的征服だけでは獲得できず、正統な主権者が自発的に譲渡しないかぎり、征服者には移譲されないとする原理に基づいていた。もう一つの勢力均衡は、第4章以降でも述べてきたとおり、ヨーロッパの平和を脅かす征服者の力が大きくなる前に、周辺諸国が同盟を組んでこれを押さえ込むという考え方である。

ルイ14世、フリードリヒ2世、ナポレオン1世といった相次ぐ征服者たちの登場で、ヨーロッパは「長い18世紀」という戦争の世紀を経験してきたが、その教訓をもとに、勢力の均衡を崩すような強国の登場を未然に防ごうと考えたのであった。

この後、最終段階でナポレオンに味方したザクセンの処遇と、ナポレオンによって解放されたポーランドの処理をめぐって列強間に足並みに乱れが生じたが、1815年6月9日に調印されたウィーン会議最終議定書では、プロイセンがザクセン領の北半分を獲得し、ポーランドの大半はロシアに割譲された。オーストリアはヴェネツィアやロンバルディア(北イタリア)などを得て、イギリスにもマルタ島が譲渡された。オランダはベルギーとルクセンブルクを併合して、ネーデルラント連合王国となった。

この間、ナポレオンの「百日天下」(1815年3-6月)によってまたも平和が乱されたが、ワーテルローでナポレオンが敗退するや、列強は再び大国間での協調の構築に奔走した。今やヨーロッパの安全は、イギリス、プロイセン、オーストリア、ロシアと敗戦国フランスの五大国の動向に左右されるようになっていた。

### 神聖同盟と四国同盟

それでは、ウィーン会議で提唱された正統主義と勢力均衡の原則

第Ⅲ部　「ヨーロッパの時代」の栄光と衰退

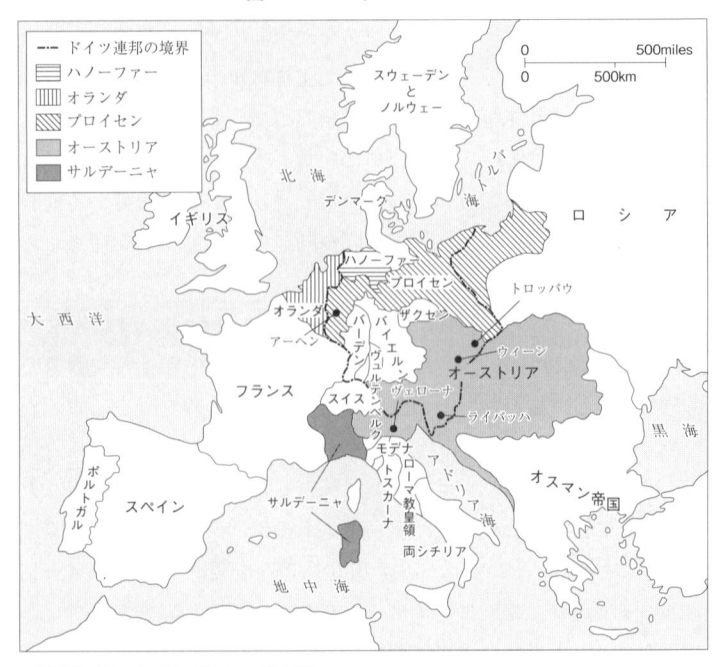

図9-1　1815年のヨーロッパ

[出典]　Chamberlain, 1988, pp. 204-205.

に基づいて，ヨーロッパにどのように協調体制を構築していくのか。その方法をめぐっては，列強間にも考え方に齟齬が生じていた。

ロシア皇帝アレクサンドル1世は，キリスト教的な正義・平和・愛の原則に基づく「神聖同盟」の結成を考えていた。彼は「神の平和」を理想とし，ヨーロッパに脅威をもたらした「革命」を防ぐために，大国同士が結び付くとともに，小国をも含めた「総同盟」の形成が必要であると提唱した。1815年9月26日，アレクサンドルはこの考えに賛同したオーストリア皇帝，プロイセン国王と神聖同盟を結び，やがてこれはオスマン皇帝，イギリス国王，ローマ教皇の三者を除くヨーロッパ中のすべての王侯たちに広がった。

このような抽象的で理想主義的な考え方に反発し、より現実的に、小国を排して、大国だけで協調体制を築こうとしたのが、オーストリア外相メッテルニヒであった。彼はそもそも、ナポレオンの没落によってロシアが勢力を拡張することに脅威を感じていた（第8章を参照）。特にメッテルニヒは、ナポレオンのロシア遠征を巧みな戦略で失敗に終わらせた、アレクサンドル1世の実力に畏敬（けい）の念を抱く一方で、恐怖も感じていたのである。

メッテルニヒがより現実的な構想を公表したのは、1815年11月20日に締結された、第二次パリ条約においてであった。この条約で、フランスは1790年の国境線に戻され、7億フランの賠償金を支払い終わるまで、対仏大同盟軍が北フランスを占領することに決まった。それと同時に、ウィーン会議で築かれた平和を維持するために、イギリス、ロシア、オーストリア、プロイセンの四大国間に「四国同盟」を結成することも決められた。

メッテルニヒの最終目的は、アレクサンドルとは大枠で同じであった。すなわち、革命を未然に防ぎ、大戦争につながるような国際紛争を初期的な段階で収拾することである。しかし、キリスト教に基づく、王侯たちの理想主義的で抽象的な兄弟愛による盟約ではそれは実現できないと、メッテルニヒは考えた。彼が編み出したのは「会議による外交」であった。

四国同盟条約の第6条には、次のような一文が見られた。「君主の直接的な援護もしくは特定の全権大使の派遣により、定期的な会合を開いていく。それは共通の利害を相談し合い、その時々において諸国民にとっての安寧と利益に最も有益と考えられる政策を検討し、ヨーロッパの平和を維持するためである」

メッテルニヒによれば、「長い18世紀」にヨーロッパ全体を覆（おお）う大戦争が絶えなかったのは、強国が周辺各国（特に他の強国）に相談せず、侵略や征服を繰り返したためである。ウィーン会議で決め

られた大国の勢力圏を侵さないためにも、今後はヨーロッパで革命や紛争などが起こりそうな場合には、「会議（コングレス）」を開き、その会議の了承を得た上で、勢力圏を支配する大国が軍事介入を行うべきであるとメッテルニヒは考えた。そうすれば、その軍事介入は他の大国からの「お墨付き」を得たものであり、「長い18世紀」に頻繁に見られた周辺諸国との交渉によらない不当な侵略や征服とは異なって、そのまま大戦争に発展することもない。

メッテルニヒと同じくロシアの勢力拡張に不信感を抱いていたイギリスのカースルレイも、四国同盟の結成に理解を示したが、そこに盛り込まれた「会議」が反革命を目的に利用されることに対しては難色を示した。ところがメッテルニヒは、ヨーロッパに自由主義（リベラリズム）や国民主義（ナショナリズム）に基づく革命や蜂起が勃発することにかなり神経質になっていた。

### 「ヨーロッパ協調」の形成

なぜメッテルニヒは、自由主義や国民主義の台頭に恐れを抱いたのか。彼は17-18世紀的な絶対君主や専制君主の存在を熱狂的に支持していたわけではない。しかし、多民族で構成されるハプスブルク帝国を維持していくためには、皇帝の権威を脅かす自由主義や、帝国の分裂を促す国民主義が拡大していくことは防がなければならなかった。そのために、彼はオーストリア帝国内に中央集権体制を築き、官憲による取り締まりも強化した。皇帝の権威を護るために、貴族政治を徹底化し、中産階級以下の者たちを抑圧もした。

ところが、「長い18世紀」の間に、オーストリアはその領土を大幅に割譲させられた。相次ぐ戦乱によって、財政的にも軍事的（人口的）にも疲弊し切っていた。この多民族帝国を維持するためには、他者との協力が不可欠であった。

まずは、ナポレオン戦争後の1815年6月8日に結成された「ド

第9章 ウィーン体制の確立と勢力均衡

表9-1 ドイツ連邦諸邦の国勢と連邦議会本会議の表決権

| | 国　名 | 国位別 | 票数 | 面積 | 人口 | 備　考 |
|---|---|---|---|---|---|---|
| 1 | オーストリア | 帝　国 | 4 | 197.6 | 9,120.0 | |
| 2 | プロイセン | 王　国 | 4 | 185.5 | 7,617.0 | |
| 3 | ザクセン | 〃 | 4 | 15.0 | 1,180.0 | |
| 4 | バイエルン | 〃 | 4 | 76.3 | 3,350.0 | |
| 5 | ハノーファー | 〃 | 4 | 38.4 | 1,320.0 | |
| 6 | ヴュルテンベルク | 〃 | 4 | 19.5 | 1,340.0 | |
| 7 | バーデン | 大公国 | 3 | 15.3 | 1,102.0 | |
| 8 | ヘッセン＝カッセル | 選帝侯国 | 3 | 9.6 | 552.0 | |
| 9 | ヘッセン＝ダルムシュタット | 大公国 | 3 | 7.7 | 590.0 | |
| 10 | ホルシュタイン | 公　国 | 3 | 9.6 | 375.0 | |
| 11 | ルクセンブルク | 大公国 | 3 | 4.8 | 204.6 | |
| 12 | ブラウンシュヴァイク | 公　国 | 2 | 3.7 | 210.0 | |
| 13 | メクレンブルク＝シュヴェリーン | 大公国 | 2 | 13.3 | 333.0 | |
| 14 | ナッサウ | 公　国 | 2 | 4.7 | 290.0 | |
| 15 | ザクセン＝ヴァイマル | 大公国 | 1 | 3.6 | 194.0 | ザクセン＝コーブルク，ザクセン＝マイニンゲン，ザクセン＝アルテンブルクの三公国に整理（1825） |
| 16 | ザクセン＝ゴータ | 公　国 | 1 | } 5.7 | } 262.0 | |
| 17 | ザクセン＝コーブルク | 〃 | 1 | | | |
| 18 | ザクセン＝マイニンゲン | 〃 | 1 | | 55.0 | |
| 19 | ザクセン＝ヒルトブルクハウゼン | 〃 | 1 | | 33.0 | |
| 20 | メクレンブルク＝シュトレーリッツ | 大公国 | 1 | 2.9 | 70.0 | |
| 21 | オルデンブルク | 〃 | 1 | 6.4 | 202.0 | |
| 22 | アンハルト＝デッサウ | 公　国 | 1 | 0.8 | 53.0 | 統一されて，アンハルト公国となる（1853-63） |
| 23 | アンハルト＝ベルンブルク | 〃 | 1 | 0.8 | 36.0 | |
| 24 | アンハルト＝ケーテン | 〃 | 1 | 0.7 | 29.0 | |
| 25 | シュヴァルツブルク＝ゾンデルスハウゼン | 侯　国 | 1 | 0.8 | 44.0 | |
| 26 | シュヴァルツブルク＝ルードルシュタット | 〃 | 1 | 0.9 | 54.0 | |
| 27 | ホーエンツォレルン＝ヘッヒンゲン | 〃 | 1 | 0.2 | 14.0 | プロイセンに併合（1849） |
| 28 | リヒテンシュタイン | 〃 | 1 | 0.2 | 5.1 | |
| 29 | ホーエンツォレルン＝ジグマリンゲン | 〃 | 1 | 0.9 | 38.5 | プロイセンに併合（1849） |
| 30 | ヴァルデック | 〃 | 1 | 1.1 | 48.0 | |
| 31 | ロイス（兄系） | 〃 | 1 | 0.3 | 20.0 | |
| 32 | ロイス（弟系） | 〃 | 1 | 0.8 | 55.0 | |
| 33 | シャウムブルク＝リッペ | 〃 | 1 | 0.4 | 24.0 | |
| 34 | リッペ＝デトモルト | 〃 | 1 | 1.2 | 68.0 | |
| 35 | リューベック | 自由都市 | 1 | 0.3 | 41.6 | |
| 36 | フランクフルト | 〃 | 1 | 0.1 | 47.0 | |
| 37 | ブレーメン | 〃 | 1 | 0.3 | 47.7 | |
| 38 | ハンブルク | 〃 | 1 | 0.4 | 124.0 | |
| | 計 | | 69 | 629.8 | 29,148.5 | |
| 39 | ヘッセン＝ホンブルク | （地方伯領） | | 0.3 | 20.0 | 1817年加盟 |

［注］　面積・人口は1815年現在。単位：1000㎢，1000人。
［出典］　成瀬・山田・木村編，1996，225頁。

第Ⅲ部　「ヨーロッパの時代」の栄光と衰退

### Column ⑩　キッシンジャーの見たウィーン体制

　1970年代のアメリカ外交を国家安全保障問題担当大統領特別補佐官さらには国務長官として主導したヘンリ・キッシンジャーは、ナチスの迫害を逃れてドイツから亡命してきたユダヤ系の国際政治学者である。その彼が専門的に探究し、ナポレオン戦争後のヨーロッパに一世紀にわたる平和をもたらしたとして高く評価した外政家が、それまで保守反動の代表と言われてきたメッテルニヒであった。

　キッシンジャーによれば、ウィーン体制下に築かれた「勢力均衡（バランス・オブ・パワー）」は、その名称とは裏腹に、力（パワー）にばかり依存せず、ヨーロッパの諸国が武力を使わずに問題を解決するという同じ価値観を共有したことで互いに結び付いて形成された。そこには力の均衡だけではなく、道徳的な均衡も存在した。このように相互の対立を共通の価値観によって克服するよう諸大国を導いたメッテルニヒの手腕を、キッシンジャーは絶賛している。

　そのメッテルニヒが外交を進める上での信条としたのが、「穏健さ」であった。それは哲学的な価値であると同時に、実用的にも必要なものだったからである。彼がオーストリアの外交官に与えた訓令は印象深い。「われわれ自身の要求を押し通すことよりも、他の国の要求を制限することの方が大事である。われわれ自身が要求することが、少なければ少ないほど、差し引きで得することになる」

イツ連邦（ブント）」である。かつての神聖ローマ帝国を構成した1789もの群小諸邦は、ナポレオンの征服で40邦以下の国々に淘汰されてしまっていた。戦後も神聖ローマ帝国は復活せず、ここに「ドイツの対外的・内部的な安全保障と、個別邦国の独立性と不可侵性の維持」を目的に結成されたのがドイツ連邦である。構成国は、オーストリア帝国やプロイセン王国から四自由都市にいたる計39邦国であった。この連邦こそが、ヨーロッパ中央部における勢力の均衡を維持する装置であり、連邦内部で革命的な動きが出ることを共同で抑制する装置にもなっていた。

第9章 ウィーン体制の確立と勢力均衡

　この点は，キッシンジャーと同じく，ウィーン体制下のヨーロッパを「古典外交の時代」と位置づけて高く評価した高坂正堯も，鋭く指摘している。国際社会にはさまざまな国が存在し，その分当然に利害の対立は不可避となり，理念の衝突も起こりうる。そのため，いかなる国も自らの利益と理念を無制限に主張することはできない。そこに生ずる限界を見極めること，逆に言えば，他国との協力の可能性を追求し，これまた限界を越えないことが外交の基本的課題になったと，高坂はウィーン体制の本質を明確に突いている。

　このようなメッテルニヒの外交に共鳴したのが，時のイギリス外相カースルレイであった。彼は基本的に自由主義を信奉するイギリスの外交を担っており，オーストリア帝国内の自由主義や国民主義を抑圧するメッテルニヒとは，イデオロギー的には相容れなかった。しかしその差異を乗り越えて，共に「ヨーロッパ協調」の時代を築いたのである。

　こうした歴史的な叡智は，イデオロギーの相違を乗り越えて，米中の国交正常化や米ソの協調を推進した外交家としてのキッシンジャーにも大きな影響を与えることになった。彼自身も鋭く見通したとおり，メッテルニヒ失脚後のヨーロッパは，力関係の計算や国益に基づく「現実主義的な政策(レアルポリティーク)」を基本とするようになり，その破綻(はたん)がやがて第一次世界大戦という悲劇へとつながることになったのかもしれない。

　オーストリアが特に頼(たよ)りとしたのがプロイセンの存在であった。フリードリヒ大王とマリア・テレジアの時代（第6章）とは異なり，革命の防止と自由主義・国民主義の抑制という共通の目標を掲げた両大国は，ドイツ連邦およびヨーロッパ中央部で協調的二元主義(ドゥアリスムス)によって平和的秩序を維持していた。そのためにも，メッテルニヒはプロイセン国王に説き，プロイセン国内でも特権的な地主貴族(ユンカー)に支えられた強大な王権を確立させようとした。

　さらにメッテルニヒが頼ったのがロシアであった。「神聖同盟」をめぐってズレの生じていたメッテルニヒとアレクサンドル1世で

213

はあったが，特にポーランドにおける国民主義の台頭に警戒していたロシア皇帝は，革命の防止やヨーロッパの安全保障についてはこのオーストリア外相の唱える外交方針に従わざるをえなかった。

こうして 1814 年から 15 年にかけての，第一次と第二次のパリ条約とウィーン会議とによって，ヨーロッパは四大国を中核に据えた新しい安全保障体制の構築に一定の成果を収めた。これら一連の外交成果は，「ヨーロッパ協調」の時代の幕を開けるとともに，ヨーロッパ全体（特に大国のすべて）を戦争に巻き込む「長い 18 世紀」のような状態を，この後一世紀にわたって回避し続けることにも成功を収めた。その最初の半世紀ほど（1815-70 年）は，メッテルニヒが議長を務めるウィーン会議によって主導されたこともあり，「ウィーン体制」と呼ばれている。しかしそれは，自由主義と国民主義の台頭を抑制する，専制的な大国の論理に基づいた会議による平和でもあった。

## 2 「会議体制」とメッテルニヒの時代

### アーヘン会議

ヨーロッパに大国による平和を定着させる会議の端緒となったのが，フランスの戦後処理問題を討議する目的で開かれた，ドイツ西部アーヘンでの会議（1818 年 9-11 月）である。ここにはロシアとオーストリアの皇帝，プロイセン国王を筆頭に，四大国の主要閣僚も集まった。イギリスからはカースルレイとパリ駐在の連合軍最高司令官を務めたウェリントン元帥が出席した。フランスからはリシュリュー首相（第 3 章に登場したルイ 13 世の宰相の遠縁，Duc de Richelieu, 1766-1822）が参加した。

会議では，フランスが列強に支払う賠償金の減額と，占領軍の早期撤収とが決められた。さらに，ロシア皇帝アレクサンドル 1 世の

提案で，ヨーロッパの安全保障体制を四国同盟から，フランスを加えた五国同盟を基軸とする方針が出され，列強から大枠で同意を得た。議長役のメッテルニヒは，ロシアがフランスに急接近することに脅威を感じていた。さらに，フランスがあまりに早くヨーロッパ国際政治での威信と役割を回復することにも否定的であった。

このため，メッテルニヒの巧みな手法で，フランスは四国同盟条約の第6条にある，四大国が定期的に開催する予定の国際会議に参加できる資格を与えられる一方で，1814年3月のショーモン条約（第8章を参照）も有効のままとされたのである。すなわち，ナポレオンを最終的に打ち破る決定打となった，対仏大同盟を今後20年間にわたって継続し，フランスの周辺を大国の影響下に置く緩衝地帯にとどめるという条約である。これによって，ベルギー（オランダ），ライン川左岸（プロイセン），ピエモンテ（オーストリア）は，列強が緊急時にフランスに攻め込める拠点となった。

こうしてメッテルニヒは，フランスをヨーロッパの五大国の一員として認める一方で，いつでもフランスの野望を封じ込められる体制も維持したのである。

さらにアレクサンドル1世は，ヨーロッパをキリスト教徒の道徳に基づく一つの帝国にまとめていくという，神聖同盟結成以来の「総同盟」構想を再び提案してきた。これにはメッテルニヒだけではなく，カースルレイも反対を示した。ウィーン会議でも見られた，イギリスとオーストリアの協力によってアレクサンドルの構想を封じ込めるという構図が，ここにも表れたのである。

ロシア皇帝の唱えた「総同盟」構想は，正統主権と領土保障のため，大国を中心としながらも，小国の国際的な発言権と主権も擁護し，君主による憲法制定を支持する体制を生み出そうとして練られたものであった。メッテルニヒもカースルレイも，これはロシアが小国を惹き付け，ヨーロッパで影響力を拡大する手段であると警戒

し，あくまでも「大国主導型」の安全保障体制にこだわっていた。

アレクサンドルの「総同盟」構想は挫折したが，ここにイギリス，フランス，プロイセン，オーストリア，ロシアの五大国を中核に据えた「ヨーロッパ協調」が確立した。

### トロッパウ会議

次に五大国が一堂に会したのは，2年後の1820年秋のことであった。折しもヨーロッパ各地で革命や陰謀が起きつつあり，メッテルニヒの発案でオーストリア領のトロッパウ（現在のチェコ北東部オパヴァ）で国際会議が招集された（1820年10-12月）。このときの会議で焦点となったのは，スペインとナポリでの革命騒ぎであった。

スペインでは，ナポレオン戦争終結以後，国内の立憲主義勢力と絶対主義勢力との間で半世紀以上にわたって断続的に内乱が生じていた。1820年1月にも，カディスで立憲主義を主張する陸軍の一派が専制的な政治のあり方に反発し，蜂起していた。

トロッパウ会議に参加したアレクサンドル1世は，蜂起を鎮圧するために，ロシア軍を派遣してもよいと提案した。しかしロシア軍がヨーロッパを横断する光景など，他の列強は想像したくもなかった。特に議長のメッテルニヒはそうであった。彼は，スペイン問題はそれほど深刻化しておらず（すでに国王フェルナンド7世が政体を立憲主義に戻し，7月には改革に着手していた），成り行きに任せるべきだと提言した。

メッテルニヒがむしろ恐れたのは，イタリア南部のナポリ王国での革命の方であった。ナポリでは，19世紀初頭に専制君主の打倒と，平等社会の実現をめざして結成された秘密結社カルボナリ党が，立憲自由主義を掲げて1820年7月に革命を起こしていた。オーストリアは1815年の条約でナポリの内政に干渉できる権限を得ており，トロッパウ会議でそれが再度確認されたのである。

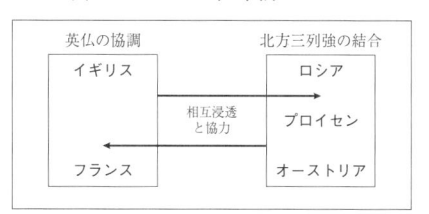

図 9-2　1815-54 年の国際システム

```
┌─────────────────────────────────────────┐
│  英仏の協調              北方三列強の結合   │
│  イギリス                ロシア            │
│              相互浸透                      │
│              と協力       プロイセン       │
│                ←──────                    │
│  フランス                オーストリア      │
└─────────────────────────────────────────┘
```

［出典］　ローレン＝クレイグ＝ジョージ，2009，42 頁をもとに著者作成。

　さらにこのときの会議では，ロシア，オーストリア，プロイセンの「北方三列強」の絆を強める取り決めまで結ばれた。11 月 19 日の「トロッパウ議定書」である。これによって三国は，その後 30 年間にわたりヨーロッパでの革命や陰謀を一致団結して押さえ込んでいくことを宣言した。この議定書は英仏両国から反対を受けたが，三国はかまわず推し進めた。

　トロッパウの会議には，イギリスとフランスはオブザーバー（公式の会議のみに出席）を参加させただけで，彼らに実質的な権限はなかった。対するロシアは皇帝アレクサンドル 1 世，オーストリアはフランツ 1 世，そしてプロイセンは国王の名代として皇太子（後の国王フリードリヒ・ヴィルヘルム 4 世，Friedrich Wilhelm IV, 1795-1861, 在位 1840-61）が直々に出席しており，メッテルニヒが主導するかたちで議定書も作成された。

### ライバッハ会議

　トロッパウで会議が終了して（1820 年 12 月 17 日）からわずか 3 週間ほど（1821 年 1 月 12 日開幕）で，五大国は再び会議を開いた。ナポリでの革命が深刻化し，オーストリア軍が早期に介入する必要性が生じたためである。このときはオーストリア領ライバッハ（現在のスロヴェニア共和国の首都リュブリャナ）での会議となった（1821

年1–5月)。やはりイギリスとフランスは前回同様,オブザーバーのみの参加となった。

このため,ほとんどは北方三列強の合意に基づいて,オーストリア軍がナポリ革命に干渉することが決められた。2月13日にオーストリアはナポリに侵攻し,1カ月足らずで革命軍を鎮圧してしまった（3月7日）。ナポリの国王フェルディナンド1世（Ferdinando I, 1751–1825, 在位1815–25）は,これによって再び専制政治を復活させた。

ところが,ナポリ革命が鎮圧された直後,イタリア北西部のピエモンテでカルボナリ党の蜂起が始まった（3月10日）。これもライバッハでの会議で列強からの承認を受けて,オーストリア軍が介入することで4月に制圧された。列強の集う会議で「お墨付き」を得て,自国の勢力圏から自由主義や国民主義の勢力を排除するという,メッテルニヒの目論見はこうして成功を収めたのである。

イタリアでの革命の動きは南ヨーロッパに広く波及していた。ピエモンテの革命がオーストリア軍によって押さえ込まれていたころ,ギリシャではオスマン帝国からの独立を掲げた戦争が始まっていた。「ギリシャ独立戦争」（1821–29年）である。トルコの北に位置し,同じ宗派（正教会）の流れを汲むロシアの皇帝アレクサンドル1世の関心は,ナポリやピエモンテからギリシャへと移っていたが,この問題は話し合われなかった。

### ヴェローナ会議

ライバッハでの会議から1年後,1822年6月にスペインで再び革命が生じた。同じころにギリシャとオスマンの戦いも泥沼化しており,メッテルニヒは列強に会議の開催を呼び掛けた。このときは,北イタリアの古都ヴェローナが舞台となった（1822年10–12月）。

トロッパウとライバッハでの会議にはオブザーバーを派遣するに

とどまったイギリスも，ヴェローナ会議にはカースルレイ外相が直々に参加する予定であった。同様にフランスも外相のモンモランシ・ラヴァル（Duc de Montmorency-Laval, 1767-1826）を派遣した。中心となる議題が英仏の「勢力圏」であるスペインの問題だったからである。

ところが会議開催の2カ月前，1822年8月にカースルレイは突然自殺してしまった。イギリス国内では，自由主義や国民主義を抑圧するメッテルニヒの反動的な外交に議会や世論から激しい反発が見られ，メッテルニヒが会議を利用して専制的な体制を維持している姿は「会議体制〔コングレス・システム〕」などと表現され，批判を受けていた。彼らイギリスの議会・世論からすれば，カースルレイは「会議体制」の片棒を担いでいるようにも見えたのである。

しかし，実際にはカースルレイは，メッテルニヒやアレクサンドルの反革命的な連合に批判的であり，むしろ自らが進んで彼らと対応しないかぎり，メッテルニヒはさらに反動的な体制を築き上げてしまうと考え，「会議体制」に関与し続けていた。そうした外交姿勢が国内の理解を得られず，それも一因となって，彼は自殺に追い込まれたと考えられる。

後任の外相となったカニング（George Canning, 1770-1827）にはヴェローナ会議に出席する意思がなく，ウィーン会議やアーヘン会議に出席し，メッテルニヒやアレクサンドルとも親しかった軍需長官のウェリントンが派遣された。

アレクサンドル1世はトロッパウ議定書をスペインにも適用し，ロシア軍15万人を軍事介入させようとしたが，これには英仏はもとより，メッテルニヒも反対した。さらにウェリントンは，フェルナンド7世の専制体制を復旧する目的でフランスがスペインに軍事介入することにも難色を示していた。最終的には，革命が終わればすぐに撤収することなどを条件に，列強によってフランスの軍事介

入が了承された。ギリシャ問題については、この会議でも本格的に審議されることはなかった。

フランスの介入によって、翌1823年9月には国王フェルナンド7世が完全に復活した。しかし、それまでメッテルニヒの政策に協力的な姿勢を示し、アレクサンドル1世の行動を協同で監視してきたカースルレイの突然の死によって、「会議体制」にも明らかに動揺が生じていた。

特に、これまで英墺の指導者によって抑えられてきたロシア皇帝が、自らが主宰する国際会議で、彼の最大の関心事であるギリシャ独立問題の解決を図りたいと考えるようになっていた。さらに、自由主義・国民主義の動きは、大西洋を隔てたラテンアメリカ諸国にも影響を与えるようになっていたのである。

## 3 「会議体制」の動揺

### カニングの登場と「新世界」の独立

カール5世やフェリーペ2世の時代（第1-2章を参照）以来、スペインならびにポルトガルはメキシコからマゼラン海峡に至る広大なラテンアメリカの地に帝国を維持し続けていた。しかし両帝国とも盛期は過ぎ、19世紀初頭にはナポレオンによって本国が占領される有り様となっていた。ナポレオン戦争の最中に、300年に及ぶ植民地支配の頸木(くびき)から逃れようと、メキシコやコロンビアなど、ラテンアメリカ諸国に独立革命の嵐が吹き荒れた。

1822年9月からイギリスの外相となっていたカニングは、ヴェローナ会議でフランスが示した北方三列強寄りの姿勢に不信感を抱くとともに、フランスによる軍事介入によって翌23年に専制政治を復活させたスペイン国王フェルナンド7世が、ラテンアメリカ各国の自由主義・国民主義を抑圧しようと、独立の動きを阻止するこ

図9-3 アメリカ植民地の独立

メキシコ（1821）
フロリダ
ベリーズ（英）
キューバ（西）
ハイチ（1804）
プエルト・リコ（西）
ジャマイカ（英）
中央アメリカ連邦共和国（1823）
カラボーボ（英）ギアナ（蘭）（仏）
ボヤカー
大コロンビア共和国（1819）
ピチンチャ
ペルー（1821）
ブラジル帝国（1822）
アヤクーチョ
ボリビア（1825）
パラグアイ（1811）
アルゼンチン（1816）
ウルグアイ（1828）
チャカブーコ
チリ（1818）

× 独立勢力の勝利
■ 独立後の植民地
▨ 国境の未画定地域

［出典］立石編，2000，221頁。

とにも警戒を示した。

　ラテンアメリカの動向がヨーロッパ各国（特にポーランドやイタリアなど）に波及することを恐れた北方三列強は，この問題を大国による会議で話し合うべきだと打診してきたが，カニングはそれを頑(かたく)なに拒み続けた。それは，彼が自由主義を信奉し，弱者の国民主義を支持するという理念的な問題に限らず，ナポレオンの大陸封鎖以来，イギリス商工業にとっての新たな市場となったラテンアメリカとの通商関係を維持しようとする，現実的な問題にもかかわっていたのである。さらに海洋帝国イギリスにとっては，本国（スペ

イン,ポルトガル)とラテンアメリカを切り離すことで海の支配が強化される,という地政学的な意味もあった。

またこれと同時期には,スペインの隣国ポルトガルでも同じく立憲主義勢力と絶対主義勢力との確執が生じており,スペインにおける専制支配の余波が,イギリスの最古の同盟国ポルトガルにも及ぶことにカニングは脅威を抱いていた。

北方三列強がスペインを支援してラテンアメリカ諸国の独立を阻止するのを防ごうと,カニングはアメリカ合衆国およびフランスと提携する道を選んだ。折しもアメリカでは,第5代大統領モンロー(James Monroe, 1758-1831)が,ラプラタ連邦(アルゼンチン),チリ,ペルー,コロンビア,メキシコという,スペインから独立を宣言した5カ国の独立承認を促す教書を連邦議会に送っていた(1822年3月)。

カニングは翌1823年8月,英米共同でラテンアメリカへの北方三列強の干渉に反対し,両国は同地域に領土的野心などないことを宣言したいと,モンロー政権に提案した。これについては,イギリスに懐疑的な国務長官アダムズ(後の第6代大統領,John Quincy Adams, 1767-1848)の進言と,大西洋での奴隷貿易取り締まり問題をめぐる英米間の対立もあって,同年12月2日に,ヨーロッパ各国が今後アメリカ大陸に植民地を設けることを認めず(非植民主義),両大陸の相互不干渉を提唱した「モンロー主義外交」というかたちに結実した。

この間,フランスからもラテンアメリカ諸国の独立を妨げないという約束を取り付けたカニングは,ヨーロッパ各国に先駆けて,メキシコ,コロンビア,アルゼンチンの独立を認め,さらにラテンアメリカ諸国同士の衝突についても,たとえばアルゼンチンとブラジルとの間に緩衝地帯(1828年にウルグアイとして独立)を設けさせ,調整を図った。こうして独立を成し遂げたラテンアメリカ諸国の多

くは，イギリスの経済圏にとどまり続けていった。

　ラテンアメリカ独立問題をめぐる国際会議の招集をめぐって，北方三列強はもとより，フランスやスペインとも対立し，一時はヨーロッパ国際政治で孤立しかけたイギリスではあったが，カニングによる各国とのねばり強い交渉に加え，大西洋に展開する世界最強のイギリス海軍(ロイヤル・ネイヴィー)の存在にも助けられて，イギリスはこの問題での「自由な立場(フリーハンド)」を維持した。

　それはフリードリヒ大王の名言「武器のない外交は，楽器のない楽譜のようなもの」を体現するとともに，「旧世界（ヨーロッパ）の均衡を再編するために新世界（アメリカ）を利用する」という，カニング自身の信念をも如実に表した外交のあり方であった。

### アレクサンドル1世とサンクト・ペテルブルク会議

　メッテルニヒ流の「会議体制」に挑戦を開始したのは，ラテンアメリカの独立問題を巧みに主導したカニングだけではなかった。これまでメッテルニヒと時折衝突しながらも，彼との協調路線を示してきたロシアのアレクサンドル1世も然(しか)りであった。ウィーンからヴェローナにいたる一連の会議に，アレクサンドルはすべて出席し，「ヨーロッパ協調」の維持に積極的にかかわってきた。しかし，それがすべてオーストリアの勢力圏で，メッテルニヒを議長に据えて取り仕切られてきたことに不満を募らせていた。

　そこでアレクサンドルは，1821年から深刻化していたギリシャ独立問題の解決のため，サンクト・ペテルブルクを舞台に国際会議を開きたいと列強に打診してきたのである。ところが，ギリシャで反乱の狼煙(のろし)が上がった直後からロシアはオスマン帝国に最後通牒を突き付けており，両国の外交関係は断絶していた。1824年1月にロシアが四大国に会議招請を伝えてきたとき，カニングは駐英ロシア大使に，ロシアとオスマンの外交関係が再開されないかぎりイギ

リスは会議に協力できないと返答した。またメッテルニヒも、オスマン軍がギリシャを鎮圧するまでは問題に関与したくなかった。この結果、四大国は政府首脳をサンクト・ペテルブルクには派遣せず、ロシア駐在の大使・公使が会議の全権を務めることになった。

アレクサンドル1世を議長役に、会議はオスマン帝国＝ギリシャ間の調停案として、ギリシャを三つの公国に分割して自治権を与え、ギリシャ正教徒の活動と信仰はロシアによって保護され、オスマンはギリシャからの毎年の献納と要塞駐屯を認められる、という三条件を提示した。しかし、両国ともこの条件を呑むつもりはなかった。

カニングは、サンクト・ペテルブルクでの会議が、ライバッハ会議でのナポリに対するオーストリアと同じく、ロシアがギリシャへと侵攻するための「お墨付き」を与えるだけの会議になるのではと不安を募らせた。またメッテルニヒも、自らの勢力圏ではなく、アレクサンドルのお膝元で討議が行われることに我慢ならなかった。プロイセンとフランスの両国はロシアの提案に賛成であったが、紛争当事国のオスマンとギリシャが条件を呑まないかぎり、解決は難しかった。

サンクト・ペテルブルク会議は1824年6月にいったん打ち切りとなり、翌25年1月にアレクサンドルは再び四大国に招請を呼び掛けた。ところが、今度はカニングが大使の参加をも拒絶し、メッテルニヒもロシアがオスマンとの外交関係を修復しないかぎりは協力できないと返答したため、会議は失敗に終わった。カニングは、会議の場所をウィーンに移してはどうかとロシアに打診したが、これにはメッテルニヒ自身が拒絶反応を示した。

ギリシャの独立に好意的なカニングと、オスマンによる保全を願うメッテルニヒとでは、根本的に考え方が異なっていた。これではウィーンで会議を開いても仕方ないと、メッテルニヒは感じていたのである。

他方，サンクト・ペテルブルク会議の失敗を，メッテルニヒが自分に協力してくれなかったためであると怒りを感じていたアレクサンドルは，オーストリアとの決裂を内外に印象づけた。ウィーン会議以来の 10 年にわたる墺露間の協調体制にも終止符が打たれたかに思われた。ところが 1825 年 12 月 1 日，アレクサンドル 1 世は 48 歳で突然この世を去ったのである。新皇帝には弟のニコライ 1 世（Nikolai I, 1796-1855, 在位 1825-55）が即位した。ギリシャ独立問題の解決への取り組みもこれで中断されるかに思われた。

### カニング外交とギリシャ独立

ここで素早く動いたのがカニングであった。彼は，ギリシャ独立問題を列強による会議で解決したいと考えていた。ただしそれは，メッテルニヒがそれまで示してきた，専制的な体制を構築し，各国の自由主義や国民主義を抑圧するための装置としての会議ではなく，紛争当事国にかかわりの深い大国が一致団結して調停案を提示できる会議であった。そのためには，彼自身が議長役を務め，ロンドンに会議を招集する必要があった。

ニコライ 1 世の即位にともない，カニングはサンクト・ペテルブルクで行われる新皇帝の祝賀の宴にウェリントンを派遣した。ニコライはこのワーテルローの英雄を心底から尊敬していた。外交的にも優れた才能を示したウェリントンには新皇帝と協約を結び，オスマン帝国の主権下でギリシャに自治権を認めさせる調停案を英露協同で提示するという使命も託されていた。それが 1826 年 4 月のサンクト・ペテルブルク議定書である。

その 5 カ月後，1826 年 9 月にカニング自身はパリを訪問した。そして，2 年前から兄の後を継いで国王となっていたシャルル 10 世（Charles X, 1757-1836, 在位 1824-30）の許を訪ね，ギリシャ問題でフランスからの協力を取り付けることに成功したのである。シャ

ルルは，フランス革命後にイギリスに亡命していた時代から，カニングとは旧知の仲であった。

ここにロンドンを舞台に英仏露三国の協同で，1827年4月にオスマン＝ギリシャ戦争の調停案が出されることになった。オスマンがこれを拒絶すると，7月にロンドン協定が結ばれ，ギリシャへの自治権付与と休戦の強要が三大国間で合意を見た。しかし，これをオスマンがまたもや拒否したため，三国の連合艦隊はギリシャ西海岸のナヴァリノ沖でオスマン艦隊を撃破し，この後三国はギリシャに独立権を付与する強硬路線へと転じた。

この間，1827年4月に首相に転じたカニングであったが，8月に内臓疾患で急逝し，翌28年1月から政権を率いたウェリントンの下で，30年2月にロンドン議定書が作成された。これで英仏露三国の保障の下にギリシャの独立が宣言されたのである。この一連の動きに，メッテルニヒはほとんど関与することができなかった。

このように，1815年以降のヨーロッパ国際政治は，正統主義と勢力均衡の原則に基づいて，一応の平和が保たれることになった。その平和を構築する土台となったのが，メッテルニヒが主導する国際会議に基づいた「会議体制」であった。その意味でも「会議体制」は，ヨーロッパに新たな国際秩序を築く重要なシステムとはなったが，構造的な基盤も恒久的な組織も欠いていたため，大国間に齟齬が生じるとたちまち機能不全を起こした。

アレクサンドル1世とカニングが，それぞれメッテルニヒとは異なったやり方で新たな「会議による外交」のあり方を模索しようとしたが，それを成し遂げる前に，二人は相次いで世を去ってしまった。こうしてメッテルニヒに，再び彼本来の「会議体制」を構築する機会がめぐってきたのであるが，ギリシャの独立が確定してからわずか5カ月後に，ヨーロッパ全体を揺るがすような大事件が起こり，国際政治の檜舞台に新たに登場してきた立役者が，ここに新し

い外交手法を形成していくことになるのである。

### ●引用・参考文献●

池本今日子, 2006 年『ロシア皇帝アレクサンドル一世の外交政策――ヨーロッパ構想と憲法』風行社。

上垣豊, 1996 年「立憲王政」柴田三千雄・樺山紘一・福井憲彦編『フランス史 2 16 世紀~19 世紀なかば』(世界歴史大系) 山川出版社。

キッシンジャー, ヘンリー・A./岡崎久彦監訳, 1996 年『外交』上, 日本経済新聞社。

君塚直隆, 2005 年「イギリス外交の源流と伝統――ナポレオン戦争からウィーン体制期まで」佐々木雄太・木畑洋一編『イギリス外交史』有斐閣アルマ。

君塚直隆, 2006 年『パクス・ブリタニカのイギリス外交――パーマストンと会議外交の時代』有斐閣。

君塚直隆, 2009 年「ヨーロッパ協調から世界大戦へ 一八一五――一九一四年――『不実の白い島(アルビオン)』の呪縛」細谷雄一編『イギリスとヨーロッパ――孤立と統合の二百年』勁草書房。

倉持俊一, 1994 年「アレクサンドル一世の時代」田中陽兒・倉持俊一・和田春樹編『ロシア史 2』(世界歴史大系) 山川出版社。

高坂正堯, 1978 年『古典外交の成熟と崩壊』中央公論社。

清水忠重, 1994 年「共和国の発展と領土膨張」有賀貞・大下尚一・志邨晃佑・平野孝編『アメリカ史 1』(世界歴史大系) 山川出版社。

末川清, 1996 年「ウィーン体制下の政治と経済」成瀬治・山田欣吾・木村靖二編『ドイツ史 2 1648 年~1890 年』(世界歴史大系) 山川出版社。

立石博高編, 2000 年『スペイン・ポルトガル史〔新版〕』(世界各国史 16) 山川出版社。

中嶋啓雄, 2002 年『モンロー・ドクトリンとアメリカ外交の基盤』ミネルヴァ書房。

成瀬治・山田欣吾・木村靖二編, 1996 年『ドイツ史 2 1648 年~1890 年』(世界歴史大系) 山川出版社。

メッテルニヒ, クレメンス・W. L./安斎和雄監訳, 1994 年『メッテ

ルニヒの回想録』恒文社。

ローレン, ポール・ゴードン＝ゴードン・A. クレイグ＝アレキサンダー・L. ジョージ／木村修三・滝田賢治・五味俊樹・髙杉忠明・村田晃嗣訳, 2009 年『軍事力と現代外交——現代における外交的課題〔原書第 4 版〕』有斐閣。

Chamberlain, M. E., 1988, *'Pax Britannica'?: British Foreign Policy 1789–1914*, Longman.

Hartley, Janet M., 1994, *Alexander I*, Longman.

Hinde, Wendy, 1989, *George Canning*, Basil Blackwell.

Lowe, John, 1993, *The Concert of Europe: International Relations 1814–70*, Hodder & Stoughton.

Lowe, John, 1998, *Britain and Foreign Affairs 1815–1885: Europe and Overseas*, Routledge.

Palmer, Alan, 1988, *Metternich: Councillor of Europe*, Phoenix Giants.

Schroeder, Pual W., 1994, *The Transformation of European Politics 1763–1848*, Clarendon Press.

Yamada, Norihito, 2004, "George Canning and the Concert of Europe, September 1822–July 1824," Ph. D. thesis, University of London.

# クリミア戦争とウィーン体制の崩壊　第10章

❶スダンでの降伏（1870年9月）後にビスマルク（左）と会見を行うナポレオン3世──この戦いによって「ウィーン体制」は崩壊した（Wilhelm Camphausen画。写真提供：Bridgeman Art Library/PANA）

第III部 「ヨーロッパの時代」の栄光と衰退

# *1* パーマストンと「会議外交」の時代

## フランス七月革命の余波

　正統主義(レジティマシー)と勢力均衡(バランス・オブ・パワー)を原則とする，ウィーン体制下のヨーロッパに最初の激震が走ったのは，1830年夏のことである。震源地はまたもやフランスであった。

　1824年9月に兄の死を受けて国王となったシャルル10世は，翌25年5月には「フランス革命の精神を葬り去る象徴的な儀式」として，パリ東北東のランスの大聖堂で盛大な戴冠式を挙行した。しかし，ブルボン王家ゆかりの地で，聖職者（かつての第一身分）がわが物顔で取り仕切る儀式に，パリの民衆は反感を抱いた。その彼らもフランス経済が好調な間は耐えていたが，1820年代末までに経済成長は失速し始めた。1829-30年の冬には，11年ぶりの寒波がフランス全土を襲った。前年の不作も重なり，不穏な空気が漂い始めていた。

　1830年に国王は議会を解散し，出版の自由を停止するなど，より反動的な政策を推し進めた。ここに商工業階級(ブルジョワジー)と民衆とがフランス革命以来の同盟を結び，王政の打倒をめざして立ち上がった。7月27-29日のパリでの蜂起（栄光の三日間）に，国王はついに屈した。シャルル10世は8月2日に退位し，フランス革命時とナポレオンの「百日天下」時に次いで，三度目の亡命を余儀なくされ，二度と故国に戻ることはなかった。

　ここに国王を追放した議会勢力の手で，ブルボン家の分家筋にあたる，オルレアン家のルイ・フィリップ（Louis Philippe, 1773-1850, 在位1830-48）が新たに国王に即位し，「七月王政」と呼ばれる自由主義的な王政が樹立された。

　ブルボン復古王政に比べれば，議会の権限がかなり強まって，商

工業階級も政治に参与できるようになり,明らかに立憲君主制を採っていたとはいえ,七月王政は直接税の納税額に応じた制限選挙に基づく「名望家支配」の体制を維持していた。それでも,周辺の大国,とりわけ専制主義的な北方三列強(ロシア,オーストリア,プロイセン)に対して,七月革命が与えた衝撃は大きかった。三列強の皇帝・国王は,ルイ・フィリップをしばらくは「王位簒奪者」として,正式なフランス国王とは認めようとしなかった。

彼らの不安は的中した。パリで革命が成功したという報せは,瞬く間にヨーロッパ全土に広がっていった。それは,オーストリアの支配下にあった北イタリアや,ロシアの圧制下に置かれていたポーランドでも,自由主義や国民主義を鼓舞する出来事となった。

しかし七月革命の影響がすぐに表れたのは,フランスの隣国ベルギーであった。ここはウィーン会議の取り決め以来,オランダ国王ウィレム1世(Willem I, 1772–1843, 在位1815–40)が統治するネーデルラント連合王国の一部であった。ところが,オランダとベルギーは,言語・宗教・政治・経済的に相容れず,ベルギーではオランダ国王の専制的な支配のあり方に不満が高まっていたのである。

ルイ・フィリップが国王に即位した2週間ほど後,1830年8月25日にブリュッセルの市民たちがついに蜂起した。ベルギー独立戦争の始まりである。オランダ国王には,姻戚関係にあたるロシア皇帝とプロイセン国王が援軍の派遣を約束した。対するベルギーには,フランスが味方する可能性があった。ウィーン体制下で保たれてきた「ヨーロッパ協調」が崩壊する危険が高まる中で,ベルギー独立問題は,オランダ,ベルギーのいずれにも与しないイギリスを仲裁役に国際会議で解決される方向性が固まった。

### ロンドン会議とベルギー独立

1830年11月4日,ロンドンでベルギー独立問題を協議する五大

国間の会議が始まった。この会議を主宰したのは、ウェリントン首相のイギリス政府であったが、開始から2週間後の同国の政権交代で、会議の議長役も交代となった。議長席に就いたのは、新外相パーマストン（3rd Viscount Palmerston, 1784–1865）である。残りの四大国は、ロンドン駐在の大使・公使を会議全権として出席させた。

パーマストンは持ち前の体力とねばり強い交渉能力を生かして、1830年12月20日の議定書により、ベルギーの独立を列強に認めさせた。翌31年にはベルギーを五大国の保障の下で永世中立国にすることも決められた。このときの会議は、メッテルニヒがウィーン会議以来進めてきた「会議(コングレス)」とは異なり、「会議(コンファレンス)」のかたちで進められた。

前者が各国の皇帝・国王・宰相・外相など、対外政策の最高決定権者で構成され、北方三列強による専制的な手法で審議が進められたのに対し、後者は主催国の外相が議長役に就き、主催国に駐在する各国外交官（大使・公使）が構成員となり、緊急時には議長国の裁量で条約や議定書を取り結ぶことが可能であった。しかもそれは、イギリスが議長国であるかぎりは自由主義的な解決策が採られる場合が多かった。

ある意味では、アレクサンドル1世やカニングがギリシャ独立問題で主宰した会議とも同じであるが、このロンドン会議は1830年11月から32年10月まで2年間にわたって定期的に開催され、取り交わされた議定書の数は70に及ぶ本格的なものであった。さらに、それまでは当然の如くに実行された、紛争当事国の周辺の土地を列強間で分割したり、当事国（小国）の代表を呼ばず大国の論理だけで解決策を提示したりするようなことはなかった。ベルギーもオランダも会議に招かれ、意見を徴(ちょう)される機会が見られたのである。

それは、メッテルニヒ流の会議の進め方に反発した、カニングの手法を生かしながら、さらに本格的に五大国間で会議を開き、しか

第10章 クリミア戦争とウィーン体制の崩壊

も自由主義的な解決策を推し進めたという点で、まさに新しい発想に基づく「会議外交(コンファレンス・ディプロマシー)」であった。こうしてヨーロッパ国際政治は、パーマストンという新しい外交指導者が主導する新時代に突入した。

これに嫉妬を覚えたのが、「会議体制(コングレス・システム)」を堅持しようとするメッテルニヒである。彼は七月革命がイタリアやポーランドに波及するのを恐れ、国家元首やそれに準ずる指導者が国を空けるのはよくないという考えから、ロンドンでの「会議(コンファレンス)」開催を容認したのであった。しかし、この新しい外交指導者の登場に遭遇して、ヨーロッパ国際政治での主導権を再び自らの手に取り戻そうとメッテルニヒは躍起になった。

1833年9月には、メッテルニヒが進行役を務め、プラハ近郊のミュンヘングレーツでロシア、オーストリア、プロイセン三国の最高首脳が一堂に会し、神聖同盟諸国の連帯を強化し、ヨーロッパ各地での革命を一致団結して抑圧していくとする協定が結ばれた。翌34年4月には、スペイン、ポルトガル両国から絶対主義勢力を一掃する目的で、英仏と両国とで四国同盟が樹立され、ヨーロッパは、さながら東の専制主義と西の自由主義の陣営とに二分されたかにも思われた。

しかしパーマストンもメッテルニヒも、互いの勢力圏には決して手を出そうとはしなかった。ところが、紛争場所が勢力圏の画定が難しい領域、たとえば中東地域ともなると、両者の確執は途端に激しいものとなったのである。

### シリア戦争とパーマストン外交の勝利

ヨーロッパ国際政治が、ベルギーの独立戦争やポーランド、北イタリアでの蜂起の収拾に追われていた1831年10月、オスマン帝国の支配下に置かれていたエジプトの太守ムハンマド・アリー（Muhammad 'Ali, 1769-1849) が，エジプトの独立とシリアの領有を目的に，オスマンに戦争をしかけた。第一次シリア戦争の勃発である。

16世紀前半のスレイマン大帝の時代にヨーロッパ各国を恐怖に陥れたオスマン帝国であったが（第1章を参照），それから300年が経過した19世紀の前半までには，「瀕死の病人」と揶揄されるほどに衰退していた。ギリシャ独立戦争ではオスマンに協力したものの，英仏露三国の艦隊にナヴァリノで敗退させられたエジプトの太守は，ここで自らの王朝をエジプトに築き，シリアにまでその勢力圏を拡張しようと考えたのである。

飛ぶ鳥を落とす勢いであるエジプト軍の侵攻になす術のなかったオスマンを救ったのが，北の大国ロシアであった。ニコライ1世は強大な軍事力を背景に調停に乗り出し，エジプトもいったんは退いた。これに感謝したオスマン皇帝は，1833年7月にウンキャル・スケレシ条約をロシア皇帝と締結し，両国は攻守同盟を結ぶとともに，黒海と地中海とをつなぐボスフォラス，ダーダネルス両海峡の独占的通行権がロシアに与えられたのである。両海峡はこれによってロシアとオスマン以外の軍艦には閉鎖されることになり，ロシアの地中海への進出が現実味を帯びてきた。

これに驚愕したのがメッテルニヒとパーマストンであった。実は，両者はシリア戦争に関心を示しており，1832-33年には列強による国際会議で調停を図ろうと計画していた。しかし，問題は会議の開催場所であった。メッテルニヒはウィーンを，パーマストンはロンドンをそれぞれ提唱して一歩も譲らず，両者の主張は平行線をたどるばかりであった。その隙にロシア皇帝に先を越されたのである。ヨーロッパ国際政治における，英墺両指導者の主導権争いが引き起こした，外交的な大失敗であった。

その間に，ムハンマドに接近したのがルイ・フィリップであった。フランスからの支援を背景に，エジプトは1839年に再びオスマン

と戦闘状態に突入した（第二次シリア戦争）。このときは失敗から学んでいた英墺の両指導者が妥協を示し，列強による会議はウィーンで開催されることになった。しかし，俗に「東方問題〔イースタン・クウェスチョン〕」と呼ばれる，オスマン帝国とその周辺をめぐる紛争の解決に慣れていないメッテルニヒが議長では，会議を思うようには進められなかった。

　このため，公式の会議はウィーンで進め，実際の解決策はイギリスのパーマストンがロンドン駐在の北方三列強からの大使たちと非公式な会合で検討するかたちで，1840年7月にはロンドン協定が四大国間で結ばれた。ムハンマド・アリーには，世襲でエジプトが，彼一代に限ってシリアが与えられることになった。この協定から外されたフランスは国際政治で孤立し，翌41年のロンドン協定でオスマンとともに6カ国の取り決めに参加した。ウンキャル・スケレシ条約も破棄され，両海峡は平和時にはすべての国の軍艦に対して閉鎖されることに決まった。

　こうしてパーマストンは，オスマンに対するロシアの圧力と，エジプトに対するフランスの影響力とを同時に取り除くことに成功を収めたのである。それはまさに，パーマストン外交の勝利と言っても過言ではなかった。

## 2　クリミア戦争とウィーン体制の動揺

### 1848年革命の衝撃

　しかしパーマストンの華々しい成功は，それまで反目し合うことが多かったフランスとオーストリアとを接近させる契機となった。1846年ごろから，スイスやデンマークで国内紛争が生じるようになっていたが，ロンドンでの国際会議で解決を図ろうとするパーマストンの声に，四大国は耳を貸そうとはしなかった。今やパーマストンのイギリスこそが，ヨーロッパ国際政治の中で孤立を味わって

いるかに思われた。

　事態が激変を見せたのは1848年のことであった。発端となったのは，またもフランスの首都パリでの蜂起である。七月王政は1840年代半ばごろから保守反動化し，改革を叫ぶ市民の声を抑圧していた。1845-46年の不作で穀物価格が急騰して，フランス経済の停滞を招き，全国で騒擾(そうじょう)が生じていた。1848年2月22日，パリでの改革の動きが政府によって阻止され，それは市民と軍隊との衝突に発展した。24日にルイ・フィリップは退位を宣言し，ここに七月王政が終結した。フランス二月革命の成功である。

　パリの革命は瞬く間に隣国ドイツにも影響を与えた。やはり1845年からの不作が経済の不振を生み出していたドイツ各国でも，専制的な体制下で抑圧されていた市民が蜂起したのである。1848年3月13日には，ウィーンでメッテルニヒが辞任に追い込まれた。40年近くにわたってヨーロッパ国際政治を主導してきた外交指導者の退場でもあった。メッテルニヒの失脚は，ベルリン，ドレスデン，ミュンヘンでも革命をもたらした。

　このフランス二月革命とドイツ三月革命は，イタリア，ポーランド，ハンガリーなどで自由主義・国民主義の動きを活性化した。しかし1848年革命は，60年ほど前のフランス革命のような，ヨーロッパ全土を巻き込む大戦争には発展しなかった。特に二月革命勃発直後には，イギリスのパーマストン外相が素早く対応し，フランスと北方三列強との間に戦争が起こるのを巧みに防いだ。またドイツ三月革命にあたっても，同じくヨーロッパの平和を望むロシアと協力するかたちで，ドイツ各国の内紛が対外戦争に発展しないように尽力したのが，パーマストンのイギリスであった。

　たとえば，ドイツとデンマークの中間に位置するシュレースヴィヒ＝ホルシュタインの両公国の領有をめぐって，プロイセンとデンマークの間に紛争が生じたときにも，ロシアや周辺各国と協調しつ

つ，1848年10月半ばからロンドンでの国際会議でこれを調整したのがパーマストンに他ならなかった（会議は1852年5月まで継続）。

この後，1848年11–12月までにはドイツ各国で反革命の動きが見られ，自由主義革命の勢いは沈静化されたが，専制的な色彩が濃かったドイツ各地には明らかに新しい風が吹くようになっていた。イギリスとロシアの協力でウィーン体制は維持されたものの，1848年以降にはこの体制に挑戦を試みる勢力が登場してきた。

その一人が，二月革命で新たに選挙権を得た人々の手によって，フランス史上初の男子直接普通選挙で投票総数の74%という圧倒的支持を集めて第二共和政初代大統領となったルイ・ナポレオン・ボナパルト（Louis Napoléon Bonaparte, 1808–73）であった。彼はやがて議会と衝突し，1851年12月にはクーデタで全権を掌握し，これまた国民からの圧倒的な支持（96%）を集めて，翌52年12月に皇帝「ナポレオン3世」（Napoléon III, 在位1852–70）に即位し，フランス第二帝政を開始する。

### クリミア戦争とヨーロッパの変容

そのナポレオン3世がヨーロッパ国際政治で野望をもたげた端緒が，聖地イェルサレムの管理権をトルコ（以下，オスマンをトルコと表記する）から認められた問題であった。これに異議を唱えたロシアがトルコと衝突し，ウィーンを舞台とする四大国による調停も失敗に終わった（1853年7月）。ロシアはトルコの支配下にあったバルカン半島北東部のモルダヴィアとワラキアに兵を進めた。1853年11月までには，露土両国はお互いに宣戦布告し，後の世に「クリミア戦争」と呼ばれることになる戦争が始まったのである。

「瀕死の病人」トルコは，もはや陸軍大国ロシアの敵ではなかった。バルカン半島を南下するロシアの勢いに，地中海に利害を持つイギリスとフランスが脅威を感じた。1854年3月，ついに英仏両

## Column ⑪　ナイチンゲールと赤十字の設立

　「長い18世紀」の後に登場した，平和の世紀としての19世紀のヨーロッパでは，一度として戦争が起こらなかったわけではない。本章でも見たように，クリミア戦争後のヨーロッパは，ウィーン体制の崩壊に向かって毎年の如く大国間での戦争に見舞われた。

　その口火を切ったのがイタリア統一戦争である。最大の激戦地となったのは，イタリア北部のロンバルディア平原の南に位置するソルフェリーノであった。1859年6月24日にこの地でフランス＝サルデーニャ連合軍とオーストリア軍とが衝突し，4万人を超える死傷者を出した。折しもこの地を訪れていたのが，スイス人の実業家デュナンであった。

　慈善活動に熱心だった両親に育てられたデュナンは，本来はアルジェリアでの事業支援を受けるためにナポレオン3世に謁見を求めようと北イタリアを訪れていたのだが，この悲惨な戦場を目の当たりにし，不眠不休で傷病兵の救護にあたった。そのときの印象は，後に『ソルフェリーノの思い出』（1862年）と題する書物に記されている。デュナンはこの本の中で，傷病兵の救護にあたる民間組織を立ち上げ，救護活動にかかわる国際的合意を取り決めていくべきであると主張した。

　このデュナンの提唱に賛同した人々は，1863年10月にスイスのジュネーヴで国際会議を開き，赤十字を表象とする「国際負傷軍人救護常置委員会」（後の「赤十字国際委員会」）を創設した。それは翌64年8月

国はトルコ側について参戦し，ナポレオン戦争終結（1815年）以来続いてきた「ヨーロッパ協調」はついに終止符を打った。

　戦争は黒海に面するロシア最南端のクリミア半島（セヴァストポリ要塞）をめぐって長期化・泥沼化した。1855年1月にはサルデーニャが英仏側について参戦したが，各国で厭戦気分が高まる中，3月には再度ウィーンで会議が開かれたものの，調整に失敗した。それから半年後の9月に，黒海最強のセヴァストポリ要塞が陥落した。イギリスは陸海軍を再編し，本格的な遠征に乗り出す機会をつかんだ。ところが，同盟国のフランスはすでに戦闘意欲を失っていた。

第10章　クリミア戦争とウィーン体制の崩壊

22日のジュネーヴ条約（赤十字条約とも呼ばれる）に結実し，傷病兵を「戦士」とはせずに人道的に救護にあたる国際的な取り決めが成立したのである。この運動は，1901年には第一回のノーベル平和賞をデュナンと赤十字にもたらすことにつながった。

そのデュナンが赤十字設立を思い立ったきっかけは，ソルフェリーノでの自らの体験とともに，それより5年ほど前に，クリミア戦争の激戦地でイギリスのナイチンゲール女史が示した看護活動であった。野戦病院もろくになかったスクタリ（現在のトルコ西部のユスキュダル）の地に38人の看護師を引き連れて彼女が降り立ったのは，1854年11月のことであった。それまでは傷病兵の42％が死亡していたのが，看護団の到着からわずか半年で，死亡率は2.2％へと激減した。その活動は新聞などを通じて世界中に報道された。

赤十字の活動は，1867年にパリ万博を訪れた佐賀藩の佐野常民を通じて日本にも紹介され，明治日本が最初に遭遇した大戦争である西南戦争（1877年）を契機に，同年には博愛社の創設を促した。それは10年後には日本赤十字社と改名され，2010年現在世界で186カ国が，「戦いの中にも慈悲を」をスローガンに赤十字（イスラーム諸国では赤新月という）運動に参加している。

フランスの援護なくしては，イギリスは単独ではロシアと戦えなかった。

1856年2月下旬から，ナポレオン3世のフランス第二帝国が主宰するかたちで，パリで講和会議が開催された。フランスは戦争終結を急ぐため，同盟国イギリスを「裏切って」，敵国ロシアに擦り寄る姿勢を示した。最終的には3月30日に，パリ講和条約が成立した。これによってトルコの領土の保全が列強によって保障され，モルダヴィアとワラキア両国はトルコに返還された。黒海の非武装・中立化も盛り込まれた。ロシアは地中海への進出に失敗したが，

第Ⅲ部 「ヨーロッパの時代」の栄光と衰退

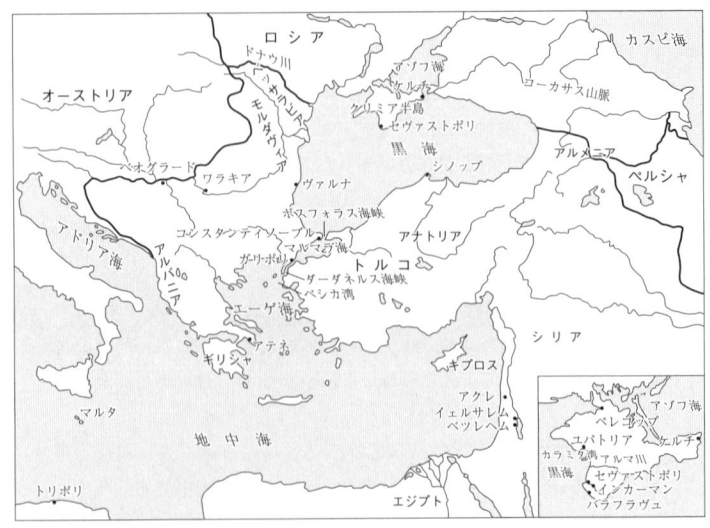

図10-1 クリミア戦争期の黒海周辺

［出典］ Goldfrank, 1994, pp. 326-327.

英仏側も決定的な勝利はつかめず、両者痛み分けで幕を閉じた。

しかし、ウィーン体制下のヨーロッパ国際政治にとって、クリミア戦争が与えた影響は甚大であった。まずイスラームのトルコが英仏と同盟を結び、同じくキリスト教国のオーストリアもプロイセンもロシアに味方しなかったことで、ニコライ1世の兄アレクサンドル1世が提唱した、キリスト教に基づく「神聖同盟」が崩壊したことを印象づけた。そればかりか、ウィーン体制下で鉄の絆を誇ってきた、北方三列強の同盟関係までが瓦解した。これ以後は、バルカン半島をめぐるロシアとオーストリアの対立、ドイツ統一問題をめぐるオーストリアとプロイセンの確執が顕在化することになる。

さらに、パリ講和会議で外交的な「得点を稼いだ」ナポレオン3世治下のフランスが、さらなる野心をもたげる契機ともなった。後述するように、彼の最大の野望は、敬愛する伯父ナポレオン1世の

帝国を復活させ，ウィーン体制を崩壊に導くことであった。

しかし，何よりヨーロッパ全土に衝撃を与えたのが，イギリス陸海軍の脆弱さであった。ナポレオン戦争での勝利以来，イギリス陸軍は戦略の面でも兵器の改良でも改革を怠ってきた。また世界最強のイギリス海軍(ロイヤル・ネイヴィー)も，戦闘が内陸部になった場合には，その能力をほとんど発揮できなかった。1856年春に本格的な遠征に乗り出そうにも，フランスの協力なしでは不可能であった。それゆえ，不本意ながらもイギリスは，パリでの講和を受け入れたのである。こうして，ヨーロッパ国際政治は新たな局面へと向かっていく。

## ナポレオン3世の野望とウィーン体制の崩壊

クリミア戦争の終結を規定したパリでの講和会議は，外交的栄光によって国民から支配の正統性を取り付けていたナポレオン3世にとっては，格好の示威行動(デモンストレーション)となった。その点では彼は，「外交のない武器」に頼った，伯父ナポレオン1世とは異なっていたわけである。この後1857-58年には，スイスとプロイセンの紛争やモルダヴィアとワラキアの統合問題などをめぐって，列国はパリを舞台とする会議外交によって解決に臨んだ。会議外交の中心地は，ロンドンではなく，パリに移ろうとしていた。

ナポレオン外交の基本は，伯父を打ち倒して形成されたウィーン体制を崩壊させ，フランスを自然の国境線（ライン川）に戻し，さらには世界帝国を形成することであった。

彼の目は，ヨーロッパに限らず，アジアやアフリカへも向けられていた。1856年には，イギリスと組んで清王朝の中華帝国に戦いを挑み（アロー戦争），60年の北京(ペキン)条約で北京に在外公館を設置する権利とともに，通商上の利権まで獲得した。同時期にはインドシナのアンナン（現在のヴェトナム北部から中部）も征服し（1857年），他の列強とともに，日本との修好通商条約の締結に成功した（58

年)。さらに，1862-63年にはコーチシナ（現在のヴェトナム南部）も支配下に置き，次いでカンボジアも保護国に収めた（63年）。

また北アフリカでは，七月王政下で始まったアルジェリアの植民地化をさらに推し進め，チュニジアを支配下に収めた。エジプトの太守との話し合いによってスエズ運河の建設にも着手し，開通を成し遂げた（1869年）のも，ナポレオンの尽力であった。第二帝政下で，フランスの海外植民地の領土は3倍に膨れ上がっていた。

さらに1862年からは，外国債の利子支払いを停止した革命政権下のメキシコに派兵し，同じく債権国のイギリス，スペインとともにしばらく兵を駐屯させた。しかし両国が撤兵した後は，フランス軍に単独でメキシコ市を占領させ，オーストリア皇帝フランツ・ヨーゼフ1世（Franz Joseph I, 1830-1916, 在位1848-1916）の弟マクシミリアン（Maximilian I, 1832-67, 在位1864-67）をメキシコ皇帝に擁立し，自らの傀儡政権とした。

このように，ナポレオン3世の外交・帝国政策は，ある意味で伯父以上の勢力を築き，国内の政治改革や経済成長に支えられながら，国民の支持を集めていった。しかし，彼の最大の関心はやはりヨーロッパ大陸にあったのである。

1858年7月，ナポレオン3世はイタリア統一の指導者でサルデーニャの首相カヴール（Conte di Cavour, 1810-61）とフランス東部のプロンビエールで密約を結び，ニースとサヴォイワを割譲させる代わりに，対オーストリア戦争での軍事援助を約束した。翌59年4月から始まったイタリア統一戦争ではこの密約に基づいて，フランスはサルデーニャに味方して参戦し，6月のソルフェリーノの戦いでオーストリア軍に大勝した。しかし，7月にはサルデーニャを裏切ってオーストリアと単独講和を結び，フランスはニースとサヴォイワだけを獲得して戦争からは遠ざかった。これがイタリア全土からの怨嗟につながった。

クリミア戦争以後，北方三列強の足並みは揃わないままであった。1860年10月に三国の皇帝・国王はワルシャワで久方ぶりに最高首脳会議を行ったが，クリミア戦争で消滅した神聖同盟の復活は語られず，プロイセンもロシアも，オーストリアのイタリア戦役には冷淡な態度しか見せなかった。この三列強の分裂に付け込むかたちで，ナポレオン3世はさらなる外交的成果を得ようと邁進していった。

## 3 ドイツ統一とウィーン体制の終焉

### デンマーク問題とロンドン会議の失敗

1860年代に入ると，ヨーロッパは戦乱の渦に巻き込まれていった。1859年から始まっていたイタリア統一戦争の結果，61年3月にイタリア王国が成立し，サルデーニャのヴィットリオ・エマヌエーレ2世（Vittorio Emanuele II, 1820-78, 在位1861-78）が初代イタリア国王に推戴された（イタリアの統一が完成するのは1870年のこと）。

イタリアでの民族主義運動の成功は，ヨーロッパ各国にも大きな影響を与えた。ロシア圧制下のポーランドでは，1863年1月に（1830年・48年に続いて）三度目の反乱が生じた。そしてヨーロッパ北西部では，デンマークで再びシュレースヴィヒ＝ホルシュタインでの民族問題が浮上した。両公国は住民の85％がドイツ系であり，1848年の闘争の時には，先にも見たとおり，パーマストンが議長を務めるロンドン会議でデンマークとの同君連合を保持するかたちで問題は解決された。

ところが1863年2月ごろからデンマークにシュレースヴィヒを併合しようとする動きが生じ，問題が再燃したのである。これに目をつけたのが，1862年9月にプロイセンの首相に就任したビスマルク（Otto von Bismarck, 1815-98）であった。彼はオーストリアと秘かに連絡を取り合い，デンマークに戦争を仕掛けて，シュレース

第Ⅲ部 「ヨーロッパの時代」の栄光と衰退

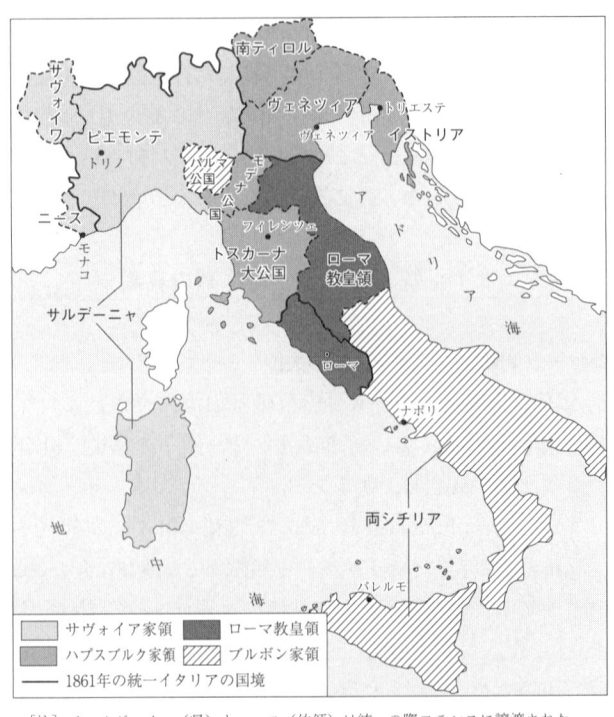

図 10-2 統一前の分裂イタリア

[注] 1 サヴォイワ（県）とニース（伯領）は統一の際フランスに譲渡された。
　　 2 ローマ周辺の教皇領は1870年までフランスの保護下。
　　 3 ヴェネツィア（州）は1866年，南ティロルは1919年，イストリアは1920年にそれぞれイタリア領となった。
[出典] 加藤，2005，66頁。

ヴィヒ（プロイセン）とホルシュタイン（オーストリア）を両大国で領有する計画を練り始めた。

　1864年2月1日，プロイセン＝オーストリア連合軍はデンマークへの侵攻を開始した。緒戦でデンマーク軍はプロイセン軍に蹴散らされたが，この後塹壕戦がしばらく続き，戦争は長期化の様相を呈してきた。ここで仲裁に入ったのが，イギリス首相パーマストン

244

であった。彼は12年前に自らの手で調停したこの問題を，ロンドンでの列国会議によって再び調整しようと試みたのである。ビスマルクにとっても態勢を立て直す「時間稼ぎ」となってくれることから，デンマークもプロイセン＝オーストリアの側も調停を受け入れた。

しかし，80歳を目前に控えたパーマストンには，かつてのように「会議外交」で平和をもたらす気力も体力も欠けていた。1864年4月から始まったロンドン会議では，頑（かたく）なに両公国を死守しようとするデンマークの頑迷さも手伝って，解決策を提示することができなかった。6月末には会議が終了し，7月には戦闘が再開された。敗戦を重ねたデンマーク軍は降伏し，10月にウィーンで結ばれた条約で，両公国はプロイセンとオーストリアの共同統治下に置かれることに決まった。

ビスマルクの野望は，1848年革命でオーストリア，プロイセンの二元主義が崩れたいま，プロイセンを再び強国化し，その後にプロイセン主導でドイツを統一することであった。彼は北方三列強の絆を固め，正統主義を堅持するという，プロイセンのそれまでの伝統的な外交方針にはこだわらず，オーストリアとの敵対をもあえて辞さない強い態度を示した。彼には，ドイツ統一のためには，ウィーン体制を崩壊させる用意もできていたのである。

その際に障害となっていたのが，ウィーン体制を「会議外交」によって維持しようとしていたイギリスのパーマストン首相であった。しかし，彼は，1864年のロンドン会議の失敗からわずか1年後の1865年10月に亡くなった。それはヨーロッパ国際政治にとっても，一つの時代の終わりを象徴する出来事であった。

### 普墺戦争とドイツ統一への道

パーマストンが息を引き取ったのと同じころ，ビスマルクはフラ

ンス南西部の保養地ビアリッツで皇帝ナポレオン3世と会見していた。来るべきオーストリアとの戦争に備えて，ビスマルクはフランスに中立を要請した。見返りはライン川左岸の領有であった。この「ビアリッツ密約」で西側の備えを固めたビスマルクは，次には東側の備えを強固にした。

大国ロシアである。すでに1863年のポーランド反乱の際に，ビスマルクは反乱の鎮圧にあたってロシアに協力しており，ロシアがプロイセン＝オーストリア間の戦争に介入する危険性はあまりなかった。さらに，統一戦争後もオーストリアとの対立が絶えないイタリアと交渉し，ヴェネツィアの割譲を条件に，対オーストリア参戦の約束を取り付けた。こうして1866年2月には，プロイセンは開戦を決意していた。

オーストリアの側も，シュレースヴィヒ＝ホルシュタインの共同統治問題で対立関係に入ったプロイセンに，戦争をしかけるかまえを見せていた。1866年6月にナポレオン3世と密約を結び，勝利の暁（あかつき）にはプロイセン領を削減して，フランスにライン川左岸を与えるという約束で協力を要請していた。ナポレオンは普墺（ふおう）両国への「二枚舌外交」で，ライン川左岸への進出を確実にしようと考えていたのである。

6月15日にプロイセン軍は，満を持してザクセン，ハノーファー，ヘッセンに侵攻した。最新鋭の技術を使って鉄道網を張りめぐらし，電信や最新式の銃器を巧みに利用した参謀総長モルトケ（Helmuth von Moltke, 1800-91）の戦略が功を奏して，攻略に成功した。決戦の舞台となったのは，オーストリア，ザクセン連合軍と対峙した，ベーメンのケーニヒグレーツ（現在のチェコ北部フランデツ・クラーロヴェー）であった。7月3日の戦闘でプロイセン軍は，連合軍に壊滅的な打撃を与えた。

しかし，ここにナポレオンが介入してきた。7月5日，フランス

皇帝はプロイセン，オーストリア，イタリアに，休戦と講和交渉の協議を打診してきた。プロイセン国王ヴィルヘルム1世（Wilhelm I, 1797-1888, 在位 1861-88）も軍部も，戦争の続行を望んでいたが，ビスマルクによる必死の説得で講和の締結が進められた。ビスマルクは，「武器」だけではなく「外交」によっても勝利をつかもうとしていた。

1866年8月23日，プラハ条約が成立し，1815年以来続いてきたドイツ連邦は解体された。プロイセンが主導するドイツ統一に，オーストリアは口を差し挟めなくなった。シュレースヴィヒ＝ホルシュタインとハノーファーはプロイセンに，ヴェネツィアはイタリアにそれぞれ併合され，オーストリアは2000万ターレルの賠償金を支払うことになった。

この条約は敗戦国オーストリアにとってはかなり寛大なものであったが，これによって，オーストリアはドイツ統一から外され，より東ヨーロッパ向きの帝国としての性質を強めた。それが，翌1867年3月にオーストリアがハンガリー貴族との「和協（アウスグライヒ）」に踏み切り，皇帝フランツ・ヨーゼフ1世を共通の君主に戴く同君連合体としての「オーストリア＝ハンガリー二重帝国」の成立（6月8日）へとつながった。

それと同時期に，プロイセンは22カ国からなる「北ドイツ連邦」を形成し，ドイツ統一への布石を打った。バイエルンやヴュルテンベルクなどマイン川以南の国々も，それまでのオーストリア寄りの姿勢を改めつつあったが，ビスマルクが最後の一手を打つためには，最大の障害物を取り除かなければならなかった。西側からライン川左岸を虎視眈々と狙う，フランス皇帝ナポレオン3世である。

### 普仏戦争とウィーン体制の崩壊

まずビスマルクがとった手段は，普墺戦争前にビアリッツで約束

第Ⅲ部 「ヨーロッパの時代」の栄光と衰退

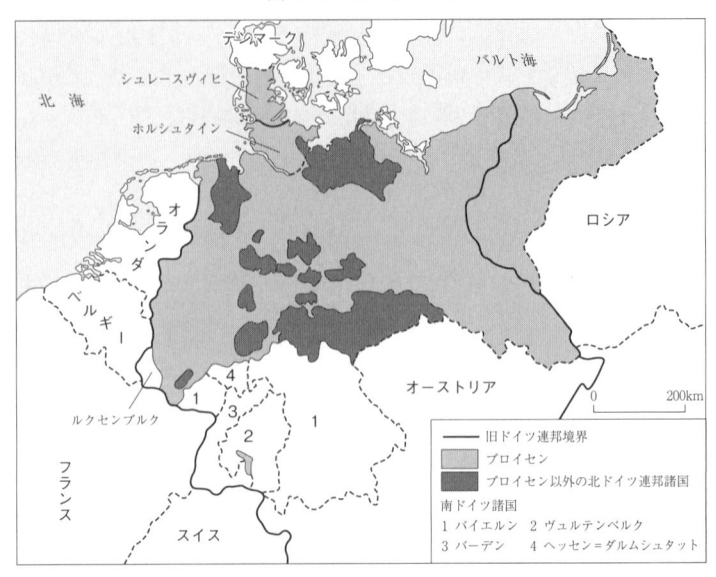

図10-3 北ドイツ連邦

凡例:
― 旧ドイツ連邦境界
プロイセン
プロイセン以外の北ドイツ連邦諸国
南ドイツ諸国
1 バイエルン　2 ヴュルテンベルク
3 バーデン　4 ヘッセン＝ダルムシュタット

［出典］　成瀬・山田・木村編, 1996, 377頁。

した，ライン川左岸の領有を認めないことであった。これに怒りを感じたナポレオン3世は，財政難に苦しむオランダ国王に近寄り，彼が大公を兼ねるルクセンブルクの買収に乗り出した。旧ドイツ連邦の一員であるルクセンブルクにはプロイセン軍が駐屯しており，この問題をめぐってナポレオンとビスマルクは一触即発の状態となった。1867年春にイギリスとロシアを仲介に，ロンドン国際会議で調停が図られ，ルクセンブルク（オランダ国王の統治を継続）の中立化とプロイセン軍の撤退が決まり，ルクセンブルク領有というナポレオンの野望は打ち砕かれた。

　同じく1867年春には，メキシコでゲリラ軍の抵抗に苦しんだフランスは撤兵を決めたが，取り残された皇帝マクシミリアン1世は革命軍によって銃殺されてしまった。これは，彼の実兄であるオー

第10章　クリミア戦争とウィーン体制の崩壊

ストリア皇帝フランツ・ヨーゼフ1世のナポレオンに対する不信感を増大させる結果となった。

たび重なる外交上での失敗に，ナポレオン3世は焦りを見せ始めた。第二帝政においては，内政と外交をつねに連動させながら，皇帝は国民からの支持を得ていたからである。そのような矢先に隣国スペインで革命が起こり，新たな国王の候補にプロイセン王家（ホーエンツォレルン家）の分家筋の人物の名が取り沙汰されるようになった。東西からホーエンツォレルンに挟まれることを嫌ったナポレオンは，この問題でプロイセンとの対立を深めた。

1870年7月13日，ドイツ西部の温泉地エムスで，ナポレオンの特使と衝突したヴィルヘルム1世の電報をビスマルクが改竄し，彼はプロイセン，フランス双方の世論を激高させることに成功した（エムス電報事件）。早くも翌14日には，フランス政府は対プロイセン戦争を決定し，19日に宣戦布告した。普仏戦争の始まりである。

プロイセン側は，このたびも満を持しての開戦であり，すでに攻守同盟を結んでいた南ドイツ諸邦も味方に付け，モルトケ率いる精鋭軍が次々とフランス軍を打ち破った。そして9月2日，ベルギーの国境に近いスダン（セダン）で，皇帝ナポレオン3世は8万3000人の兵士たちとともに捕虜となった。そのわずか2日後，敗戦を聞いたパリ市民は蜂起し，第二帝政の廃止と共和政の樹立を宣言した。

この後，プロイセン軍とパリ民衆との衝突が見られた（パリ・コミューンの戦い，1871年3-5月）ものの，すでにそれまでの間に臨時政府とプロイセン側との間には講和条約が結ばれ，フランスはアルザス，ロレーヌの大半を割譲させられ，50億フランの賠償金も科せられたのである。

1871年1月18日，かつてルイ14世が造営させた，フランスの栄光の象徴とも言うべきパリ郊外のヴェルサイユ宮殿「鏡の間」で，ドイツ各地から集まった王侯貴族たちを前に，プロイセン国王ヴィ

249

第Ⅲ部 「ヨーロッパの時代」の栄光と衰退

ルヘルム1世は高らかに「ドイツ皇帝」に即位した（在位1871-88）。ここに正式に「ドイツ帝国」が成立し，それとともに1815年以来続いてきたウィーン体制も崩壊した。ヨーロッパはこの後，新生ドイツを調整役（バランサー）に据えた，新たなる国際秩序を形成していくのである。

こうしてヨーロッパ国際政治に激動をもたらした1860年代は幕を閉じた。同じ時期に，大西洋の反対側のアメリカ合衆国もまさに激動の波に包まれていた。人類がそれまで経験したことのない大殺戮（さつりく）を伴う内乱に突入していたのである。この混乱を収拾できるのは，ドイツ統一を成し遂げたビスマルクにも比肩しうる，勇気と政治力としたたかさとを併せ持った強力な指導者だけであり，そのような人物に恵まれたアメリカは，4年にわたる苦しい内乱をくぐり抜け，やがてはヨーロッパ諸列強をもしのぐ大国へと成長を遂げていく。

●引用・参考文献●

岩永博，1984年『ムハンマド＝アリー――近代エジプトの苦悩と曙光と』清水新書。

加藤雅彦，2005年『図説 ヨーロッパの王朝』河出書房新社。

上垣豊，1996年「立憲王政」柴田三千雄・樺山紘一・福井憲彦編『フランス史2 16世紀～19世紀なかば』（世界歴史大系）山川出版社。

木下賢一，1995年「第二共和政と第二帝政」柴田三千雄・樺山紘一・福井憲彦編『フランス史3 19世紀なかば～現在』（世界歴史大系）山川出版社。

君塚直隆，2005年「イギリス外交の源流と伝統――ナポレオン戦争からウィーン体制期まで」佐々木雄太・木畑洋一編『イギリス外交史』有斐閣アルマ。

君塚直隆，2006年『パクス・ブリタニカのイギリス外交――パーマストンと会議外交の時代』有斐閣。

倉持俊一，1994年「デカブリストとニコライ一世の時代」田中陽兒・倉持俊一・和田春樹編『ロシア史2 18世紀～19世紀』（世界

歴史大系）山川出版社。

黒沢文貴・河合利修編，2009 年『日本赤十字社と人道援助』東京大学出版会。

ストレイチー，リットン／橋口稔訳，1993 年『ナイティンゲール伝』岩波文庫。

田所昌幸編，2006 年『ロイヤル・ネイヴィーとパクス・ブリタニカ』有斐閣。

成瀬治・山田欣吾・木村靖二編，1996 年『ドイツ史 2 1648 年〜1890 年』（世界歴史大系）山川出版社。

山内昌之，1984 年『オスマン帝国とエジプト —— 1866-67 年クレタ出兵の政治史的研究』東京大学出版会。

Bresler, Fenton, 2000, *Napoleon III: A Life*, HarperCollins.

Carr, William, 1991, *The Origins of the Wars of German Unification*, Longman.

Conacher, J. B., 1987, *Britain and the Crimea, 1855-56: Problems of War and Peace*, Macmillan.

Coppa, Frank J., 1992, *The Origins of the Italian Wars of Independence*, Longman.

Embree, Michael, 2006, *Bismarck's First War: The Campaign of Schleswig and Jutland 1864*, Helion & Company.

Goldfrank, David M., 1994, *The Origins of the Crimean War*, Longman.

Howard, Michael, 2001, *The Franco–Prussian War: The German Invasion of France, 1870-1871*, 2nd ed., Routledge.

Lerman, Katharine Anne, 2004, *Bismarck*, Longman.

Lowe, John, 1993, *The Concert of Europe: International Relations 1814-70*, Hodder & Stoughton.

Lowe, John, 1998, *Britain and Foriegn Affairs 1815-1885*, Routledge.

McMillan, James F., 1991, *Napoleon III*, Longman.

Price, Roger D., 1997, *Napoleon III and the Second Empire*, Routledge.

Wawro, Geoffrey, 1996, *The Austro–Prussian War: Austria's War*

*with Prussia and Italy in 1866*, Cambridge University Press.
Wetzel, David, 2003, *A Duel of Giants: Bismarck, Napoleon III and the Origins of the Franco-Prussian War*, University of Wisconsin Press.

# アメリカ南北戦争
●史上最大の内戦

第**11**章

❶アンティータムで将軍たちと会見するリンカーン大統領（1862年9月）——アメリカ南北戦争に対するヨーロッパ列強からの介入を阻止する決定打となった戦場での一こま（写真提供：Bridgeman Art Library/PANA）

第Ⅲ部 「ヨーロッパの時代」の栄光と衰退

## *1* 内乱への序曲

### 奴隷制度と南北対立

　ヨーロッパ大陸が 1848 年の革命で動乱の嵐に巻き込まれようとしていたころ，アメリカ合衆国はまさに拡張の時代を迎えていた。1845 年 3 月に南隣のテキサス共和国（1836 年にメキシコから独立）を併合し，翌 46 年 5 月から始まったメキシコ戦争での勝利で，アメリカはリオグランデ川以北をテキサス領として認めさせるとともに，メキシコに 1500 万ドルでカリフォルニアとニューメキシコを譲渡させた。しかも 48 年 1 月には，そのカリフォルニアで金鉱が発見され，「ゴールド・ラッシュ」は 10 万人もの人々を大陸最西端の地へと惹き付けたのである。

　さらに同時期（1846 年），アメリカはカナダを領有するイギリスとオレゴン協定を結び，北緯 49 度以南に領土を獲得した。これは太平洋岸に海軍基地が建設される契機となり，日本や中国との交易の拠点も設けられるようになった。合衆国全体の鉄道網も，1830 年代に比べ，1860 年には 420 倍（約 5 万 km）にも達し，大陸全体を覆う勢いとなった。

　このような領土拡張の陰には，先住民の虐殺や抑圧，メキシコへの侵略など，周辺の弱者を犠牲にする強圧策が見られたが，この国が，自由な発展のために大陸に伸び広がっていくのは神によって与えられた「明白な天命（マニフェスト・デスティニー）」であると，人々は豪語した。彼らアメリカ市民は，自由や民主主義を近隣の弱小民族に教えていくことこそが神の摂理であると，強く感じていたのである。

　しかし，その「神の国」アメリカにも隠し切れない汚点があった。18 世紀初頭から合法化されていた黒人奴隷制度である。自由と平等を掲げて独立を成し遂げた後でさえ，アメリカには奴隷制が存続

第 11 章　アメリカ南北戦争

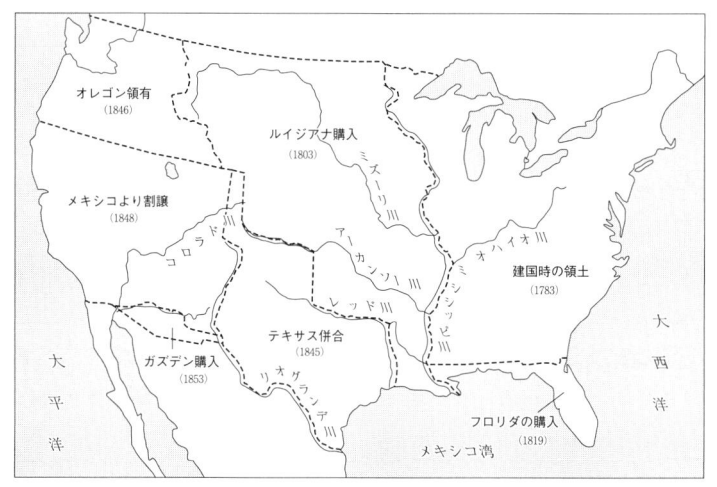

図 11-1　アメリカの領土拡張

（地図：オレゴン領有(1846)、ルイジアナ購入(1803)、メキシコより割譲(1848)、ガズデン購入(1853)、テキサス併合(1845)、建国時の領土(1783)、フロリダの購入(1819)）

［出典］　有賀・大下・志邨・平野編，1994，358 頁。

した。奴隷労働にそれほど依拠していなかった商工業中心の北部や中部諸州では，独立後早くから奴隷制の廃止を訴える声が徐々に広がりを見せていたが，奴隷制が社会経済的に重要だった南部諸州は頑(かたく)なにこれを死守しようとした。

特にサウスカロライナやジョージアなど「低南部(ロアー・サウス)」と呼ばれた合衆国最南端の諸州は，18 世紀末から綿花の生産に力を注ぎ，1840 年代までには世界の綿花生産高の 6 割を産出して，綿花は合衆国総輸出額の 5-6 割を占める最重要品目となっていた。19 世紀半ばのアメリカの貿易黒字は，まさにこの「綿花王国(コットン・キングダム)」によって支えられていたといっても過言ではない。さらにその綿花王国を支えていたのが，黒人奴隷制度だったのである。

連邦議会は 1808 年から奴隷貿易を禁じ，北部ではアメリカ植民協会がアフリカ西海岸に土地を開拓し（現在のリベリア），奴隷から解放された黒人（自由黒人）を送還するなどしていたが，1830 年代

からは奴隷制の廃止をより過激に訴える運動も始まった。首都ワシントンの連邦議会における勢力の均衡(バランス)にも、奴隷制は影響を与えた。特に、各州の人口比に基づいて議席が決まる下院とは異なり、すべての州から2議席ずつ代表が集まる連邦上院では、奴隷制を認めない自由州と認める奴隷州との確執が強まっていた。

　それは準州(テリトリー)から州(ステイト)に昇格し、新たに連邦に加わる州が、自由州・奴隷州のいずれに与(くみ)するかという問題にもつながった。1820年のミズーリ協定では、北緯36度30分を境に、これより北では奴隷制を認めないとする取り決めが結ばれた。ところが、「明白な天命」の名の下に西方に広がった領土は、穀物生産や牧畜業など、第一次産業にかかわる地域が多く、境界以北でも奴隷制を採用する州が現れる可能性が高まっていた。

　1850年にはカリフォルニアが自由州として連邦への加盟を認められる一方で、ニューメキシコとユタの両準州は、将来州に昇格する際には奴隷制の是非は住民が決めるべきであるとする妥協案で、連邦議会内の対立は鎮められた。しかし、これはあくまで問題の先送りにすぎなかった。1854年の「カンザス＝ネブラスカ法」でも、南部に支援者の多い民主党が主導するかたちで、奴隷制の是非は住民の決定に委ねられた（人民主権、住民主権）。この法律の制定にあたり、反奴隷制・反民主党の連合勢力として結成されたのが共和党であった。こうしてアメリカ議会政治は、民主党と共和党とが拮抗(きっこう)する時代へと突入する。

### リンカーンの登場と内乱の予感

　カンザス＝ネブラスカ法をめぐる議会闘争から4年後、1858年に全米の注目を集めたのがアメリカ中央部イリノイ州での連邦上院議員選挙である。イリノイ州自体は自由州であったが、北部が商工業を中心に営み（その拠点が大都市シカゴ）、南部が農業地帯で、そ

れぞれが奴隷制に反対（北部）と同情的（南部）という具合に，意見が分かれていた。まさに当時のアメリカ合衆国の状況を如実に表す「縮図」となっていたのである。

この選挙で共和党から立候補したのが，ケンタッキーの貧しい開拓農民の子に生まれ，独学で弁護士となり，イリノイを拠点に政治活動を始めていたリンカーン（Abraham Lincoln, 1809-65）であった。彼は，地元ではそれなりに知られていたが，全国的にはまだ無名の存在であった。対する民主党の候補者はダグラス（Stephen Douglas, 1813-61）という，カンザス＝ネブラスカ法を連邦議会で通過させた張本人であり，全国的にも著名な大物の議会政治家であった。

ある意味では無名のリンカーンがダグラスの胸を借りるかたちで，7回にわたる論戦が繰り広げられ，詳細は逐一新聞を通じて全国に報道された。ここでダグラスは，奴隷制の拡大の是非に関しては住民の判断に委ねるべきであると，相変わらずの持論を展開した。対するリンカーンは，奴隷制には反対であるが，黒人が白人と同等の社会的・経済的能力を持ち合わせているとは考えず，アメリカ中央部に黒人だけの居住地を作るべきだとする，黒人分離論を主張した。両者に共通していたのは，既存の奴隷制には干渉しない点であった。

選挙の結果はダグラスの勝利となったが，この「リンカーン＝ダグラス論争」によって，リンカーンは一躍全国にその名を轟かせ，2年後の大統領選挙で共和党が推す候補者にのしあがったのである。彼は，奴隷制がこれ以上新しい州に拡大していくことには基本的に反対であるものの，既存の奴隷制には触れず，一種の封じ込め政策を提唱することで，穏健な北部人の心をつかんでいった。

1860年大統領選挙は，奴隷制問題がまさに国論を二分する最大の争点となった。民主党はダグラスを大統領候補に担ぐ北部民主党と，これに反対する南部民主党とに分裂した。漁夫の利を得るかたちで，11月初旬にリンカーンが大統領に当選した。とはいえ，彼

が一般投票で得たのは全体の40％の支持にすぎなかった。しかし，既存の奴隷制には干渉しないと主張していたにもかかわらず，リンカーンの当選は南部諸州に衝撃を与えた。奴隷制反対の共和党の候補が当選したことで，奴隷州は苦渋の選択を強いられたのである。

リンカーン当選の翌月，12月20日にサウスカロライナ州が連邦からの脱退を表明した。次いで，ミシシッピー，フロリダ，アラバマなど，「綿花王国」の諸州も続々と連邦離脱に乗り出した。1861年2月9日，アラバマ州モンゴメリーで連邦を脱退した諸州によって「アメリカ連合国」（通称は南部連合）が結成され，新憲法の制定とともに，大統領にはミシシッピー州選出の連邦上院議員であったデイヴィス（Jefferson Davis, 1808-89）が選出された。こうしてアメリカは二つの「国家」に分断されてしまった。

3月4日，当時まだ円蓋（ドーム）が建設途上にあった連邦議事堂の前で，リンカーンは第16代合衆国大統領に就任した。その就任演説で「われわれは敵ではなく友人である」と訴え，あくまで南部の奴隷制に干渉しない旨を唱えたリンカーンであったが，南部連合は連邦に戻る気配を見せなかった。北部連邦政府と南部連合の関係は一触即発の状態となっていた。

## 2 内戦勃発と列強の反応

### 北軍の苦戦と戦争の長期化

リンカーン大統領の就任演説からわずか1カ月後，サウスカロライナ州の港町チャールストンの沖合に浮かぶ連邦政府所有のサムター要塞をめぐり，ついに南北は衝突した。1861年4月12日，ここに「アメリカ南北戦争」（原語では内戦（シヴィル・ウォー））と後に呼ばれることになる死闘が始まった。

内戦勃発当初は，この戦争は数週間で北部の勝利のうちに終結す

るだろうとだれもが予想した。最終的に連邦を離脱し，南部連合に加わった州は11州にすぎず，ミズーリやケンタッキーなど四つの奴隷州は中立州として連邦にとどまっていた。南部連合は人口にして900万人であり，北部の連邦（23州）は2200万人と倍以上であった。しかも，南部人口のうち360万人（4割）は黒人奴隷であり，彼らは戦力外と想定されたため，実質上，北部は南部の4倍の人口を擁していたことになる。

さらに南部は，財源を主に綿花栽培に依拠してきており，工業生産力の点で圧倒的に北部に後れをとっていた。金額にして年間16億ドルの工業生産力を持つ北部に対し，南部のそれは1億9300万ドルにすぎなかった。より深刻だったのは，軍需物資の流通と分配であった。鉄道の総距離でも北部の半分にすぎなかった南部であるが，その南部の鉄道はすべて綿花の輸送経路に沿って建設されていた（具体的には内陸から港湾に向かっていた）ため，内陸から内陸へとヒト・モノ・カネを輸送できる手段を欠いていたのである。

また，南部連合は「急ごしらえ」でできた奴隷州の寄せ集めであり，奴隷制の死守という目的を除いては，各州は自らの利害ばかりを追い求め，一つのまとまった「国家」としての自覚に欠けていた。このため総合的な課税制度まで数年がかりで作られる有り様であった。しかも戦前から南部社会には，奴隷主寡頭制（かとうせい）を維持しようとする一握りの大農園主（プランター）と，民主化を要求する大多数の零細農民（奴隷を所有しない）との対立が見られ，南部諸州は決して一枚岩ではなかったのである。

ところが，緒戦で勝利を収めたのは南軍の方であった。開戦から3カ月後の1861年7月21日，首都ワシントン郊外のブルランで両軍が激突し，南軍の猛攻に耐え切れず北軍は敗走を強いられたのである。この（第一次）ブルランの戦いで，内戦がそう簡単には終結しないことが明らかになった。この後，西部のミシシッピ川流域

第Ⅲ部 「ヨーロッパの時代」の栄光と衰退

図11-2 南北戦争における主な戦闘（1861-65年）

［出典］ 有賀・大下・志邨・平野編，1994，402頁。

でも，東部戦線でも，南軍の快進撃が続いた。なぜヒト・モノ・カネで南部連合を圧倒的に上回っていた北部連邦政府が，緒戦で敗北を喫したのか。

まずは，ナポレオン戦争時の「ピット氏の黄金」（第8章を参照）からもわかるように，戦争に勝つためには軍資金が最重要であった。ところが当時のアメリカには，統一通貨もなければ，国法銀行さえ存在しなかったのである。もともとが各州それぞれの事情で開拓され，13州として独立を達成した合衆国であった。独立後はおのおのの州が独自に通貨発行権を握り，合衆国としての統一通貨は存在せず，多種多様な州法銀行券が氾濫していた。そこで連邦議会は1862年1月に法貨法を成立させ，財務省手形の発行で急場をしのぐことにした。さらに，連邦政府が通貨の発行権を独占する国法銀

行法も制定された（1863年2月）。

　また，それまでの連邦政府は，関税収入や公有地の売却収入で歳入を賄える程度の財政規模（年間4000万ドル）で済まされていたが，それでは1カ月分の戦費にもあたらない。それゆえ1861年8月に連邦課税法が制定され，全国的な土地への直接税，合衆国史上初めての所得税が導入されるに至ったのである。さらに各種嗜好品への関税や，印紙税，相続税など，「空気以外のすべてに課税している」と言われるまで，あらゆるものに税が課せられ，それは他方で市民たちからの反発もかっていた（有賀・大下・志邨・平野編，1994年）。

　足りなかったのはカネだけではない。ヒト（兵力）も当初は不足していた。この戦争は，奴隷解放のためではなく，連邦を離脱した南部諸州を連れ戻し，連邦を維持することが北部連邦の目的であった。そのため志願兵の動員に時間がかかり，訓練もまともに受けていない北軍兵が，指令系統も補給もまちまちな中で，ブルランで南軍に敗れたのである。これを率いる司令官も南軍に及び腰であった（中には南部に同情を寄せる南部出身の将軍も多かった）。グラント（後の第18代大統領，Ulysses Grant, 1822-85）やシャーマン（William Sherman, 1820-91）といった有能な将軍たちが活躍するのは，戦争が佳境に入った1863年初頭ごろからのことである。

　対する南軍には，総司令官のリー（Robert Edward Lee, 1807-70）や，「石の壁」の異名を取るジャクソン（Thomas Jackson, 1824-63）など，優れた指揮官が大勢いた。しかも，南軍は基本的に南部に侵攻してくる北軍を撃退することに専念できたので，もともとが北軍より戦略的にも有利な立場に立てたのである。とはいえ戦争は長期化し，塹壕と施錠銃が鍵を握るようになっていった。北部連邦政府には開戦当初の混乱があったものの，ヒト・モノ・カネで劣る南軍としては，逆に北軍に戦闘をしかけ，北部の物資を活用する必要性が生じてきたのである。

## 英仏による介入の危険性

内戦の勃発でリンカーン政権が細心の注意を払ったのが、ヨーロッパ列強からの介入を回避することであった。開戦から1カ月後の1861年5月13日、イギリス政府は中立宣言を発し、アメリカの内戦にはかかわらないと約束した。しかし「中立」は、理論的には南部連合を合衆国の「交戦国」として認めることを意味した。これに反発した国務長官のシュワード（William Seward, 1801-72）は、イギリスに抗議し、中立宣言の撤回を要求したが、南部の海上封鎖（「封鎖」は国際法的には二国間に交戦状態がある場合にのみ認められる）を続ける連邦政府の矛盾をついて、イギリス政府は耳を貸そうとしなかった。

イギリスにとって、南部の封鎖は死活問題にもつながりかねなかった。当時のイギリスの主要産業の一つである綿産業界にとって、アメリカ南部の「綿花王国」は輸入量の8割を超える最重要の原料供給地であった。それが、北部艦隊による封鎖で綿花が入ってこなくなったのである。1860年は綿花が豊作であったため、マンチェスターなどの綿産業地にストックがあったが、戦争（南部封鎖）の長期化は「綿花飢饉」の発生につながりえた。

イギリスと同様に綿花供給の落ち込みに悩んだのが、フランスの綿産業界であった。フランスもイギリスに次いで南北戦争への中立を宣言していた。さらにナポレオン3世治下のフランスは、当時は南部連合の南隣メキシコに食指を伸ばしており（第10章を参照）、アメリカの内戦に介入してくる可能性も高かった。

他方、南部連合の側も「自国」をヨーロッパ列強に承認してもらおうと、外交使節団の派遣を検討していた。東部でも西部でも、南軍の優勢が続く中で、1861年11月、ついに南部連合は英仏両国に向けて使節を送り出した。しかし一行（特使とおのおのの秘書の計4名）が乗り込んだ船が北部艦隊の臨検に遭い、彼らはその場で逮捕

第 11 章　アメリカ南北戦争

されてしまうという事件が起こった。敗戦が続いていた北部世論はこの報に歓喜したが，問題はそれだけにとどまらなかった。

　南部連合の使節が封鎖を突破しようと乗り込んだ船が，イギリス船籍の郵便船トレント号だったからである。詳細はやがてイギリス政府にも伝わり，パーマストンを首班とする自由党政権はこれに即座に抗議し，中立国イギリスの船に「積まれていた」使節団をすぐに釈放するように要求した。北部連邦政府はこれに慎重に対応しようとした。

　イギリスでは，パーマストン首相が議会に諮(はか)り，カナダへの 1 万 2500 人の増派を決定した。英米戦争勃発の瀬戸際で，すべては北部連邦政府の決定にかかっていた。しかし，当時の英米間は交信に往復で最速でも 1 カ月は要した（大西洋横断の海底ケーブルは南北戦争後の 1866 年に完成した）ため，この「トレント号事件」にそれぞれの理由から激高した英米の世論に頭を冷やす時間が与えられた。最終的に北部連邦政府は，翌 62 年 1 月に使節団を釈放し，英米戦争は回避された。

　しかし，この「トレント号事件」は，イギリスやフランスといった列強がいつ何時(なんどき)でもアメリカの内戦に介入してくる可能性があることを如実に示す事件であった。南部連合の使節団が釈放された 1862 年に入ってからも，北軍の劣勢は続いたままであった。62 年夏には，イギリス議会で「アメリカ連合国」を承認すべきであるという動議がたびたび提出された。パーマストン政府はこれを押さえていたが，戦争の長期化は次第にイギリス政府内にもアメリカ内戦への外交的介入を検討する空気を醸し出していった。

　1862 年 8 月末に，第二次ブランの戦いでまたもや北軍が敗退した。パーマストン政権の外相ラッセル（1st Earl Russell, 1792-1878）は首相に対し，英仏露三国でアメリカの内戦を調停してはどうかと相談した。相次ぐ北軍の敗戦に業(ごう)を煮やしていたパーマスト

ンも，次の一戦に北軍が負けたら調停案を閣議で検討しよう，と約束した。隣国フランスでは，野心家の皇帝ナポレオン3世がやはり英仏露三国による介入を望むようになっていた。

それと同時期（1862年9月），南軍総司令官リー将軍はメリーランドへの侵攻を開始していた。すべては，この一戦とリンカーン政府による外交上の対応とにかかっていた。

### 奴隷解放宣言の意味

1862年9月17日に運命の時は訪れた。メリーランド州のポトマック川沿いにあるアンティータムで南北両軍は激突した。長い行軍を食糧も満足にとれずに耐え忍んできた南軍は，ここで敗退した。迎え撃った北軍が追撃しなかったため，南軍は捕捉されずに逃げ延びたが，これにより連邦政府としては一応の勝利をつかむことができた。そして，数カ月前からリンカーンが閣僚たちと相談の上で計画していた政策を実行に移すことになった。「奴隷解放宣言」の発表である。

もともとが連邦の維持を目的として始められた戦争であったが，リンカーンはもはや奴隷制を温存していては，国内外の世論にこの戦争の正統性を訴えられないと判断するに至っていた。南北の利害対立や連邦制の存続を争点とした地域紛争などではなく，この戦争を南部で苦しめられている黒人奴隷の解放のための戦争にするという，より高邁な理想を目的に掲げて，世界大の規模で世論の支持を得ようとしたのである。

そのためには戦況も大事であった。北軍劣勢の中で宣言を発しても，連邦政府の捨鉢の政策としか受け取られかねない。戦況を五分に戻し，あらためて宣言を出すことにしたのである。1862年9月22日，リンカーン大統領は合衆国で反乱を起こしている地域の奴隷を解放すると宣言した。ただし，これもきわめて慎重に執り行わ

れた。解放するのは翌63年1月1日をもってのことであり、その時点で合衆国に反旗を翻している地域の奴隷が対象である。それは南部連合に加わらず、連邦にとどまった中立州には適用されない。この宣言は、1863年1月1日に出される予定の本宣言を前にした「予備宣言」であった。

しかしその効果は絶大であった。それまで南部連合を連邦に連れ戻すという、ある意味では地域的・限定的な目的しか見出せなかったアメリカ政府による戦争目的が、これにより道徳的にもきわめて重要な意義を持ったばかりか、北軍全体の士気にも好影響を与えた。南部では黒人たちが次々と北部に逃亡し、北軍に参加した。アメリカ南部の奴隷制に否定的であった国際世論、特にイギリスやフランスの世論が連邦政府を支持するようになった。

外交的な側面でとりわけ影響を与えたのが、イギリス首相パーマストンに対してであった。パーマストンは、アンティータムの戦いで北軍が勝利を収めると、英仏露三国による調停を進めようとするラッセル外相に慎重な態度を促すようになっていた。しかし、彼の外交姿勢を決定的に変えたのが奴隷解放宣言であった。

パーマストンは1830年に外相に就任して以来、ヨーロッパ国際政治はもとより、世界大で広がるイギリス帝国の問題に深くかかわるとともに、大西洋での奴隷貿易を禁ずる条約を関係各国と取り結ぶことにも奔走していたのである。そのような時に、奴隷の密貿易を取り締まるイギリス海軍(ロイヤル・ネイヴィー)による相互の臨検や探索に協力せず、「海洋の自由」という原則を掲げてあくまでも対抗していたのが、奴隷制を温存するアメリカ合衆国であった。すでに1833年にイギリス帝国全土での奴隷制を廃止し、ポルトガルが続ける奴隷貿易を根絶しようと尽力していたパーマストンにとって、アメリカ南部の奴隷制は容認できなかった。

アメリカで内戦が勃発したときにも、北部連邦政府が早々に奴隷

## Column ⑫　ウィルソン外交の起源

　第一次世界大戦後の国際政治を「新外交」により主導しようとした（終章を参照）アメリカ合衆国第28代大統領ウィルソンは，南北戦争が勃発する4年ほど前の1856年暮にヴァージニア州スタントンで長老派牧師の家に生まれた。黒人奴隷制を支持し（父は南軍の従軍牧師も務めた），家内奴隷をも持っていたウィルソン家は，謹厳実直で宗教的な雰囲気に満ちており，それが少年時代の彼にも大きな影響を与えた。

　学究肌であったウィルソンは，弁護士，次いで政治学者となり，東部の名門プリンストン大学の学長にまでのぼりつめた。政治学者としての彼の出世作が『議会主導の政治』（1885年）である。南北戦争後のアメリカ議会政治は，急激な工業化と貧富の差の拡大によって，「ボス支配」や「マシーン政治」と呼ばれる腐敗構造が形成され，民主・共和の二大政党間に健全な競合が見られることも少なくなっていた。

　彼が著作で訴えたのは，アメリカ議会政治に欠けている強力な政治指導者の存在であった。ウィルソンが念頭に置いたのは，南北戦争という危機からアメリカを救ったリンカーンではなく，リンカーンと同年（1809年）生まれのイギリスの議会政治家グラッドストンであった。グラッドストンはウィルソンにとって少年時代からの憧れであり，自室には写真がつねに飾られていた。グラッドストンは大衆の願望を逸早く察知し，得意の弁舌能力を活かして議会と民衆を動かす「カリスマ性」を

制の廃止を打ち出すと思いきや，いつまでも南部の奴隷制に手を付けず，しかも苦戦が続くばかりで，正直パーマストンも北部連邦政府の動向に業を煮やしていた。それが1862年9月の予備宣言，次いで63年1月の本宣言の発表により，パーマストンの態度も変わった。閣内で調停を唱えるラッセル外相の提案は，首相自らの反対によって押さえ込まれたのである。

　イギリスの態度はナポレオン3世にも影響を与えた。ナポレオン3世もラッセル同様に，英仏露三国での調停を考えていたが，イギリス（特にアメリカに対して威嚇となる海軍）が加わってくれないかぎ

備えていた（この点は，ウィルソンより8歳年下のドイツの社会経済学者マックス・ヴェーバーも鋭く指摘している）。

　政治家に転身し，1913年に大統領となったウィルソンは，それまでは書記が代読していた教書を，自ら連邦議会に赴いて，グラッドストン張りの雄弁さで読み上げた。これはその後，歴代大統領の慣例ともなった。ウィルソンがグラッドストンから受けた影響はそれにとどまらず，外交理念にも及んでいた。グラッドストンは，「キリスト教の道徳とヨーロッパ協調」を二本柱とする新しい国家間の法を形成し，各国の独立を認め，侵略を忌避し，平和的な方法で紛争を恒久的に解決する最高権威を持つ裁判所を築くべきだと訴えた。

　これはまさに，民主主義と自由主義によって国際平和を築こうとしたウィルソンの外交理念に共通するものであった。彼の理念は，グラッドストン的な道徳観と拡張著しいアメリカに特有の「明白な天命」とが混合するかたちで，民主・自由主義を世界に広める「宣教師外交」に結実した。しかし，それはやがて「押し付け」へと転じ，ハイチ，ドミニカ，メキシコへの軍事介入（海兵隊外交）につながった。グラッドストンもエジプト侵略（1882年）を推し進めたが，両者の外交はその結末でも似通っていたのかもしれない。

りは，アメリカ内戦への介入も難しくなったのである。もう一つの大国ロシアも，当時は北部連邦政府とは良好な関係にあり，英仏から誘いを受けても内戦に介入する気はなかった。この米露の友好的な関係が，南北戦争後のアメリカによるロシアからのアラスカ買収（1867年）につながるのである。こうして列強による介入は回避された。

## 3　内戦終結と大国への道

### 北軍勝利とリンカーン暗殺

　アンティータムの戦いは，南北戦争それ自体にとっても転機となった。1863年に入ってから，リー将軍は再び北部への侵攻を試みるが，南部連合の財政は破綻状態にあった。戦争の長期化とともに，工業生産力に劣る南部の限界が露呈してきていた。軍需物資や武器弾薬は底をつくようになり，兵士たちは靴さえ満足に履けない始末であった。食糧を得るためには，北部に侵攻して補給する以外になくなった。

　1863年7月初旬，ペンシルヴェニア州ゲティスバーグで，リー将軍率いる南軍が壊滅的な敗北を喫した。同じころ，西部のヴィックスバーグ（ミシシッピー川での南軍の拠点）がグラント将軍率いる北軍の手に落ちた。守勢に回された南部連合は，ナポレオン3世の傀儡国家となっていたメキシコ帝国に外交関係の樹立を求めたが，脆弱さを露呈した南部に，ナポレオンはもはや近づこうとはしなくなっていた。

　この後，北軍のシャーマン将軍による焦土作戦で，南部は廃墟と化していった。1864年9月2日にはジョージア州のアトランタが陥落した。ゲティスバーグでの勝利の後にも戦争が長引いている状況に，北部の世論も次第に厭戦気分に覆われるようになっていた。このため64年の大統領選挙でリンカーンの当選は一時絶望視されていたが，南部連合の重要な拠点である古都アトランタの陥落の報に接し，国民もリンカーンを見直した。こうして11月に，リンカーンは圧倒的大差で大統領に再選されたのである。

　翌65年3月4日，今や円蓋が完成していた連邦議事堂を背景に，リンカーンは二度目の就任演説を行った。彼は「何人に対しても悪

意を抱かず，すべての人に慈愛をもって」戦後の再建に取り組みたいと力強く訴えた。そこには，4年にわたり死闘を繰り広げてきた南部連合に対する憎しみの感情など微塵(みじん)もなく，偉大なる戦争指導者の勇気と博愛に満ちた言葉は聴衆たちの涙を誘った。

それから1カ月後の4月9日，ヴァージニア州アポマトックスでリー将軍がグラント将軍に降伏し，アメリカ南北戦争は終結した。4年にわたる内戦に動員された兵力は南北合わせて420万人に及んだ。北軍は36万人，南軍は27万5000人の戦死者を出していた。それは，アメリカ合衆国がこの後に経験する戦争（第一次・第二次の両大戦やヴェトナム戦争，イラク戦争に至るまで）のすべてで戦死したアメリカ兵の総計（58万人弱）よりも多かった。廃墟と化した南部はもとより，北部諸州にも大変な被害が出ていた。再統合をめざす合衆国の再建を，国民はリンカーン大統領に託そうとした。

ところが，終戦からわずか5日後の1865年4月14日，ワシントンのフォード劇場で観劇中だった大統領は，南部出身の狂信的な俳優に後ろから頭を撃ち抜かれ，15日未明に息を引き取った。リンカーンは，慎重に時代の趨勢(すうせい)を見極め，緊急時には大胆に素早く決断のできる，優れた指導者であった。その典型的な事例が奴隷解放宣言の発表であり，それまでは憲法で保障された財産権として，連邦政府でさえ手の付けられなかった奴隷所有を，大統領の戦時大権によって廃したのである。彼が大統領に在任した期間は，まさにアメリカ史上最大の危機とも言える，南北戦争の4年間と完全に符合するものであった。

しかし，彼を敬愛してやまなかったアメリカ国民は，この偉大なる指導者なくして，戦後の再建というさらなる試練に耐えていかなければならなかったのである。

第Ⅲ部　「ヨーロッパの時代」の栄光と衰退

## 南部再建と工業大国の誕生

　内戦が終結したとはいえ、旧南部連合の 11 州がそのまま連邦への復帰を認められるはずはなかった。今は亡き大統領リンカーンの「すべての人に慈愛を」の精神に基づいて、連邦政府も議会も南部の再建には力を貸すが、そのためには避けては通れない問題が残されていた。黒人奴隷をすべて解放し、彼らに基本的な人権を与えることである。終戦の 1 周年記念にあたる 1866 年 4 月 9 日、「市民権法」が議会を通過し、法の下での平等や幸福の追求権、財産権の不可侵といった、基本的な権利が解放された黒人たちに認められた。

　この市民権法を南部 11 州が認めないかぎり、連邦への復帰はありえなかった。背に腹は替えられない南部諸州は、1870 年までには次々とこれを認め、連邦政府主導の再建政策の恩恵に与れるようになった。しかし権利を与えられたとはいえ黒人たちは、土地も財産も与えられないまま、身分だけ奴隷から解放されたのみであった。彼らの多くは分益小作農（シェア・クロッパー）として、それまでの大農園主から土地・種子・肥料・農具・家畜・家屋などを借りて耕作に励んだが、その大半は負債に追われ、やがては政治的・経済的な権利も奪われていくことになる。

　他方、南部 11 州を復帰させたアメリカ合衆国自体は、この後重化学工業を中心とした「アメリカ産業革命」の時代（1870-90 年代）に突入した。4 年にわたる死闘が、皮肉にもそれまで二流の工業力しか持たなかったアメリカ北部の工業生産力を飛躍的に伸ばし、再建後のアメリカ南部を経済的にも従属させて、より強大な工業大国への道を切り開いたのである。同時期のドイツや日本では、政府主導の「上からの」工業化（富国強兵）が進められたが、「自由の国」アメリカでは、巨大企業がその役割を個々に演じていった。

　1869 年 5 月の大陸横断鉄道の開通に象徴されるように、1870 年代からはアメリカ大陸を縦横に支配する巨大企業を傘下に収める実

業家が姿を現した。鉄鋼王のカーネギー（Andrew Carnegie, 1835-1915），石油王のロックフェラー（John D. Rockefeller, 1839-1937）などは，技術革新にも助けられ，世界最大の企業を築き上げていった。しかも彼らは，みな下層階級からの「叩き上げの人物(セルフ・メイド・マン)」であった。彼らは，当時から盛んに喧伝(けんでん)されるようになった「アメリカン・ドリーム」の代名詞ともなった。

　南北戦争で失われた労働力は，新天地アメリカをめざし，ヨーロッパ各地から流入した移民労働者によって穴が埋められた。19世紀後半からは，貧困に苦しむ南イタリアや，圧制下に置かれたポーランド（特に迫害を受けたユダヤ系）などからの移民が急増した。彼らヨーロッパの貧しい者たちにとっても，アメリカは「夢と希望の国」であった。

　こうしたさまざまな条件に助けられ，南北戦争後のアメリカは，かつての宗主国イギリスをも凌駕(りょうが)し，20世紀の幕が開くころまでには世界第一位の工業大国となっていた。しかし繁栄の裏側には，貧富の差の拡大や労働組合運動の抑圧，人種差別の復活，政治・経済・社会のすべてにわたる「ボス支配」の蔓延(まんえん)など，新たな社会問題が生じていた。その解決は，新しい世紀の新しい指導者たちに託された。

　リンカーン亡き後のアメリカが工業大国にのしあがろうとしていたころ，ヨーロッパではウィーン体制が崩壊し，新しい国際秩序が形成されようとしていた。それを主導したのは，オーストリアやイギリス，フランスといった古くからヨーロッパ国際政治を動かしてきた国々ではなく，1871年に統一を成し遂げたばかりの新興の大国「ドイツ帝国」であった。その統一を導いた辣腕(らつわん)の帝国宰相こそが，巧みな外交戦略によって，ウィーン体制に代わる新たな体制を築き，ヨーロッパに一定の平和をもたらすことになるのである。

第Ⅲ部 「ヨーロッパの時代」の栄光と衰退

●引用・参考文献●

有賀貞・大下尚一・志邨晃佑・平野孝編, 1994 年『アメリカ史 1 17 世紀〜1877 年』(世界歴史大系) 山川出版社。

井出義光, 1984 年『リンカーン――南北分裂の危機に生きて』清水新書。

キッシンジャー, ヘンリー・A./岡崎久彦監訳, 1996 年『外交』上, 日本経済新聞社。

君塚直隆, 1993 年「パーマストンとアメリカ南北戦争――閣内対立と対外政策決定過程」『史学雑誌』第 102 編第 6 号。

君塚直隆, 2006 年「自由主義外交の黄金期――パーマストンと奴隷貿易」田所昌幸編『ロイヤル・ネイヴィーとパクス・ブリタニカ』有斐閣。

志邨晃佑, 1984 年『ウィルソン――新世界秩序をかかげて』清水新書。

長田豊臣, 1992 年『南北戦争と国家』東京大学出版会。

野村達朗, 1996 年『大陸国家アメリカの展開』山川出版社。

本間長世, 2004 年『正義のリーダーシップ――リンカンと南北戦争の時代』NTT 出版。

本間長世, 2008 年『アメリカ大統領の挑戦――「自由の帝国」の光と影』NTT 出版。

山口房司, 1985 年『南北戦争研究』啓文社。

Carwardine, Richard J., 2004, *Lincoln*, Longman.

Crook, D. P., 1974, *The North, the South, and the Powers 1861-1865*, John Wiley & Sons.

Jones, Howard, 1999, *Abraham Lincoln and a New Birth of Freedom: The Union and Slavery in the Diplomacy of the Civil War*, University of Nebraska Press.

McPherson, James M., 2002, *Crossroads of Freedom: Antietam*, Oxford University Press.

Saul, Norman E., 1991, *Distant Friends: The United States and Russia, 1763-1867*, University Press of Kansas.

# ビスマルク体制下のヨーロッパ

第**12**章

❶ベルリン会議（1878年）——ビスマルク（中央で握手する背の高い人物）を議長役に，ゴルチャコフ（左に座る人物），ビーコンズフィールド（その右側で杖をついて立っている人物）などが，バルカンと地中海の安全保障問題を討議した（Anton Von Werner 画。写真提供：dpa/PANA）

第Ⅲ部 「ヨーロッパの時代」の栄光と衰退

## *1* ビスマルク体制の形成

### 新たなる勢力均衡の始まり

　リンカーン大統領が，アメリカ南北戦争の転機となった「奴隷解放宣言」の予備宣言を発表した翌日，1862年9月23日にヨーロッパの大国の一つプロイセンで，一人の人物が首相に就任した。彼はその1週間後，下院の予算委員会に出席して次のような演説を行った。「今日の政治課題は，演説や多数決方式などではなく，鉄と血によって解決されるのだ」。この型破りな発言から，後の世に「鉄血宰相」の異名をとることになるこの人物こそが，プロイセン主導でドイツ統一を成し遂げた立役者ビスマルクであった。

　ビスマルクはこの演説のとおり，血と鉄（軍事力）によってプロイセンを強大な国家に育て上げ，第10章で見たように，1864-71年の三度の戦争に勝利を収め，1871年3月に新生ドイツ帝国の宰相になっていた。ドイツ統一の直後に，イギリス保守党の指導者ディズレーリ（Benjamin Disraeli, 1804-81）は，「〔ドイツ統一という〕ドイツ革命は前世紀のフランス革命よりはるかに重要な政治的事件である」と述べて，ウィーン体制以来の「ヨーロッパ協調」が終焉を迎えたことに危惧を抱いていた（Goodlad, 2000）。

　しかし，1871年以後のビスマルクの外交政策は，血（戦争）に頼ることは極力避けて，ヨーロッパに新たな「勢力均衡」に基づく安全保障体制を構築することに全精力を注いでいた。それは，列強間の対立関係がビスマルクのドイツを調整役（彼自身の言葉を使えば「公正なる仲介人」）に構築される平和の体制であった。この「ビスマルク体制」は3本の柱によって支えられていた。

　まずは，バルカン半島での勢力圏をめぐる，ロシアとオーストリアとの確執を緩和することである。クリミア戦争以降に顕在した両

国の勢力圏争いは、スラヴ系の盟主ロシアとゲルマン系の盟主オーストリアという、バルカン半島での民族問題ともかかわり合っていた。今や「瀕死の病人」と呼ばれて久しい、トルコの弱体化にともない、この地域ではいつ何時でも紛争の火種が生じる危険性があった。

次に、世界帝国イギリスとロシアの調停を行い、両国がドイツを必要とする状態を生み出すことである。イギリスにとって最重要の植民地がインドであり、地中海からスエズ運河（1875年からイギリス政府が最大の株主となっていた）を通り、紅海を経て、インド洋へと至る航路は「帝国の道」と呼ばれ、その防衛は帝国政策の要であった。対するロシアは、冬でも利用できる不凍港を手に入れようと、地中海進出を狙っていた。普仏戦争後の列強との会議でロシアは、黒海に軍事基地を建設し、軍艦を保有する権利も獲得した（1871年）。さらにロシアは、中央アジアに勢力圏を確立し、南隣にインド帝国（77年に成立）を領有するイギリスとユーラシア大陸中央部で「大いなる競争」を繰り広げていった。

そして三つめの柱が、フランスの孤立化である。普仏戦争で屈辱的な敗北を喫して、エルザス、ロートリンゲンの割譲まで強いられたフランスが、いつ何時ドイツに復讐戦を仕掛けてくるかわからなかった。ビスマルク外交の基本方針は、彼自身が1877年6月に残した言葉によれば、フランス以外のすべての大国がドイツを必要とするような「政治的全体状況」を醸し出すことにあり、ビスマルクはヨーロッパ全体に同盟や密約を張り巡らして、フランスがいずれの大国とも同盟を結ばないように画策したのである。

### 東方問題の再燃

そのような協約の始まりが、1872年のドイツ皇帝ヴィルヘルム1世とオーストリア皇帝フランツ・ヨーゼフ1世の会見に端を発する、

## Column ⑬ 鉄血宰相の「素顔」

　ナポレオンの「百日天下」の最中である1815年4月に，ドイツ中部のシェーンハウゼンで由緒ある地主貴族の家柄に生まれたビスマルクは，青年時代は決闘に明け暮れ，学業も決して優秀ではなかった。ただし語学（ラテン語・フランス語・英語）の才能には恵まれており，これが後に外交の世界で活躍する際に，強力な「武器」となった。

　ベルリン大学を卒業後，官僚生活を送るものの，恋人との食事や旅行，博打にうつつを抜かし，借金まみれの怠け者であったが，その彼にとって人生の転機となったのが1848年のドイツ三月革命であった。反革命の立場からたちまち頭角を現し，1851年にはドイツ連邦議会（フランクフルト）に派遣されるプロイセン公使に抜擢された。ここで彼は，それまでオーストリア公使のみに許されていた喫煙や着席での会見などを実践し，ドイツ内部の外交界におけるプロイセンの立場を強化するとともに，高慢なオーストリアにドイツでの二元主義（ドゥアリスムス）を見せ付けた。

　身長190 cm，体重も最大時で120 kgに達したビスマルクであったが，その堂々たる体躯とは裏腹に，神経の細やかな人物でもあった。40歳代半ばを過ぎたころから，激高すると顔面神経痛や不眠症に悩まされるようになった。それは1862年にプロイセン首相，次いで71年からドイ

---

独墺間の和解であった。普墺戦争からドイツ統一に至る一連の過程で悪化した両国の関係は，翌73年5月にヴィルヘルム1世がロシアに甥（妹の長男）のアレクサンドル2世（Alexandr II, 1818-81, 在位1855-81）を訪問し，6月にアレクサンドルがウィーンを訪れたことで，「三帝協定」として結実した（10月22日）。これはバルカン問題の平和的な処理，第三国からの攻撃への共同対処，革命運動の抑止などを取り決めたものであった。ビスマルクは，かつてのメッテルニヒのように，三国の提携の強化でバルカンをめぐる墺露間の対立を緩和しようと試みていた。

　しかし三帝協定は，早くも挫折への道を歩むことになった。1875年夏にバルカン北西部のボスニア＝ヘルツェゴヴィナでキリスト教

## 第12章 ビスマルク体制下のヨーロッパ

ッ帝国宰相に就任するや，ますますひどくなった。特に帝国議会で政府の政策を非難する議会政治家や，自由主義の尊重を喧伝するマスメディアに対する怒りは根深かった。ある朝，家人があまりに顔色の優れないビスマルクを見て理由を尋ねたところ，「私は一晩中〔政敵を〕憎んでいたのだ！」と怒られる始末であった。

こうしたストレスから暴飲暴食を重ね，ベルリン会議（1878年）でワインを何本も空けるようすを見て，さしものビーコンズフィールド英首相も驚嘆したと言われている。やがて医者から飲酒を控えるように注意されたが，夜にはこっそりと起き出してブランデーなどを浴びるほど飲むという，「人間らしい」一面も垣間見せていたようである。

しかし，このような精神的な苦痛を耐え忍びながら，この鉄血宰相は鋭い洞察力と強い決断力とによってプロイセン主導のドイツ帝国統一を成し遂げ，ドイツを世界有数の工業大国に育てあげたばかりか，ヨーロッパ国際政治に一時代を築き上げた。その名声は遠く日本にも鳴り響き，ドイツ訪問時に実際にビスマルクに会ったことのある大久保利通や伊藤博文といった明治の元勲たちは，「日本のビスマルク」になることをめざしながら，近代国家の形成に尽力したのである。

徒とトルコ政府が衝突した。12月にオーストリア外相アンドラーシ（Gyula Andrássy, 1823-90）により，バルカン諸国のキリスト教徒に信仰の自由を与えるなどの提案がトルコ皇帝(スルタン)に示された。ところが，列強間に足並みの乱れが生じ，トルコ政府はこれを無視した。

1876年1月にはブルガリアで民族蜂起が生じ，このときも三帝協定諸国が中心となって，仲裁に乗り出そうとしたが，ロシアの進出を恐れるイギリスはトルコに味方した。その隙にトルコはブルガリアの蜂起を弾圧し，6月にはセルビアとモンテネグロがトルコに宣戦布告した。翌7月に墺露両国の最高首脳が密約を結び，トルコとの戦争でロシアが勝利した場合には，ロシアはベッサラビア南部を，オーストリアはボスニア＝ヘルツェゴヴィナを獲得するなどの

取り決めがなされた（ライヒシュタットの密約）。

この後、ロシアの圧力で列強とのコンスタンティノープル会議に応じたトルコであったが、列強の要請する改革は事実上反故にされた。1877年1月にロシアはオーストリアと再度密約を結び、露土（ロシア＝トルコ）戦争での中立と第三国からの介入阻止をオーストリアが約束した。4月に入り、満を持してロシアはトルコに宣戦し、ここに露土戦争が始まった。5月にはルーマニアが独立を宣言しロシア側について参戦し、翌78年までに周辺諸国も巻き込んでの戦争で、トルコは追い詰められていった。

1878年3月3日、コンスタンティノープル近郊のサン・ステファノで露土両国は講和条約に調印した。セルビア、モンテネグロ、ルーマニアの各国はトルコから独立し、ブルガリアも自治権を与えられる公国となった。ブルガリアには2年間にわたり5万人のロシア軍が駐留することも決まった。ベッサラビア南部はロシアに割譲され、小アジアの多くもロシアに譲渡された。これによってブルガリアはロシアの傀儡国家となり、ロシアは地中海への進出を達成したかに思われた。

しかし、ここでサン・ステファノ条約に猛然と抗議したのが、イギリスとオーストリアであった。両国はこの条約を審議する国際会議の開催をロシアに迫った。イギリス首相のビーコンズフィールド伯爵（1st Earl of Beaconsfield, ディズレーリが1876年に受爵）は、インド軍をマルタ島に派遣し、ロシアに対する示威行動を行った。ヨーロッパ国際政治での孤立を恐れたロシアは、ウィーンではなく、ベルリンでの会議ならば応じると約束した。ここに、露土戦争の戦後処理問題を協議するベルリン会議が、ヨーロッパの「公正なる仲介人」、ビスマルクを議長に1878年6月13日から始まることになった。

第 12 章　ビスマルク体制下のヨーロッパ

### ベルリン会議

　露土戦争が始まる前から，ビスマルクはすでにヨーロッパ列強に対する「領土補償政策」を構想していた。すなわちトルコの領土を犠牲に，ロシアにはベッサラビア，オーストリアにはボスニア＝ヘルツェゴヴィナ，イギリスにはエジプト，フランスにはシリアをそれぞれ与えて，列強の領土的野心を満たそうというものであった。「長い 18 世紀」の時代にしばしば見られ，1814-15 年のウィーン会議でもメッテルニヒの采配によって実行された領土補償政策は，ヨーロッパ大陸に領土的野心を持たなかったパーマストン時代のイギリスには通用せず，それと同時にパーマストンは，弱小国の領土を列強で分割する方針にも断固反対した。

　しかしビーコンズフィールド時代のイギリスは，もはやこのパーマストン流の伝統から逸脱しようとしていた。「帝国の道」を護るためには，イギリスは進んで列強との領土補償に応じるようになっていた。ベルリン会議が開幕した直後，イギリスはトルコとキプロス協定を結び，キプロス占領を認めさせた。さらにオーストリアとも盟約を結び，ブルガリア問題での共同歩調とオーストリアによるボスニア＝ヘルツェゴヴィナ領有を確認した。

　鉄血宰相ビスマルクを議長とする会議には，ヨーロッパから錚々たる顔ぶれが集まった。ロシアは 20 年以上も外相を務めるゴルチャコフ（Alexandr Mikhailovich Gorchakov, 1798-1883）を，イギリスはビーコンズフィールド首相をそれぞれ全権として送り込んだ。彼らはそれぞれ駐英大使のシュヴァーロフ（Pyotr Andreyevich Shuvalov, 1827-89）と外相のソールズベリ（3rd Marquess of Salisbury, 1830-1903）を次席全権に伴い，彼らに補佐されていたが，会議の趨勢は 80 歳のゴルチャコフと 74 歳のビーコンズフィールドという二人の老政治家の駆け引きによって左右された。そして，それを収めたのがビスマルクであった。

図12-1 ベルリン条約（1878年）でのバルカン分割

■ トルコから独立した国々
|||| 自治州（トルコ主権下）
\\\ 自治国（トルコ主権下）
/// オーストリア占領・行政権獲得（トルコ主権下）

［出典］ 柴編, 1998, 201頁をもとに著者作成。

1カ月に及んだ会議の結果，7月13日にベルリン条約が調印され，ルーマニア，セルビア，モンテネグロの独立が認められた。ブルガリアは，バルカン山脈を境に南北に分断され，北はトルコとの臣従関係を保ちながら自国政府（および軍隊）を認められ，南はキリスト教徒の総督の下で自治権を付与された東ルメリ（ルメリア）と直轄領マケドニアにそれぞれ分かれた。オーストリアはボスニア＝ヘルツェゴヴィナを，イギリスはキプロスを，それぞれ事実上獲得した。

実際に血を流して戦ったロシアは，最終的にベッサラビア南部と

小アジアの一部を獲得したにとどまった。これはロシアにかなりの不満を残す結果となった。「公正なる仲介人」ビスマルクの態度は，明らかにイギリス＝オーストリア寄りとロシアには思われた。かつてドイツ統一に際し，ロシアは三度の戦争ともドイツに好意的な中立を示していたのに，この仕打ちは明らかな裏切りと感じられた。ベルリン会議は三帝協定の終焉を意味した。

ロシアで反ドイツ的な感情が高まる中，1879 年 10 月 7 日にはビスマルクとアンドラーシの協力で「独墺同盟」が締結された。これは，独墺いずれかがロシアから攻撃された場合には，両国は全兵力を挙げて相互に支援するという内容であった。ロシア皇帝アレクサンドル 2 世は，同年 9 月の段階では，伯父のヴィルヘルム 1 世と独露関係の修復を望んでいたが，独墺同盟の内容が伝わるや，ドイツとロシアとの関係は急速に冷えていった。

とはいえ，ビスマルクはロシアとの関係を完全に断ち切ろうとしていたのではなかった。そうなればロシアはドイツの宿敵フランスと同盟を結ぶという，最悪の結果になりかねず，ヨーロッパ国際政治の調整役としてのビスマルクの立場も弱めてしまうことになるからである。

## 2　アフリカ分割とバルカンの紛糾

### 三帝協定の復活

ベルリン会議で悪化したドイツとロシアの関係であったが，そもそも 19 世紀後半の両国は経済的に折り合いをつけるのが難しい状態にあった。ドイツ帝国において支配階級の中枢を成す地主貴族(ユンカー)の圧力を受けて（ビスマルク自身もユンカーであった），ロシアからの穀物には保護関税が課せられていた。穀物輸出で外貨を獲得しようとするロシアにとって，これはかなりの痛手であった。また自国への

脅威となるような，ロシアの工業化を促進するサンクト・ペテルブルクへの投資にも，ドイツの経済界は消極的であった。こうした状況は，将来的にロシアをフランスに接近させる重要な一歩となった。

しかし，このような経済的対立を乗り越えてでも，ビスマルクはロシアとの関係をあらためて強固にしていく必要性に迫られていた。ベルリン条約や独墺同盟でドイツ離れが進んでいるロシアを引き戻す際に，巧妙なビスマルクが選んだ手段がイギリスへの接近であった。

ベルリン条約で地中海への進出を断念したロシアであったが，不凍港を獲得するという究極の目標に変わりはなかった。ロシアの目は中央アジアに注がれていった。ここでインド帝国の保全にとって脅威となったのは，インドとロシアの緩衝地帯アフガニスタンにロシアの影響力が及ぶことであった。1878年11月には早くもイギリスとアフガンの戦争が開始された。そのような最中の79年9月，ビスマルクはビーコンズフィールド政権に接近し，独英同盟の締結を打診した。しかしこれは，ビスマルクにとってみれば，イギリスの宿敵ロシアを三帝協定に引き戻すための外交的圧力にすぎなかったのである。

独英同盟は形成されなかったが，ロシアとの関係回復の道は開かれた。1881年3月，アレクサンドル2世が暗殺され，36歳のアレクサンドル3世（Alexandr III, 1845–94, 在位 1881–94）が即位した。新帝は，ベルリン会議の直後からロシア外交を主導していた親独派のギールス（Nikolai Giers, 1820–95。1882年から外相に就任）の意見を採り入れ，6月18日にはドイツ，オーストリアとの三帝協定の調印に至った。新しい協定は有効期限を3年と定め，いずれかの国が第三国と交戦する場合には他の2国は好意的中立を保ち，バルカンにおけるロシアとオーストリアの利益範囲を画定した。

この三帝協定でバルカンの安全保障が確立したわけではもちろん

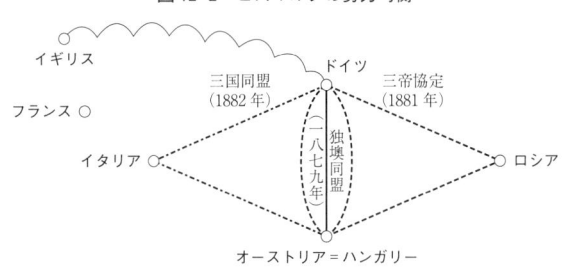

## 第 12 章 ビスマルク体制下のヨーロッパ

**図 12-2 ビスマルクの勢力均衡**

```
イギリス                    ドイツ
              三国同盟           三帝協定
              (1882年)          (1881年)
フランス ○   
                   独墺同盟
                   （一八七九年）
   イタリア                            ロシア

              オーストリア＝ハンガリー
```

［出典］ クレイグ＝ジョージ, 1997, 43 頁をもとに著者作成。

ないが，ビスマルクは再びこの問題で「公正なる仲介人」としての立場を築くことにある程度は成功を収めた。さらに，翌 1882 年 5 月には，新興の統一国イタリアとオーストリアとともに，ビスマルクは「三国同盟」の締結に踏み切った。イタリアとオーストリアの間には領土問題で衝突が見られたが，81 年にフランスが北アフリカのチュニジアを保護領としたことで，この地に入植を計画していたイタリアが不満を抱いたのである。

三国同盟は 5 年の有効期限で締結され，いずれかの国がフランスから攻撃を受けた場合に相互に援助することが約束された。こうしてビスマルクは，ロシアがフランスに接近するのを防ぐとともに，イタリアを引き入れて，ヨーロッパ国際政治におけるフランスの孤立をさらに深めていくことにも成功した。

### アフリカ分割とベルリン会議

とはいえ，フランスを孤立したままにしておくのも危険である。ヨーロッパではいずれの大国ともフランスが同盟を結ばないよう細心の注意を払ったビスマルクではあったが，フランスが海外で植民地を拡大していくことは黙認していた。それによってフランスの対外的不満を和らげられると考えていたのである。そのため 1880 年

代前半には、フランスはアルジェリア、チュニジア、セネガル、マダガスカルなどアフリカ各地に乗り出し、さらにトンキン(現在のヴェトナムの首都ハノイ)を占領して東南アジアにも地歩を固めた。

　フランスがアフリカや東南アジアに勢力を拡張することで、フランス国内に根強く残る普仏戦争以来のドイツへの復讐心は、同じくアフリカや東南アジアに植民地を拡大しているイギリス(1882年には単独でエジプトに侵攻した)への対抗心へと、しばらくは切り換えさせることができた。それと同時に、1880年代に入ると、ドイツ自体も世界各地に植民地を獲得していく方向に向かった。1884年7月には、西アフリカのトーゴと中央アフリカのカメルーンとがドイツの保護下に入った。

　そのような折に、アフリカ中央部の分割を話し合う国際会議がベルリンで開かれることになったのである。アメリカの著名な探検家スタンリ(Henry Morton Stanley, 1841-1904)に協力したベルギー国王レオポルド2世(Leopold II, 1835-1909, 在位1865-1909)は、1882年に国際コンゴ協会を設立し、中央アフリカにおける自らの主権を国際的に認めさせようと奔走した。これに手を貸したのがビスマルクであった。

　1884年11月に、ベルリンを舞台にコンゴとその周辺の領有問題を話し合う会議が開幕した。会議には、ヨーロッパ五大国をはじめ、アメリカやスペイン、ポルトガルなど14カ国の代表が集まった。ここでレオポルド2世は、コンゴ川の自由航行や商業の門戸開放などを条件に、「コンゴ自由国」の領有を正式に認められた。さらに各国が中央アフリカに植民地を得る場合には、会議の参加国に事前に内容を通告し、会議での取り決めを遵守する「原則(ルール)」も確立された(1885年2月)。

　植民地拡張派のフランス首相フェリー(Jules Ferry, 1832-93)は、ベルリン会議に出席してイギリスへの対抗意識をあからさまに示し、

英仏の対立を助長した。植民地問題では独仏の提携を進めるという，ビスマルクの思惑どおりに事態は進展していったのである。さらにドイツは南太平洋にも進出を開始し，ニューギニア北東部と南西太平洋諸島を保護領とした。後者はこの鉄血宰相の名から，「ビスマルク諸島」と名づけられた。

1884-85年にベルリン会議が開かれていたとき，イギリスでは自由党のグラッドストン（William Ewart Gladstone, 1809-98）が政権を担当していたが，彼は選挙法改正（地方の労働者階級に選挙権を拡大しようとしていた）など国内の諸改革に忙しく，植民地の問題にはあまり関心を示さなかった。グラッドストンは「キリスト教の道徳とヨーロッパの協調」を柱に外交を進めようとしていたが，ビスマルクにとってそれは「入念な戯言(ざれごと)」にすぎなかった。イギリスはアフリカ分割問題で孤立させられていった。

ビスマルク自身が進めようとした「ヨーロッパ協調」は，列強間の確執や対立を敏感にとらえ，それを「現実主義的な政策(レアルポリティーク)」から同盟・協約・密約によって調整していくものであり，倫理や道徳を前面に押し出すグラッドストン流のイギリス外交は「偽善」と映ったのであろう。しかしそのビスマルクの現実主義的な外交も，バルカン半島で燃え上がった炎に対しては，有効な手立てを講じることができなかったのである。

### ブルガリア問題の再燃と三帝協定の消滅

コンゴ問題を話し合うベルリン会議が招集される5カ月前，1884年6月に3年の期限を満了しようとしていたドイツ，ロシア，オーストリアの三帝協定が更新された。しかし，早くも翌年には三国の結束を弱めてしまうような事態が生じた。紛糾の火種となったのは，1878年のベルリン会議で争点となったブルガリア公国であった。

ブルガリアは，ロシア皇帝アレクサンドル2世の甥（妻の兄の子）

に当たるアレクサンダル公（Aleksandâr, 1857-93）の統治下に置かれていたが，ベルリン会議でオスマン帝国主権下の自治州となった東ルメリでは，住民の大半を占めるブルガリア人がブルガリア公国との統一を望んでいた。1885年9月にその東ルメリで武装蜂起が起こり，統一を希望する組織が主要拠点を占拠したのである。これに素早く応じたアレクサンダル公は，ブルガリアと東ルメリの統一を宣言した。

　この事態に反発したのが隣国セルビアであった。ブルガリアの統一（強大化）がバルカン全体の勢力均衡を脅かすと感じたのである。1885年11月に，セルビアはブルガリアに宣戦布告した。ところが，ブルガリア軍はセルビア軍を撃退し，逆にセルビアに侵攻を開始する結果となった。ここに仲裁に乗り出したのがオーストリアである。翌86年3月には，ルーマニアのブカレストで講和条約が結ばれ，セルビアはブルガリアによる東ルメリ併合を認めることになった。

　ブルガリア統一に対しては，東ルメリの宗主国トルコも反発を示した。このブルガリアとトルコの仲裁には，ソールズベリを首班とする保守党政権下のイギリスが乗り出した。ヨーロッパ国際政治に極力かかわらないでいたグラッドストンとは異なり，1878年のベルリン会議にも外相として出席した経験のあるソールズベリは，積極的に東方問題にも関与した。グラッドストンとは「話し合いができない」と嘆いていたビスマルクも，旧知の間柄でもあるソールズベリ首相の登場を喜んだ。

　イギリスの仲裁によって，1886年4月にトルコ皇帝は東ルメリの総督にブルガリア公を任命するかたちで，ブルガリアの統一は事実上トルコ政府からも承認を得たのである。こうした一連の動きに怒りを感じていたのが，ロシア皇帝アレクサンドル3世であった。彼は東ルメリで蜂起が起こった直後には，ブルガリアで勤務するロシア人将校を全員引き揚げさせ，86年8月にはブルガリアの親ロ

シア派の将校たちによるクーデタを黙認した。最終的にアレクサンダルはブルガリア公からの退位を余儀なくされた。

この後ブルガリアは，急速に反ロシア化し，1887年7月にはザクセン・コーブルク・ゴータ家のフェルディナンド（Ferdinand I, 1861-1948）が新しい君主に選出された。彼はウィーンで生まれ育った，オーストリア寄りの人物であった。これによってブルガリアはオーストリアの影響下に組み込まれていった。こうした動きに憤慨したアレクサンドル3世は，すでに87年5月の段階で，84年6月以来の新たな三帝協定の更新を拒否することにした。

1878年に自らが議長を務めて解決したブルガリア問題に，ビスマルクはほとんど関与できなかった。そればかりか，かつての北方三列強の絆を取り戻そうと締結に尽力した，三帝協定までが消滅してしまったのである。ビスマルクをヨーロッパ国際政治における「希望の星」と称賛したソールズベリではあったが，その鉄血宰相に比肩しうる冷徹さを備えていた彼は，ビスマルク体制のアキレス腱がバルカンをめぐるオーストリアとロシアとの対立にあることも心得ていた。「ビスマルクが築き上げたダムは年に一度は倒壊している」というソールズベリの言葉が，1887年の夏にはまさに言い得て妙の状態となっていた。

## *3* ビスマルクの失脚と陣営の形成

### 新皇帝と老宰相の衝突

しかし，そこで挫けるビスマルクではなかった。三帝協定の期限が切れる予定となっていた1887年6月18日，ビスマルクはロシアと直接交渉し，ドイツ＝ロシア間だけの「再保障条約」を締結したのである。すなわち，いずれかが第三国と交戦するときには，条件付きで好意的中立を保つこと（再保障）が確認された。ロシアがフ

ランスに接近するのを防ぐためにも、ブルガリアと東ルメリでのロシアの介入権や、ロシアがボスフォラス、ダーダネルス海峡占有の際にはこれを支持することなどを条件として、ドイツが中立を保つことが、条約には盛り込まれたのである。

また同じく1887年2月には、ビスマルクの仲裁で、イギリス、オーストリア、イタリア間で「地中海協定」が結ばれた。これは地中海の現状維持を約し、イギリス（エジプト）、イタリア（北アフリカ）双方のアフリカでの政策を支持することを定めたものであり、同年12月にはあらためて第二次協定が結ばれ、バルカン半島の現状維持とオスマン・トルコ帝国の領土保全が確認された。北アフリカでのフランスの野望と、バルカンでのロシアの介入は同時に牽制され、ここにビスマルク体制が完成した。

こうしてビスマルクは、三帝協定の消滅以後も、ヨーロッパ国際政治における調整役(バランサー)としてとどまり続けていけるかに思われた。しかし、第二次地中海協定の締結からわずか3カ月後にドイツ国内で生じた出来事から、事態は思わぬ方向へと転じてしまった。

1888年3月9日、老皇帝ヴィルヘルム1世が死去した。ところが、後を継いだ皇太子がフリードリヒ3世（Friedrich III, 1831-88, 在位 1888）として即位したものの、すでに喉頭癌に侵されていた新帝は、在位わずか99日間で突然この世を去ってしまった。この結果、帝位はその長男ヴィルヘルム2世（Wilhelm II, 1859-1941, 在位 1888-1918）に引き継がれることになったのである。

29歳の新皇帝は壮大な野心を抱く人物であった。そのような彼にとって障害となったもの、それが73歳の老宰相ビスマルクの存在であった。国内政策において、ビスマルクは一方では社会主義者鎮圧法（1878年）などで社会主義者の運動を抑制しつつ、他方では当時の世界でも最先進の社会保障制度を整備するという、労働者に対する「アメとムチ」の政策を推し進めてきていた。しかし、産業

革命発祥の地イギリスをも凌駕して、ドイツはヨーロッパ随一の工業大国に躍り出たものの、それは労働者の長時間労働や低賃金によって支えられていた。ドイツ国内でも労働運動は確実に根づいていた。

ヴィルヘルム2世の即位から1年も経たない1889年5月に、ドイツ西部のルール炭坑でストライキが発生した。この動きはやがて全国化し、ドイツ各地で労資間の激しい衝突が繰り広げられた。宰相ビスマルクはこの問題に国家が介入するのを避けようとしたが、皇帝はむしろ労働者の側に立って、新たな労働者保護立法を準備し始めた。それは翌90年の「二月勅令」となって表れ、婦女子の夜間労働・地下労働の禁止、日曜労働の禁止などが盛り込まれた。

この勅令にビスマルクは反対し、労働運動の弾圧を訴えた。しかし、すでに議会内で支持基盤を弱めていたビスマルクは、1890年3月18日に皇帝に辞表を提出した。皇帝からの慰留もなく、辞表は20日に受理され、30年近くにわたってプロイセン=ドイツを支えてきた老宰相の寂しい退場となった。

### ビスマルク後のヨーロッパ

ビスマルクの辞任はそのまま「ビスマルク体制」の終焉をも意味した。ロシアとの再保障条約が結ばれたころから、すでにドイツの金融市場からロシアが締め出されるなど、独露両国の経済関係は悪化していた。それは金融的支援を求めて、ロシアをフランスへとさらに接近させる契機となった。ビスマルクが辞表を提出してちょうど3カ月後の1890年6月18日に期限が切れる予定となっていた再保障条約は、新たに宰相に就任したカプリーヴィ（Leo von Caprivi, 1831-99）などの助言によって、更新されることはなかった。

この瞬間を長年待ち望んでいたのがフランスであった。ビスマルクの頸木から逃れたフランスは、ヨーロッパ国際政治での孤立から

## Column ⑭ 「デルカッセ体制」の形成

ビスマルク体制の時代にはヨーロッパ国際政治において孤立の悲哀を味わったフランスであったが、ビスマルクが失脚した後には、外交的に巧みに立ち回り、今度はドイツを国際政治の中で孤立させていった。そのようなフランス外交の立役者とも言うべき人物が、世紀転換期に7年間（1898年6月～1905年6月）にわたって外務大臣を務めたデルカッセ（Théophile Delcassé, 1852–1923）である。

外相就任からわずか3カ月後に、英仏両軍がナイル上流部に進軍しスーダン南東部（現在のコドク）で衝突しかかった「ファショダ事件」に遭遇したデルカッセは、イギリスに譲歩して対立を回避した。彼は植民地をめぐる英仏対立がドイツに策動の機会を与えるだけであり、英仏協調を進めて、むしろ英独対立を自国の利益につなげようと考えていた。

英仏和解の一歩を築いた直後に、デルカッセがまず向かったのはサンクト・ペテルブルクであった。1894年に露仏同盟が築かれたものの、その後の両国関係は揺らいでいた。そこで1899年8月にロシアを訪問したデルカッセによって、両国の政治・経済・軍事的協力関係は強化された。さらに、当時経済不況が続いていたイタリアとも通商協定（1898年11月）を結んだデルカッセは、1902年11月にはイタリアと秘密協定を締結し、仏独戦争となった場合は中立を守るとイタリアに約束させた。これで独墺伊の三国同盟も形骸化させられた。

---

脱却を図り、ロシアに急接近した。それは1894年1月に「露仏同盟」として結実し、いずれかの国が独墺伊の三国同盟国から攻撃を受けた場合には、相互に軍事的支援に乗り出すという内容であった。これによってヨーロッパ国際政治は二つの陣営(ブロック)に分断され、ヨーロッパに火の手が一つでも上がれば、大陸全体が瞬く間に炎に包まれてしまうという素地ができあがってしまった。

ヴィルヘルム2世のドイツには、もはやヨーロッパ国際政治での調整役は務められない状況となった。彼が老宰相辞任直後に打ち出した「世界政策(ヴェルト・ポリティーク)」には、ドイツを陸海軍の双方において世界最

第 12 章　ビスマルク体制下のヨーロッパ

そして 1902 年末からデルカッセはいよいよイギリスへの接近を開始する。翌 03 年 5 月のイギリス国王エドワード 7 世によるフランス訪問を契機に、両国首脳は一挙に友好関係を深めていった。それが 1904 年 4 月の英仏協商（第 13 章を参照）の締結につながった。

このようにデルカッセは、外相就任から 6 年足らずの間にドイツを取り巻く三カ国との関係を改善させ、フランスの帝国的利害を守りながらヨーロッパ国際政治における自国の立場も強固にしたのである。フランスを代表する国際政治史家のジローも指摘するように、それは「デルカッセ体制（システム）」と呼ぶこともできる新しい国際システムとなり、彼の外交的な手腕はビスマルクのそれに比肩するとも言えよう。

しかし、この体制に脅威を感じたドイツ皇帝ヴィルヘルム 2 世は、1905 年 3 月末にフランスが権益を固めつつあったモロッコに上陸し（第一次モロッコ事件。第 13 章を参照）、国際会議でモロッコ領有問題を話し合うべきだと主張した。これに反対し、ドイツに強硬な姿勢を示すべきであると訴えたデルカッセは、閣内・議会・世論の慎重な姿勢に押され、その 3 カ月後に辞任を余儀なくされた。ビスマルク体制とは異なり、デルカッセ失脚後も「デルカッセ体制」は続いたが、それは世界大戦への道のりをも準備したのである。

大の強国に押し上げていく野望が盛り込まれていた。ビスマルクが、それまでの 20 年にわたってヨーロッパで調整役を果たせたのは、ドイツにはヨーロッパに領土的野心などなく、アジアやアフリカにまで広がった世界規模での「領土補償政策」で列強の機嫌をとることに成功していたことによっていた。

さらにその前提となったのが、西の海軍大国イギリスと東の陸軍大国ロシアに挟（はさ）まれ、両国を凌駕する陸海軍は持たず、超大国になろうなどという野心を見せずに、英露両国と良好な関係を築こうとする彼の巧妙な政策であった。

第Ⅲ部　「ヨーロッパの時代」の栄光と衰退

　しかし若き皇帝は，それでは満足しなかったのである。ドイツには，イギリスやロシアを凌駕できる工業力があるのに，なぜいつまでも陸海軍で「二流国」の地位に甘んじていなければならないのか。ヴィルヘルム2世の大いなる野望は，それまでの「勢力均衡」を崩壊させてしまう，強大国ドイツの誕生へとつながった。

　とはいえ，ビスマルクが築いたヨーロッパの国際秩序も，長期的な視野から平和の時代を構築しようというよりは，次々と生じる危機的な状態に臨機応変に対処する，危機管理の手段にすぎなかったのかもしれない。後任の宰相となったカプリーヴィなどは，ビスマルク外交を「空中で五つのボールを同時に扱う」曲芸になぞらえたこともある（Chamberlain, 1988）。ビスマルク外交は，歴史家ガルも述べているように，「ヨーロッパの歴史のなかのある特定の時代にのみ適合できる」ものだったのかもしれない（ガル，1988）。

　このようにいくつかの欠点を内包しながらも，それでもビスマルクという稀代の外交家の退場は，ヨーロッパ国際政治に大きな動揺をもたらした。彼自身にも限界は見られたが，一人の外交指導者が率いる一つの大国の先導によって，ヨーロッパに平和がもたらされるような状態は，ここに完全に幕を閉じたのである。それと同時にヨーロッパは，野心家のドイツ皇帝の登場とともに混迷の時代へと突入し，やがてそれは取り返しのつかない事態にまで進展してしまう。

●引用・参考文献●

アイク，エーリッヒ／加納邦光訳，1998年『ビスマルク伝』第6巻，ぺりかん社。

飯田洋介，2010年『ビスマルクと大英帝国——伝統的外交手法の可能性と限界』勁草書房。

エンゲルベルク，エルンスト／野村美紀子訳，1996年『ビスマルク——生粋のプロイセン人・帝国創建の父』海鳴社。

ガル，ロタール／大内宏一訳，1988 年『ビスマルク——白色革命家』創文社。

君塚直隆，2009 年「ヨーロッパ協調から世界大戦へ 一八一五—一九一四年——『不実の白い島（アルビオン）』の呪縛」細谷雄一編『イギリスとヨーロッパ——孤立と統合の二百年』勁草書房。

クレイグ，ゴードン・A.＝アレキサンダー・L. ジョージ／木村修三・五味俊樹・高杉忠明・滝田賢治・村田晃嗣訳，1997 年『軍事力と現代外交——歴史と理論で学ぶ平和の条件』有斐閣。

柴宜弘編，1998 年『バルカン史〔新版〕』（世界各国史 18）山川出版社。

ジロー，ルネ／渡邊啓貴・柳田陽子・濱口學・篠永宣孝訳，1998 年『国際関係史 1871〜1914 年——ヨーロッパ外交，民族と帝国主義』未來社。

田中陽兒・倉持俊一・和田春樹編，1994 年『ロシア史 2 18 世紀〜19 世紀』（世界歴史大系）山川出版社。

中野隆生，1995 年「第三共和政の確立と動揺」柴田三千雄・樺山紘一・福井憲彦編『フランス史 3 19 世紀半ば〜現在』（世界歴史大系）山川出版社。

松本佐保，2005 年「パクス・ブリタニカから世界戦争へ——転換期のイギリス外交」佐々木雄太・木畑洋一編『イギリス外交史』有斐閣アルマ。

望田幸男，1996 年「ビスマルクの時代」成瀬治・山田欣吾・木村靖二編『ドイツ史 2 1648 年〜1890 年』（世界歴史大系）山川出版社。

望田幸男，1997 年「ヴィルヘルム時代」成瀬治・山田欣吾・木村靖二編『ドイツ史 3 1890 年〜現在』（世界歴史大系）山川出版社。

Abrams, Lynn, 2006, *Bismarck and the German Empire, 1871–1918*, 2nd ed., Routledge.

Chamberlain, Muriel E., 1988, *'Pax Britannica'?: British Foreign Policy, 1789–1914*, Longman.

Eldridge, C. C., 1996, *Disraeli and the Rise of a New Imperialism*, University of Wales Press.

Goodlad, Graham D., 2000, *British Foreign and Imperial Policy 1865–1919*, Routledge.

Hildebrand, Klaus, 1995, *Das vergangene Reich: Deutsche Außenpolitik von Bismarck bis Hitler 1871–1945*, Deutsche Verlags-Anstalt.

Lee, Stephen J., 2005, *Gladstone and Disraeli*, Routledge.

Lerman, Katharine Anne, 2004, *Bismarck*, Pearson Longman.

Matthew, H. C. G., 1997, *Gladstone 1809–1898*, Clarendon Press.

Steele, David, 1999, *Lord Salisbury: A Political Biography*, UCL Press.

Williamson, D. G., 1986, *Bismarck and Germany 1862–1890*, Longman.

# 第一次世界大戦への道

第**13**章

❶サライェヴォ事件（1914年6月28日）──セルビア系の青年がオーストリア大公夫妻に放った銃弾，これが人類の歴史にとって未曾有の世界大戦を引き起こしたのである（Felix Schwarmstadt 画。写真提供：Votava/PANA）

第Ⅲ部 「ヨーロッパの時代」の栄光と衰退

# *1* 帝国主義と「ヨーロッパ」の拡大

## 「光栄ある孤立」?

ドイツの鉄血宰相ビスマルクが失脚してからわずか5年足らずで、イギリス、フランス、ドイツ、イタリア、オーストリア、ロシアの六つの大国が主導するヨーロッパ国際政治は、露仏同盟と三国同盟(独墺伊)という二つの陣営(ブロック)に分断された。これで双方の陣営のうちで一カ国同士でも戦闘に突入すれば、ヨーロッパの五大国が瞬く間に大戦争に導かれることもありえた。ヨーロッパの平和は、二つの陣営に属していない、イギリスの動向次第で決まるかに思われた。

1890年代のイギリスは、ヨーロッパのいずれの国とも同盟を締結しなくても、超大国として君臨していられるとの自負から、「光栄ある孤立(スプレンディッド・アイソレーション)」と形容されることもあった。確かに、ピットやカニング、パーマストンといった優れた外交指導者を輩出していた、18世紀末から19世紀半ばにかけてのイギリスは、ヨーロッパ大陸に領土的野心を抱かないことから、列強間の仲裁役に立つことのできる場合が多かった。特にそれは、幾多のロンドン会議でヨーロッパに平和をもたらした、パーマストンの時代に顕著な特色であったと言えよう。

しかしそれは、イギリスがヨーロッパ大陸の列強に先駆けて、アジア・アフリカ世界に広大な植民地を獲得できたという「余裕」のあった時代のことである。ヨーロッパに自由主義的な空気を持ち込んだパーマストンの時代には、イギリスは東インド会社による阿片(あへん)貿易で関係の悪化した清王朝の中国とのアヘン戦争(1840-42年)に乗り出していたし、フランスと協同してのアロー戦争(1856-60年)や、インド大反乱(1857-59年)の鎮圧など、すでに「帝国主義」的な征服を繰り返すようになっていた。

こうした状況は1870年代以降にさらに過熱した。19世紀の最後の四半世紀（1875-1900年）だけでも、イギリスは640万km²の領土、9000万人に及ぶ人口を新たに征服したとされている。しかしこれと同時期に、ヨーロッパの他の列強も海外に植民地を拡大していったのである。ビスマルク体制下のヨーロッパで孤立させられていたフランスは、アフリカと東南アジアで植民地を獲得し、ロシアは広大なユーラシアの領土をさらに南に広げ、ドイツもアフリカと南太平洋に帝国を築こうとした（第12章を参照）。

ヨーロッパでは超然としていられたイギリスであったが、今やその「ヨーロッパ」は、列強の植民地獲得とともに、世界大の規模に広がっていたのである。アフリカ北部ではモロッコからジブチへの横断政策を進めるフランスと、中央部では同じくフランスやドイツと領土を接していた。ユーラシア大陸では北のロシアと南に広がるイギリス帝国との間に、相変わらず「大いなる競争（グレート・ゲーム）」が続いていた。南太平洋のオーストラリアやニュージーランドのすぐ北には、ドイツが植民地を持つようになった。

さらに19世紀末には、ヨーロッパ外の新興の大国が勢力を拡張するようになっていた。南北アメリカ大陸は、世界最大の工業大国アメリカが、自らの勢力圏であると豪語した。そして日清戦争（1894-95年）で勝利を収めた明治維新後の日本も、東アジアで植民地を広げていた。イギリスは、「光栄ある孤立」ではなく、帝国の「過剰拡張（オーバー・ストレッチ）」によって、世界大の規模で諸列強と領土を接し、それが原因で諸列強といつ武力衝突に突入してもおかしくない状況に追い込まれていたのが現実であった。

### 日英同盟の締結

「七つの海を支配する大英帝国」と呼ばれ、世界の陸地面積の4分の1を支配していたイギリスは、19世紀半ばまではヨーロッパ

第Ⅲ部 「ヨーロッパの時代」の栄光と衰退

列強のすべてが束になってかかってきても、なお優るほどの強大な海軍力を備えていた。しかし、いかに世界に冠たるイギリス海軍(ロイヤル・ネイヴィー)とはいえ、拡張し過ぎたイギリス帝国内で同時に数カ所も炎が上がった場合には、そのすべてを鎮火できる兵站学(ロジスティックス)は備えていなかったのである。19世紀末に外相・首相を歴任した自由党のローズベリ(5th Earl of Rosebery, 1847-1929)は、ヴィクトリア女王(Queen Victoria, 1819-1901, 在位 1837-1901)にいみじくも語っている。「われわれは、世界中のあらゆる場所に介入することはできません。われわれには、世界を股に掛けた騎士の冒険など不可能なのです」

その言葉を如実に表すような事件が生じた。1899年10月、金(きん)とダイヤモンドの利権をめぐるブール人(オランダ系白人。英語ではボーア人)の国(トランスヴァール共和国とオレンジ自由国)との南アフリカ戦争(1899-1902年)に乗り出したイギリスは、思わぬ苦戦を強いられた。その帝国主義的な打算に基づく露骨な「弱い者いじめ」は、アフリカ大陸でイギリスと対立の続くフランスやドイツなどから非難の的となった。特にその前年9月にスーダンでイギリス軍と衝突寸前になった(ファショダ事件)フランスが、イギリスを非難する急先鋒であった。

ところが、そのフランスを含め、ロシアやドイツなど北京に駐在する列強の在外公館が、「扶清滅洋(ふしんめつよう)」を掲げて排外運動を展開した「義和団の乱」に巻き込まれ、これに加勢した清軍にも包囲される事件が、南アフリカ戦争の最中の1900年6-8月に発生した。南アフリカからさらに数万kmの海の彼方の東アジアに、イギリスは兵力を割くことができなかった。帝国政策をめぐって衝突することの多かったフランスやドイツも、すぐには大量の兵力を極東には動員できないでいた。

このとき、北京の在外公館の救出に乗り出す主力を担ったのが日本であった。2万人以上の日本軍の活躍もあって、北京の外交官た

ちは救われた。イギリスは，その陸海軍力が最も稀薄な地域とも言うべき極東においては，「光栄ある孤立」から脱却せざるをえないという現実を，まざまざと見せ付けられたのである。1900年10月にイギリスはドイツと揚子江協定を結び，清国における相互の権益の保護や経済活動の自由などを取り決めた。これに反対していたソールズベリ首相は，それまで兼任していた外相職を辞し，代わりにランズダウン（5th Marquess of Lansdowne, 1845-1927）が外相に就任した。

そのランズダウンとロンドン駐在の日本公使である林　董(はやしただす)（1850-1913）との間で，半年にわたる交渉の後，1902年1月に日英同盟が締結された。両国は東アジアにおける安全保障問題で同盟関係に入ったのである。それまで新興国日本の脅威に恐れを抱いていたイギリスは，日本を同盟国に転じさせることで，東アジアでの権益の保障を得たのである。同年5月には南アフリカ戦争も終結し，イギリスは束の間の平和を謳歌した。

日英同盟締結の2年後，清国東北部（満州）に居座るロシアと日本が戦闘状態に突入した。双方の同盟国であるフランスとイギリスは中立を保ったが，当初の予想とは異なり，陸軍大国ロシアが極東の小国日本に押されていった。1905年1月には旅順が陥落し，5月には対馬沖海戦（日本海海戦）で日本の連合艦隊がバルト(バルチック)海艦隊を撃破した。アメリカの仲介で9月にポーツマス講和会議が開かれ，日露戦争は日本側の一定の勝利で幕を閉じた。その間に，双方の同盟国の間では，植民地の勢力圏を画定する話し合いがもたれていた。

## 2　「光栄ある孤立」からドイツの孤立へ

### 英仏協商とモロッコ事件

日露戦争が勃発する前年，1903年5月にイギリス国王エドワー

ド7世（Edward VII, 1841-1910, 在位1901-10）がパリを公式に訪問した。1870年代以降，アフリカや東南アジアをめぐって英仏関係は悪化の一途をたどり，1903年当時も前年に終結した南アフリカ戦争の影響でパリの街角では国王への罵声(ばせい)も聞かれた。ところが，フランス文化に精通しフランス語も流暢(りゅうちょう)な国王は，たちまちパリ市民たちから絶大な人気を博した。7月には答礼訪問でフランス大統領がロンドンを訪れた。これを機に，ランズダウン外相と駐英フランス大使カンボン（Paul Cambon, 1843-1924）との間で，英仏両国の植民地での「勢力圏」を画定する話し合いがもたれることになった。

それが翌1904年4月8日に締結された「英仏協商」に結実した。アフリカでは，イギリスがエジプトでの優先的支配権を，フランスがモロッコでの優先権を獲得した。東南アジアでは，タイ（シャム）が英領ビルマ（現在のミャンマー）と仏領インドシナ（現在のヴェトナム，カンボジア，ラオス）との緩衝地帯とされ，北大西洋（漁業権）・太平洋での双方の利権も認め合うことになった。こうして，世界大の規模で最大の宿敵同士とされてきたイギリスとフランスが手を結んだのである。これは国際政治史上きわめて重大な出来事となった。

これに衝撃を受けたのがドイツ皇帝ヴィルヘルム2世であった。協商は軍事的協定ではなかったが，彼は英仏の友好関係を引き裂く目的もあって，1905年3月31日に突如，モロッコ北部のジブラルタル海峡を臨む港町タンジールに上陸し，フランスに抵抗する現地の首長から熱烈な歓迎を受けるとともに，モロッコの独立を支持し，この問題を討議するための国際会議の招集を列強に呼び掛けた（タンジール事件，または第一次モロッコ事件）。

ここでイギリスがフランスを見捨ててしまっては，ドイツの狙いどおりである。ランズダウン外相は駐英ドイツ大使に，イギリスはフランスを全面的に支援すると強い態度を示す一方で，ドイツの顔を立てる意味で，スペイン南西部のアルヘシラスで1906年1月か

らモロッコ問題を協議する国際会議を開くことに同意した。

しかし,屈辱を味わったのはドイツの方であった。会議に集まった列国の中では,イギリスが英仏協商を理由にフランスを全面的に支援しただけではなく,1902年11月にフランスと秘密協定を結び,フランスが攻撃された場合に中立を約束していたイタリアも,モロッコにおけるフランスの優越を支持した。同じく密約が結ばれていたスペインに加え,アメリカ合衆国もフランスを支援した。さらに,日露戦争などでの財政難でフランスに莫大な借款を要請していたロシアも,フランスに味方せざるをえなかった。

最終的に4月に幕を閉じたアルヘシラス会議では,フランスにモロッコにおける経済的優越権や港湾都市での警察権が認められ,フランスによるモロッコの保護国化への道が,列強によって承認されるかたちとなった。これに反対するドイツを支持したのは,オーストリアとトルコだけであった。

この会議は,すでに1902年の仏伊間の秘密協定で形骸化していた独墺伊の三国同盟が,もはや事実上は独墺の二国同盟へと姿を変え,他方,締結されたばかりの協商を媒介とした英仏関係が揺るぎないものになっていることを,あらためてドイツに示したのである。ヴィルヘルム2世が宰相の座から追い出したビスマルクによって築かれた,自国を中心に据えた同盟や密約の体制は完全に姿を消し,ドイツは新たに強力な同盟国を求めて,ヨーロッパ国際政治の中で躍起となっていく。

### グレイの登場と英露協商

日露戦争が終結に近づいていた1905年7月24日,ドイツ皇帝ヴィルヘルム2世はフィンランド湾のビヨルケ水道でロシア皇帝ニコライ2世(Nikolai II, 1868-1918, 在位1894-1917)と単独で会見を行い,独露相互の軍事的援助を約した防御同盟を盛り込んだ「ビヨルケ密

約」を結んだ。ヴィルヘルムにはこれを独露同盟にまでつなげたい意向もあったが、密約の内容は明らかに露仏同盟と矛盾するものであり、ロシア政府指導者からの反対で、ニコライは11月には密約を一方的に破棄してしまった。

その1カ月後、1905年12月にイギリスで政変が生じ、自由党政権の成立で新しく外相に就任したのがグレイ (Sir Edward Grey, 1862-1933) であった。彼は前任者のランズダウンが築き上げた、英仏の良好な関係を基盤とする外交政策を継承しようとした。もちろんドイツとの関係も重要視したが、グレイにはフランスとの関係を損ねるような新たな関係をドイツと結ぶつもりはなかった。さらに、フランスの同盟国ロシアとの間でも、世界大の規模で広がる植民地問題に関して、折り合いをつけようと考えていた。

日露戦争での敗北で、ロシアは東アジアでの勢力拡張に失敗し、再びアジア中央部に目を向ける可能性があった。英露の「大いなる競争」が再び深刻化することもありえたのである。グレイが外相に就任した翌月（1906年1月）から、モロッコ問題を討議するアルヘシラス会議が開かれたが、ここで英露両国はそれぞれの思惑からフランスを支援した。こうした両国の協調は、インドとその周辺をめぐる「勢力圏」の画定にも進展した。

1907年8月31日、「英露協商」が締結された。ペルシャ（イラン）の勢力圏は三分割され、南東部（インド国境）はイギリス、北部はロシア、中央部は緩衝地帯とされた。アフガニスタンはイギリスの影響下に置かれ（ただし内政不干渉を約束）、チベットにおける清国の権益も承認された。こうして、1870年代から続いてきた「大いなる競争」に終止符が打たれることになった。イギリスにとってのインド周辺におけるロシアの脅威は、こうして取り除かれたのである。

第13章　第一次世界大戦への道

### 英独関係の悪化

1870年代から帝国主義が世界大で広がっていった中で，イギリスにとっての最大の宿敵は，アフリカと東南アジアではフランス，ユーラシア大陸ではロシアという2国であった。ところが英仏協商と英露協商の締結で，その事態は一変した。中米でのパナマ運河の利権をめぐるアメリカとの衝突でもイギリスは譲歩を示し（1901年のヘイ=ポンスフォート条約），極東で利害が衝突する可能性のあった日本は，今や同盟国である。イギリスが世界大の規模で未だに利害の調整に苦慮していた相手は，ドイツ1国を残すのみとなった。

1871年のドイツ統一に際してもイギリスは好意的であった。また，世紀転換期には鉄鋼などの分野を中心に英独間に経済競争が見られたものの，ドイツにとってイギリスは自国製品を買ってくれる最大の顧客であり，金融大国イギリスにとってドイツはインドに次いで2番目の重要な投資先であった。両国の経済は相互依存の関係にあった。

しかしそのドイツとイギリスは，極東問題を除いては，折り合いをつけることができなかった。まずは中近東をめぐる対立である。ドイツはすでに1880年代からトルコに近づき，1903年にはドイツ資本でバグダード鉄道会社が設立された。これは，イギリスが死守しようとしている「帝国の道（エンパイア・ルート）」にとっての障害となりかねなかった。

さらに1911年には，再びモロッコを舞台に問題が生じた。フランスによって事実上の保護下に置かれていたモロッコで，民族自決運動が発生したのである。フランスは自国民の保護と反乱の鎮圧を理由に，これに軍事介入した。この動きを牽制しようと，ドイツは7月1日にモロッコ南西部の港町アガディールに砲艦を派遣した（アガディール事件，または第二次モロッコ事件）。イギリスのグレイ外相はフランスを全面的に支持し，ドイツにモロッコ問題でフランス

## 第Ⅲ部 「ヨーロッパの時代」の栄光と衰退

*Column* ⑮　第一次世界大戦の起源論

　第一次世界大戦の勃発（1914年）から一世紀近くが経過したが，開戦の原因に関しては未だ諸説に分かれている。

　大戦が終結した直後には，敗戦国ドイツの皇帝ヴィルヘルム2世やプロイセン＝ドイツの軍国主義に「戦争責任」を押し付ける風潮が強かった。アメリカのウィルソン大統領は秘密外交を基本とする「旧外交」こそが大戦のきっかけを作ったと主張し，それはソ連の指導者レーニンも別の視点から指摘していた。

　大戦後に民主主義・自由主義を基調に登場したドイツのワイマール共和国では，ドイツ有責論を払拭しようと，他国に先駆けて『ドイツ外交文書』（1922-27年）の刊行に踏み切った。次いでイギリス（1926-39年），フランス（1930-53年），オーストリア（1930年）の各国も大戦前夜の外交文書を公刊し，歴史家たちはこれらの一次史料をもとに厳密な考証を開始した。その結果，大戦は敵味方双方の行き違いや誤解などの偶然が重なって生じたのであり，ドイツに戦争責任はないという風潮が，ドイツ内外でも広がりを見せた。

　ところがヨーロッパはほどなく第二次世界大戦（1939-45年）に突入し，そのきっかけを作ったのがヒトラー率いるナチス・ドイツの台頭であった。第二次世界大戦後のドイツでは，「なぜヒトラーのような独裁者が，国民からの圧倒的な支持を背景に12年もの長きにわたって政権

をこれ以上刺激しないようにと強い姿勢を示した。

　最終的には仏独間に協定が結ばれ，フランスは自国領コンゴの北部をドイツに割譲する代わりに，モロッコの領有をドイツに認めさせたのである（1911年11月）。この翌年に，モロッコは完全にフランスの保護国とされた。

　アガディール事件の2カ月前，1911年5月にグレイはロンドンに集まった自治領諸国（カナダ，オーストラリア，ニュージーランド，南アフリカ）の首相たちを前に，イギリスの外交政策の基本はヨーロッパの「勢力均衡（バランス・オブ・パワー）」を現状のままに維持することであると明

第13章　第一次世界大戦への道

を維持し，また世界を大戦へと導いたのか」という問い掛けとともに，第二帝政期のドイツにも一貫した戦争目的があったのではないかとする学説が登場した。

それがフィッシャーの『世界強国への道』(1961年) である。さらに1969年に，同じくフィッシャーが『幻影の戦争』を刊行し，ヴィルヘルム2世のドイツ帝国が戦争を欲していただけではなく，その後のナチス第三帝国に至るまでドイツには一貫した戦争目的が見られたとして，二つの世界大戦の「連続性」を強調した。この後，歴史学界は俗に「フィッシャー論争」と呼ばれる侃々諤々(かんかんがくがく)の論争の嵐に巻き込まれ，その嵐はドイツの政界・言論界・マスメディアにまで及んだ。それは「社会帝国主義論」に基づくヴェーラーの『ドイツ帝国』(1973年) の刊行によって，さらに広がりを見せていった。

イギリスの国際関係史家ジョルはよりバランスのとれた見解をとり，大戦を招いた原因を，各国指導者たちの個性や特異性，政策決定を規定した憲法的・政治的枠組み，軍部と政府の両指導者層の微妙な関係，長期的な戦略や軍備計画，長・短期の内政的圧力や経済諸団体の影響力，帝国主義と民族主義の影響，大衆の心理状況やプロパガンダなど，大戦前夜の「時代精神(ツァイト・ガイスト)」を重視しながら多角的にとらえた。それが今や趨勢(すう)せいとなりつつある。

言していた。グレイは，政権内部のドイツに好意的な閣僚たちの手前もあり，「三国協商」という言葉を使うことに消極的ではあったが，彼にとって露仏両国との提携は，ドイツを抑制するための不可欠の外交政策となりつつあった。

グレイはドイツとの和解も望んでいたが，1911年当時においてそれは難しかった。両国はまさに「英独建艦競争」と呼ばれる，海軍力の軍拡競争の真っ只中に置かれていたからである。ヴィルヘルム2世は，1897年に帝国海軍長官にティルピッツ (Alfred von Tirpitz, 1849-1930) を任命し，彼の下で大艦隊の建造を行わせてい

た。その8年前の1889年に、イギリスでは海軍国防法が制定され、総トン数で世界第二位と第三位の海軍国を合わせた艦隊をも凌駕する、大規模な建艦計画が発表された。いわゆる「二国標準主義」の始まりである。当時はフランスとロシアが二位、三位国に想定された。

しかし、日露戦争でバルト海艦隊が壊滅的な打撃を受け、第二次日英同盟の締結（1905年）以後、東アジアからインドまでの防衛をある程度日本に託せるようになったイギリスは、本国周辺に強大な海軍力を集中できるようになった。1906年には、当時世界最新鋭のドレッドノート型戦艦も建造された。これに真っ向から対抗しようとしたのがドイツであった。ドイツはドレッドノートを超える巨大軍艦を造り、イギリスもさらにそれを凌駕する艦隊を造るという建艦競争につながった（「超弩級」という日本語もこのとき生まれた）。

建艦競争自体は1912年までにひとまず終息するが、その間に英独双方の外務省の幹部たちの間に、お互いに対する激しい敵意が醸成されるようになった。1907年1月には、イギリス外務省の西欧局長クロウ（Sir Eyre Crowe, 1864–1925）が「覚書」を作成し、イギリスの利害にとってドイツを危険視する声が、省内で高まりを見せた。そのころまでに、イギリス外務省では事務次官や事務次官補など幹部層の意見も、対外政策の決定に大きな影響を及ぼすようになっていた（君塚、2004）。また、工業力でイギリスを圧倒するようになっていたドイツ政府の内部にも、新興大国に見られがちな「傲慢さ」が表れていたのかもしれない。特に、海外植民地に依存していないドイツが、海洋帝国イギリスに対抗できるだけの海軍力を持とうとすること自体が不要だったはずである。

グレイ外相は、植民地にかかわる取り決め（英仏協商）をヨーロッパ国際政治での安全保障（英仏同盟）に切り換えてほしいと、フランス政府からたびたび要請されていたが、断固拒否していた。彼

は，ヨーロッパ大陸での独仏戦争にイギリスを巻き込ませるつもりはなかったのである。しかし現実には，アルヘシラス会議の開催と時を同じくして，英仏間では対独戦争を想定した共同作戦会議が陸海軍を中心に始められていたし（1906年），1913年の英仏協定でイギリス海軍が北海を，フランス海軍が地中海をそれぞれ守備範囲とする合意も成立していた。ヴィルヘルム2世は，叔父（母の弟）エドワード7世がヨーロッパにドイツ包囲網を形成した陰謀の張本人であると決め付けたが，ドイツを「孤立」へと導いたのは，ビスマルクを追い出した，彼自身の無謀な外交政策の結果に他ならなかった。

## 3 「街から灯が消えていく」——世界大戦への道程

### バルカン戦争と会議外交の失敗

ヨーロッパ国際政治に一時代を築いたビスマルクにとって，最大の難関がバルカン半島をめぐるロシアとオーストリアの対立を緩和させることであった。彼の失脚後，ロシアの関心はしばらく極東問題に注がれていたため，ヴィルヘルム2世も安心していられた。しかし，日露戦争でのロシアの敗北（1905年）と，インド周辺をめぐるイギリスとの協商の締結（1907年）とで，ロシアの目は再びバルカン半島をめぐる「勢力圏」争いへと向けられるようになった。そのような矢先に，バルカンでまたもや紛争が生じた。

1908年9月に墺露両国の外相が会談し，オーストリアによるボスニア＝ヘルツェゴヴィナの併合問題が話し合われた。両者の意見は衝突したが，最終的にはロシア軍艦にボスフォラス，ダーダネルス両海峡を通過する権利が認められることでロシア側も譲歩を示した。これを受けて10月6日にボスニア＝ヘルツェゴヴィナの併合が正式に宣言されると，南スラヴの統一をねらう隣国セルビアがこ

れに猛反発を示した。併合をめぐってオーストリアに対する遺恨を残したロシアは、裏ではセルビアなどバルカン諸国を煽り、同盟結成を支援した。

　当初はオーストリアを敵国に想定していたセルビアであったが、まずは弱体化が進むトルコとの戦争に重点を切り換え、1912年3-9月には、ブルガリア、ギリシャ、モンテネグロとの間に同盟関係が結ばれた。いわゆる「バルカン同盟」の結成である。10月にモンテネグロがトルコに宣戦布告し、残りの3カ国も次々と参戦した。第一次バルカン戦争の勃発であった。

　ブルガリア軍を中核にバルカン同盟軍は各地で勝利を収め、トルコの脆弱ぶりをあらためて見せ付ける結果となった。ここで問題を「外交」によって調整しようと図ったのが、イギリス外相のグレイであった。12月に休戦となり、関係各国と列強はロンドン駐在大使・公使を全権に講和会議に臨んだ。議長はグレイ自身が務めた。この後、トルコ内部でクーデタ騒ぎがあって交渉は一時中断したが、1913年5月30日にロンドン条約が結ばれた。トルコは対戦した4カ国に、バルカン半島に持っていた領土の大半を割譲した。

　ところが、ここで「戦勝国」同士の取り分をめぐる争いが生じた。セルビア、ギリシャ、ブルガリア3カ国によるマケドニア領有をめぐる確執である。ロンドン条約が結ばれた直後の6月1日には、早くもセルビアとギリシャがブルガリアを敵国に想定した秘密同盟を結び、マケドニアでの国境線まで画定した。6月末に、両国はブルガリアと開戦し、ここに第二次バルカン戦争が勃発した。グレイの尽力によって半年に及ぶ話し合いの末に形成された平和は、あっけなく崩壊してしまった。列強はそれ以上グレイには協力してくれなかった。

　7月に入ると、ルーマニア、モンテネグロ、さらにはトルコまでブルガリアに宣戦し、ブルガリアは敗退した後、8月10日にはブ

カレスト条約に調印した。ブルガリアは獲得した領土の多くを失い，戦勝国が山分けした。それぞれのバルカン戦争で敗退したトルコとブルガリアは，後に失われた領土の奪回をめざして，新たな戦争へと乗り出していく（第一次世界大戦でのドイツ，オーストリア側に付いての参戦）。

長きにわたってトルコの支配下に組み込まれてきたバルカン諸国は，それぞれが軍備を拡張して「勢力圏」を定めた。しかし，そこに小国同士のいがみ合いに加え，スラヴ系とゲルマン系との民族的対立，それに関連する大国ロシアとオーストリアとのしがらみなど，複雑な要素を絡ませながら，やがて世界は 1914 年 6 月 28 日を迎えるのである。

### サライェヴォ事件と大戦への道

ロシアとの話し合いによってオーストリアに併合されたボスニアの首都サライェヴォを視察に訪れていた，オーストリアの帝位継承者で皇帝の甥（弟の子）フランツ・フェルディナント大公（Franz Ferdinand, 1863-1914）とその妻が，1914 年 6 月 28 日にセルビア系の民族主義者の青年によって暗殺された。青年の背後にセルビア政府による陰謀の証拠はなかったが，オーストリアの態度は強硬であった。当時ヨーロッパ国際政治で孤立していたドイツ皇帝ヴィルヘルム 2 世は，オーストリアとの結束を強化する目的からも，オーストリアの対セルビア政策に「白紙委任状」を渡し，ロシアが介入してもオーストリアに全面的な支援を与えると約束した。

対するセルビアはある程度の譲歩を示していた。二度のバルカン戦争で勝利をつかんだとは言っても，今度の相手はかのハプスブルク帝国である。小国セルビアが太刀打ちできる相手ではなかった。ドイツからの支援を背景に，オーストリアはついに 7 月 23 日にセルビアに対し，最後通牒を突き付けた。それは，反オーストリア的

第Ⅲ部 「ヨーロッパの時代」の栄光と衰退

### Column ⑯ ガブリロと大公夫妻

1914年6月28日にサライェヴォでオーストリアの大公夫妻を暗殺したガブリロ・プリンツィプは、ボスニアの寒村でセルビア系の農民の子として生まれた。9人もいた兄弟のうち6人は幼少時に死亡し、次男であった彼は早くに家族の許を離れ、職を求めて都会に出た。19世紀末から20世紀初頭のバルカン諸国は相次いで穀物の不作に見舞われ、ガブリロも幼少時からその煽りを受けていた。やがて彼は、その都会で過激な国民主義思想に触れ、ハプスブルク帝国の解体と南スラヴの統一を主張する「青年ボスニア」運動に加わっていった。

他方、暗殺されたフランツ・フェルディナント大公は、皇帝フランツ・ヨーゼフ1世の弟カール・ルートヴィヒの長男であり、従兄であるルドルフ皇太子の急死（1889年）で、帝位継承者第一位とされた。1893年には、皇妃エリーザベトの勧めもあり、世界周遊の旅に出て、明治の日本も訪れている。由緒ある君公家の王女との縁組みを望んでいた老皇帝の意に反して、大公が選んだ花嫁はホテク伯爵家の娘ゾフィーであった。1900年7月に二人は皇帝の反対を押し切って結婚したが、それは「貴賤婚」の烙印を押され、ゾフィーは大公が皇帝になったとしても「皇妃」を名乗れず、二人の間に生まれた息子にも帝位継承権は与えられないと決められた。

無骨者でユーモアのセンスにも欠けていた大公であったが、未だ政略

な運動を国内で禁止するなど、セルビアの主権を踏みにじるような内容であった。セルビアもこれには難色を示した。セルビアの背後にはロシアが控えていた。イギリスのグレイ外相は、会議による調整を呼び掛けたが、オーストリアもセルビアも、さらには列強のいずれもが、聞く耳を持とうとしなかった。19世紀の会議外交に基づく「ヨーロッパ協調」の時代には、五大国の首脳たちは二度とヨーロッパ大戦争を起こしてはならないという共通の認識で結ばれ、会議でも協力し合っていた。しかし、いまやヨーロッパは「協調なき均衡」の状態に陥っていたのである。

第 13 章　第一次世界大戦への道

結婚の絶えないハプスブルク家では珍しく，自らの意思で妻を選んだ彼は家族思いで，私生活を大事にし，花や園芸をこよなく愛するという優しい一面を備えた人物でもあった。また大公は，頑迷な老皇帝とは異なって，軍事力を背景とするごり押しの外交を嫌い，帝国内の南スラヴ人たちに権利を拡大することにも理解を示していた。こうした彼の柔軟な思考力も知らずに，ガブリロはハプスブルクの継承者という肩書きだけで大公を撃ってしまったのである。

　大公夫妻暗殺時にはまだ 19 歳だったため，ガブリロは死刑を免れ，服役中に 23 歳で結核のために世を去った。大公夫妻は二人の王子に恵まれたが，結婚前に決められたとおり，両者は共に継承者から外され，1916 年に老皇帝が亡くなると，帝位はフランツ・フェルディナントの弟オットーの遺児カールに引き継がれた。しかし，その 2 年後にオーストリアは敗戦し，1918 年にカールは皇帝退位を宣言した。彼の長男オットー・フォン・ハプスブルクは，第二次世界大戦後に欧州議会議員を務め，1990 年には共産党独裁体制が終結したハンガリーから大統領に就くよう要請を受けたがこれを断り，晩年はドイツ南部ミュンヘン郊外の瀟洒（しょうしゃ）な別荘でひっそりと余生を過ごしたのち，2011 年 7 月に 98 歳で大往生を遂げた。ウィーンで行われた葬儀には 1 万人の市民が駆けつけた。

　7 月 28 日にオーストリアはセルビアに宣戦布告した。これがビスマルク体制の時代，あるいはメッテルニヒやパーマストンの時代のヨーロッパであれば，この戦争は「第三次バルカン戦争」あるいは「オーストリア＝セルビア戦争」という名前の数週間ほどの戦争で終わり，歴史の片隅に消えてしまうような事件にすぎなかったかもしれない。ところが，時代はもはや大きく変わっていたのである。

　7 月 30 日にロシアは，セルビア救援のために動員令を発した。ドイツはロシアに動員の中止を求めたが，ロシアはこれを拒絶した。これを受けて 8 月 1 日に，ドイツはロシアに宣戦を布告し，ロシア

の同盟国フランスも総動員令を出す結果となった。ビスマルクの失脚後に顕在化した,露仏同盟と独墺同盟とに陣営化していたヨーロッパの四大国は,オーストリアの宣戦布告から一週間も経たないうちに,互いに戦争に乗り出す構えを見せたのである。

その中でもイギリスは超然としていられた。イギリスだけはいずれの陣営にも与(くみ)していなかった。サライェヴォ事件の直後に,グレイ外相は駐英ドイツ大使にも,イギリスはあくまでも「自由な立場(フリーハンド)」を維持すると明言していた。しかし,ここでも時代は変わっていた。本章ですでに見てきた,英仏協商・英露協商締結以来のイギリスの露仏両国への接近と,建艦競争に象徴されるドイツとの確執も,イギリスの政策決定に影響を与えたであろう。

しかし,それ以上に変わっていたのはドイツの外交方針であった。ビスマルク失脚から5年もしないうちに,露仏同盟が形成され,ドイツはいざというときには二正面作戦で両国と対峙しなければならなくなっていた。鉄血宰相失脚の翌年,1891年から参謀総長に就任したのが戦略家で名高いシュリーフェン将軍(Alfred von Schlieffen, 1833-1913)であった。彼は,まず西部戦線に主力の大半を投入してフランスを打ち負かし,今度は主力を東部戦線に回してロシアと対峙するという戦法を採用した。陸軍力で勝るロシアではあるが,動員に6-8週間はかかると踏んだのである。

それゆえ,フランス軍を6週間で粉砕しなければならない。そのためには西部戦線での主力は,エルザス,ロートリンゲンからではなく,ベルギーを通ってパリへとなだれ込むしかない。フランスは首都パリにすべての指令系統が集中しており,パリさえ落とせば降伏させられる,と考えたのである。しかし,この「ベルギー通過」に問題があった。

第10章でも見たように,1830年にベルギーの独立が列強に認められて以来,永世中立国となったこの国の安全を全面的に保障して

第13章 第一次世界大戦への道

図13-1 戦争前夜の誤った想定

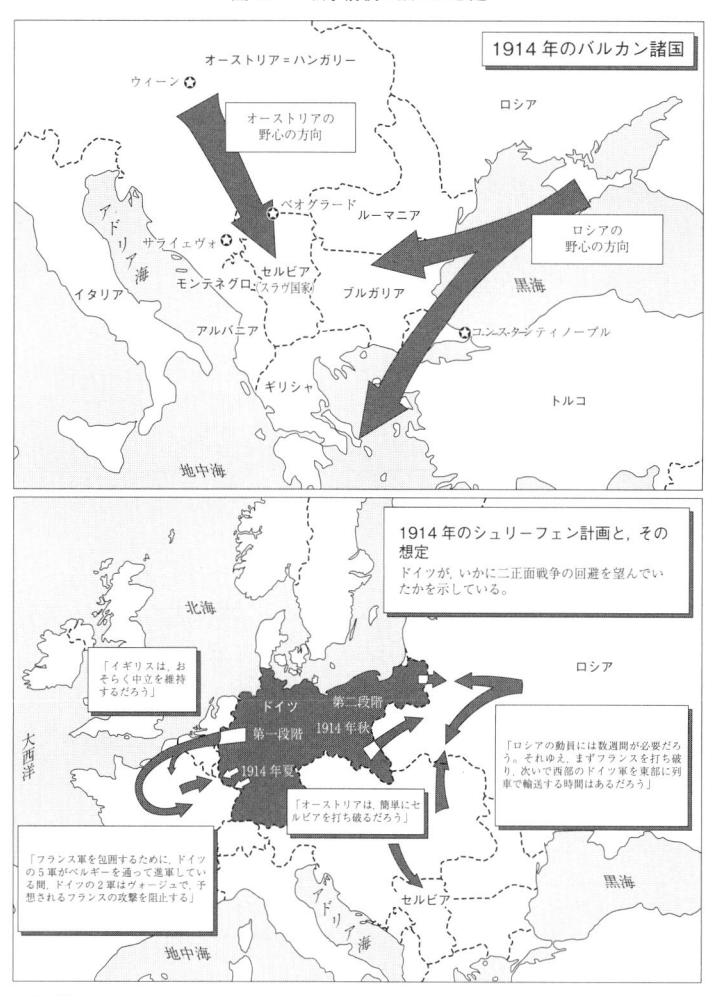

**1914年のバルカン諸国**

- オーストリア＝ハンガリー
- ウィーン
- オーストリアの野心の方向
- ロシア
- ベオグラード
- ルーマニア
- サライェヴォ
- アドリア海
- セルビア
- モンテネグロ（スラヴ国家）
- ブルガリア
- ロシアの野心の方向
- 黒海
- イタリア
- アルバニア
- コンスタンティノープル
- ギリシャ
- トルコ
- 地中海

**1914年のシュリーフェン計画と，その想定**

ドイツが，いかに二正面戦争の回避を望んでいたかを示している。

- 北海
- 「イギリスは，おそらく中立を維持するだろう」
- ドイツ
- 第二段階 1914年秋
- 第一段階 1914年夏
- ロシア
- 「ロシアの動員には数週間が必要だろう。それゆえ，まずフランスを打ち破り，次いで西部のドイツ軍を東部に列車で輸送する時間はあるだろう」
- 大西洋
- 「オーストリアは，簡単にセルビアを打ち破るだろう」
- 「フランス軍を包囲するために，ドイツの5軍がベルギーを通って進軍している間，ドイツの2軍はヴォージュで，予想されるフランスの攻撃を阻止する」
- セルビア
- 黒海
- 地中海

［出典］ナイ，2009，105頁。

きたのが，独立のための会議を主宰したイギリスに他ならなかった。すなわち，ベルギーの中立を侵犯することは，イギリスに対する正面からの挑戦を意味したのである。それゆえ野心家のナポレオン3世やビスマルクでさえ，自国軍をベルギーには一歩も足を踏み入れさせず，プロイセンもフランスも，普仏戦争の時にはわざわざイギリスとベルギー中立条約を締結したほどであった（1870年8月）。

19世紀半ば以降のイギリス外交の基本は，ヨーロッパに均衡（バランス）を崩すような一つの大国が登場するのを防ぐことと，このベルギーの安全を保障することとに集約されていた。それはまた，イギリスにとっての「名誉」の問題でもあった。

ところが，ビスマルク失脚後のドイツの政権上層部である外務省や陸軍参謀本部は，皇帝を筆頭に外交的に完全に常軌を逸していた。シュリーフェンが1905年にこの二正面作戦を計画して以来，10年近くにわたってそれは温存され，1914年8月に実行に移されたのである。それはイギリスの政府・議会・世論のすべてを激高させた。日ごろはドイツに好意的な有力政治家たちにとってさえ，ドイツのベルギー侵攻は許せない行為であった。8月2日にドイツはベルギー領の通過を宣言し（実際の侵攻は翌3日），イギリスは24時間以内の撤回を要求したが，ドイツから返事はなかった。翌3日，議会内は与野党を問わず，ほとんどの議員が政府の対独参戦を支持した。

議会で宣戦を促す演説を終えて外務省の執務室に戻ってきたグレイは，窓から夜景を眺めていた。ロンドンの街角には，ガス灯がともされていた。「ヨーロッパの街という街から灯（あかり）が消えていく。そしてわれわれは，生涯二度とそれを見ることはないだろう」と彼はつぶやいた（Grey, 1925）。その翌日，イギリスはヨーロッパ戦争に突入したのである。そして，グレイの独り言がその後のヨーロッパ国際政治の姿を見事に予見したかの如く，400年にわたって世界を席巻（せっけん）してきたヨーロッパ文明は，ついにその灯を消してしまった。

この戦争でヨーロッパは四つの帝国を失い，唯一残ったイギリス帝国も戦後には急速にその勢力を弱体化させていった。それは「ヨーロッパの時代」の終わりを内外に印象づける事件であった。

●引用・参考文献●

君塚直隆，1997年「第一次グラッドストン内閣と普仏戦争――ベルギー中立条約をめぐって」滝田毅編『転換期のヨーロッパと日本』南窓社。

君塚直隆，2004年「ポルトガル領アフリカをめぐる外務省と植民地省の対立――第一次世界大戦前夜の帝国問題と外交政策」木村和男編『世紀転換期のイギリス帝国』ミネルヴァ書房。

君塚直隆，2009年「ヨーロッパ協調から世界大戦へ 一八一五――一九一四年――『不実の白い島(アルビオン)』の呪縛」細谷雄一編『イギリスとヨーロッパ――孤立と統合の二百年』勁草書房。

高坂正堯，1978年『古典外交の成熟と崩壊』中央公論社。

柴田三千雄・樺山紘一・福井憲彦編，1995年『フランス史3 19世紀なかば〜現在』(世界歴史大系)山川出版社。

柴宜弘編，1998年『バルカン史〔新版〕』(世界各国史18)山川出版社。

ジョル，ジェームズ／池田清訳，1997年『第一次世界大戦の起源〔改訂新版〕』みすず書房。

ジロー，ルネ／渡邊啓貴・柳田陽子・濱口學・篠永宣孝訳，1998年『国際関係史 1871〜1914年――ヨーロッパ外交，民族と帝国主義』未來社。

田所昌幸編，2006年『ロイヤル・ネイヴィーとパクス・ブリタニカ』有斐閣。

田中陽兒・倉持俊一・和田春樹編，1994年『ロシア史2 18世紀〜19世紀』(世界歴史大系)山川出版社。

ナイ，ジョセフ・S., ジュニア／田中明彦・村田晃嗣訳，2009年『国際紛争――理論と歴史〔原書第7版〕』有斐閣。

成瀬治・山田欣吾・木村靖二編，1997年『ドイツ史3 1890年〜現在』(世界歴史大系)山川出版社。

松本佐保, 2005 年「パクス・ブリタニカから世界戦争へ——転換期のイギリス外交」佐々木雄太・木畑洋一編『イギリス外交史』有斐閣アルマ。

南塚信吾編, 1999 年『ドナウ・ヨーロッパ史〔新版〕』（世界各国史 19）山川出版社。

村瀬興雄, 1982 年「第二帝政史に関する研究動向」望田幸男・三宅正樹編『概説 ドイツ史——現代ドイツの歴史的理解』有斐閣選書。

義井博, 1984 年『カイザーの世界政策と第一次世界大戦』清水新書。

Abrams, Lynn, 2006, *Bismarck and the German Empire 1871–1918*, 2nd ed., Routledge.

Charmley, John, 1999, *Splendid Isolation?: Britain and the Balance of Power 1874–1914*, Sceptre.

Goodlad, Graham D., 2000, *British Foreign and Imperial Policy 1865–1919*, Routledge.

Grey of Fallodon, Viscount, 1925, *Twenty Five Years, 1892–1916*, 2vols., Hodder & Stoughton.

Kennedy, Paul M., 1980, *The Rise of the Anglo-German Antagonism, 1860–1914*, George Allen & Unwin.

McNeill, William H., 1990, *Population and Politics since 1750*, University Press of Virginia.

Robbins, Keith, 1994, *The Eclipse of a Great Power: Modern Britain 1870–1992*, 2nd ed., Longman.

Röhl, John C. G., 2004, *Wilhelm II: The Kaiser's Personal Monarchy 1888–1900*, Cambridge University Press.

Van der Kiste, John, 1993, *Crowns in a Changing World: The British and European Monarchies 1901–36*, Sutton Publishing.

# 「ヨーロッパの時代」の終わり

終章

❶パリ講和会議（1919年）——ウィルソン，クレマンソー，ロイド＝ジョージ（中央に座る三人）らがヴェルサイユ宮殿「鏡の間」に集まり，ドイツ帝国の解体を決めた。それは「旧外交」から「新外交」へと移り変わる際の象徴的な「儀式」でもあった（Sir William Orpen 画。写真提供：Bridgeman Art Library/PANA）

## *1* 総力戦とヨーロッパの溶解

### 史上初の総力戦

　1914年8月4日にイギリスがヨーロッパ戦争に参戦したことで，この戦いは後の世に「第一次世界大戦」と呼ばれる世界規模の大戦に発展した。イギリスとともに，自治領であるカナダ（45万人），オーストラリア（33万人），ニュージーランド（11万人），南アフリカ（7.6万人），さらに植民地のインド（144万人）が次々と参戦し，ヨーロッパにも兵力を派遣してきたのである。イギリスの同盟国である日本もドイツに宣戦布告し（8月23日），ドイツ領南洋諸島や中国の山東半島（ドイツの支配圏）を占領していった。

　帝国を動員したのは，イギリスだけではなく，フランスもドイツもロシアもそうであった。さらにこの戦いは，史上初の本格的な「総力戦」となった。国と国とが，お互いに国民を総動員して戦わなければ勝てない状況となっていたのである。1914年夏に戦争が始まったとき，英仏露（連合国）の側も独墺（同盟国）の側も，普墺戦争や普仏戦争などのそれ以前に見られた「限定戦争」の経験から，何か決定的な戦闘の後で講和が結ばれ，将校も兵士たちも「今年のクリスマスには家へ帰れる」と，だれもが信じて疑わなかった。

　ところが，戦争そのものの性質が変わっていたのである。貴族出身の将校を中心に，騎士道精神に満ちた職業軍人たちが，戦場となる場所で華々しく戦いを繰り広げるという時代は終わっていた。ナポレオン戦争の時代には想像もつかなかった，機関銃，毒ガス，有刺鉄線，戦車，装甲（鋼鉄で覆われた）の蒸気艦船，潜水艦，飛行機など，20世紀までの間に兵器の殺傷能力は，19世紀のそれとは比べものにならないくらい飛躍的に向上していたのである。戦場に駆け付けた兵士たちは機関銃の餌食となり，彼らは互いに塹壕を掘っ

終 章 「ヨーロッパの時代」の終わり

表終-1 第一次世界大戦における動員数および人員の損傷 (単位:人)

| | 国 名 | 動員総数 | 死 者 数 | 負傷者数 | 捕虜および行方不明数 | 損傷者数合計 |
|---|---|---|---|---|---|---|
| 連合国側 | ロ シ ア | 12,000,000 | 1,700,000 | 4,950,000 | 2,500,000 | 9,150,000(76.3) |
| | フランス | 8,410,000 | 1,363,000 | 4,266,000 | 537,000 | 6,166,000(73.3) |
| | イギリス | 8,904,467 | 908,371 | 2,090,212 | 191,652 | 3,190,235(35.8) |
| | イタリア | 5,615,000 | 650,000 | 947,000 | 600,000 | 2,197,000(39.1) |
| | アメリカ | 4,355,000 | 126,000 | 234,300 | 4,500 | 364,800( 8.0) |
| | 日 本 | 800,000 | 300 | 907 | 3 | 1,210( 0.2) |
| | ルーマニア | 750,700 | 335,706 | 120,000 | 80,000 | 535,706(71.4) |
| | セルビア | 707,343 | 45,000 | 133,148 | 152,958 | 331,106(46.8) |
| | 小 計 | 41,541,810 | 5,128,378 | 12,807,253 | 4,066,113 | 21,036,057(51.6) |
| 同盟国側 | ド イ ツ | 11,000,000 | 1,773,700 | 4,216,058 | 1,152,800 | 7,142,558(64.9) |
| | オーストリア | 7,800,000 | 1,200,000 | 3,620,000 | 2,200,000 | 7,020,000(90.0) |
| | ト ル コ | 2,850,000 | 325,000 | 400,000 | 250,000 | 975,000(34.2) |
| | ブルガリア | 1,200,000 | 87,500 | 152,390 | 27,029 | 266,919(22.2) |
| | 小 計 | 22,850,000 | 3,386,200 | 8,388,448 | 3,629,829 | 15,404,477(67.4) |
| | 合 計 | 64,391,810 | 8,514,578 | 21,195,701 | 7,695,942 | 37,340,534(58.0) |

[注] ( ) 内は動員総数に対する損傷者総数の比率 (%)。
[出典] 柴田・木谷, 1985, 177頁。

て, ほんの数 m 陣地を広げるのにも数週間を要した。

　戦争は長期化し, 泥沼化した。それまで徴兵制をとらなかったイギリスも, 1916年にこれを導入した。五体満足な青年男子はすべて戦場に駆り出された。留守を預かる女性や老人や子どもも, 勤労動員に駆り立てられた。今や老若男女すべての国民が, 戦争と深いかかわりを持つようになった。戦争の最初の3年ほど, アメリカはヨーロッパで戦う各国に軍需物資と資金を提供し, 莫大な富を手に入れていた。そのアメリカも, 大西洋でのドイツ海軍による無制限潜水艦作戦の被害に遭う商船が増えたこともあり, 1917年4月に英仏の側について参戦した。その直前に革命 (1917年3月) でロマノフ王朝が倒壊し, ロシアが事実上は戦争から遠ざかってしまったため, アメリカの参戦は英仏両国にとっては幸運であった。

1918年11月11日にドイツが連合国に降伏したことで，第一次世界大戦は終結した。連合国・同盟国合わせて，世界中で6400万人以上の兵力が動員された。それは史上空前の規模であった。戦死者の数もそれまでの戦争とは比べものにならなかった。敗戦国ドイツ（177万人），オーストリア（120万人）はもとより，勝った側でもフランス（136万人），イギリス（90万人）は言うに及ばず，大戦中に革命に襲われたロシアにいたっては，死傷者の総計は実に915万人にも上ったのである。

　第一次世界大戦は，働き盛りの青年男子の命を大量に奪い（戦争中に20歳前後だった青年たちは「失われた世代（ロスト・ジェネレーション）」と呼ばれた），ヨーロッパから未来まで奪う大惨事となった。大戦勃発時のイギリス外相グレイの独り言（第13章）は，不幸な予見となって現れた。

### 貴族政治から大衆民主政治の時代へ

　第一次世界大戦は，勝った側にも負けた側にも，新たな時代の到来を決定づける大事件であった。国家総動員態勢によって，さまざまなかたちで戦争にかかわり，国を護る責務を負った人々は，戦後の論功行賞に与(あずか)ることになった。新たな選挙権の拡大である。連合国側では，男子普通選挙が実現したばかりか，それまで国政に参与できなかった女性たちにも選挙権が与えられた。専制的な体制をとったハプスブルク王朝（オーストリア）もホーエンツォレルン王朝（ドイツ）も，大戦終結とともに姿を消し，共和国となった敗戦国では「民主化」が急速に進展した。

　勝利を収めた国々にも新たな問題が生じていた。それまで地主貴族階級（ジェントルマン）や商工業階級（ブルジョワジー）に支配されてきた政治が，国民の大半を占める労働者階級の意向を無視しては進められなくなった。イギリスやフランスでは，労働者階級を支持基盤に据えた大衆政党が勢力を持つようになった。それはロシア革命の影響もあって，社会主義

終章 「ヨーロッパの時代」の終わり

や共産主義を標榜(ひょうぼう)する政党である場合も多かった。ドイツ（ワイマール共和国）にもそのような状況が見られた。

さらに国外では、イギリスもフランスもこの大戦では「帝国」に助けられていた。カナダ（5万6000人），オーストラリア（5万9000人），ニュージーランド（1万6000人）はかなりの戦死者を出し，しかもその多くはフランスとドイツの国境地帯（西部戦線）で命を落としていた。植民地のインドの被害（6万2000人）も甚大であった。これらの自治領や植民地には，大戦後にはさらなる自治権や，場合によっては独立まで達成させることも考えなければならなくなっていたのである。

しかし，何よりも被害を受けたのは各国の支配者階級であった。19世紀までヨーロッパではおなじみであった騎士道精神に基づいて，各国はいざ戦争となると，貴族や資本家階級などの上流階級にいる者が，国を護るため進んで戦場に駆け付けた。それこそが中世以来の「高貴なる者の責務(ノブレス・オブリージ)」と呼ばれたものである。しかし，イギリスもフランスもドイツもロシアも，戦場に駆け付けた彼ら上流階級やその子弟は機関銃や毒ガスで命を落としていった。それゆえ身分や階級に関係なく，すべての青年男子が動員されたのである。戦後は，もはや国を護るのは「国民全体の責務(ナショナル・オブリージ)」に変わっていた。それが戦後の大衆民主政治の確立にもつながった。

そればかりではない。大戦の初期に上流階級の子弟を大量に失ったヨーロッパ各国は，戦後の復興を任せられるエリートをも同時に失ったのである。政治が民主化されたのは，時代の趨勢(すうせい)に合っていたのかもしれないが，その国民を主導すべき人々は，「失われた世代」としてヨーロッパにはほとんどいなくなってしまったのである。それが戦後のヨーロッパ各国に，それまでの政治や経済を担ってきた人々とは，出自も知性も異なり，ともすれば大衆に迎合し，彼らを煽動(せんどう)するような，新たな政治家たちが登場する契機となった。

その意味でも第一次世界大戦は、ヨーロッパが自らの首を絞めた瞬間であった。大戦の前半に中立国としてとどまり、交戦国に物資や資金を提供して莫大な富を得たアメリカは、自らの国のエリートを温存できたばかりか（大戦でのアメリカの戦死者は12万6000人）、戦前には世界最大の債務国（35億ドル）であったのが、戦後には世界最大の債権国（130億ドル）になり、それまでの金融大国イギリスを凌駕して、文字通りの世界最大の経済大国へと成長を遂げていた。「アメリカの世紀」の始まりである。

### 国民主義と社会主義の拡張

政治の大衆化にともない、第一次世界大戦の前後に新たな展開を見せるようになったのが、ナショナリズム（国民主義、民族主義と訳される）であった。本書の前半でも見てきたように、16世紀以来のヨーロッパ各国では、教会や王朝が民族に共通の言語・宗教・象徴・神話など文化的な絆を保つ担い手となってきた。それが19世紀初頭までには、宗教的権威や王朝的権威が衰退し、市民にとって新たな価値観や方向感覚を示す指針として、「国民主義」が登場するようになったのである（アンダーソン，1997）。

さらに国民主義は、19世紀末ごろから変化を見せ始めた。それまで国民主義は教育を受けた中間階層を担い手とする運動であったが、より広く大衆全般を取り込むようになった。「国家の国民化」と大衆的な「国民儀礼・記念式典」の始まりである。特に第一次世界大戦は「祖国」のために命を捧げる無数の人々を生み出し、それは戦後のヨーロッパにおける戦没者追悼式典や数々の追悼記念碑となって表れた。

そして第一次世界大戦は、ドイツ、オーストリア、ロシア、オスマンといった、近代ヨーロッパ国際政治史の中核を占めてきた「帝国」を解体し、民族自決の名の下に新たな国民国家を次々と創出し

終 章 「ヨーロッパの時代」の終わり

図終-1 第一次世界大戦後のヨーロッパ

[出典] ローレン=クレイグ=ジョージ，2009，79頁。

た。しかしそれは、その後の東欧・中欧に平和と安定を阻害する新たな火種を播くことになった。大戦後に急ごしらえで引き直された国境線は、新興の各国に「少数派(マイノリティー)」問題を生み出したからである。

たとえば、18世紀末に北方三列強によって分割されて以来、歴史上から姿を消していた新生ポーランドでは、ポーランド人が人口に占める割合は7割に満たず、ウクライナ人、ユダヤ人、ドイツ人、リトアニア人、ベラルーシ人などが有力な少数派民族を形成した。ルーマニアやチェコスロヴァキアでも同様の現象が見られ、それは1930年代に入ると、新たな国際問題（1938年のナチスと英仏とのミュ

ンヘン協定など）につながっていく。

　同じく第一次世界大戦の前後に新たな動きを示したのが，社会主義である。19世紀前半に，社会的な不平等の根源を私有財産に求め，これを廃止もしくは制限することで社会全体の福祉を実現しようと提唱した社会主義運動は，その後ヨーロッパ各地で芽生えていった。それは大戦中の1917年にロシア革命を生み出し，1922年末には史上初めての社会主義国家としてのソヴィエト社会主義共和国連邦（ソ連）の創設に結実した。

　ロシアでは，皇帝専制体制に対する批判が20世紀初頭（1905年の「血の日曜日」事件以降）から目立つようになっており，1914年に大戦が勃発する直前までの半年間に，民主共和国や8時間労働日の実現などを掲げたストライキが全国で3000件以上を数えていた。それがドイツ軍への相次ぐ敗北や貴族層の弱体化とも関係し，革命となって現れたのである。

　革命を指導したレーニン（Vladimir Il'ich Lenin, 1870-1924）は，勤労大衆独裁（プロレタリアート）を通じて共産主義（社会による生産と分配の実現）体制を形成しようと試み，「帝国」が崩壊したオーストリアやドイツには，より穏健な社会民主主義（議会を通じての改革の実現）が広まり，戦後のおのおのの共和国は社会民主党勢力を中核として形成されていった。また，もともと自由主義的な風潮の強かったイギリスでも，社会主義政党としての労働党（1906年創設）が戦後の有権者の激増とも相俟って議席を増やし，1924年には単独政権を樹立するに至った。

　このように政治の大衆化は，国民主義と社会主義とに新たな活力を与えると同時に，大戦後の国際政治をも大きく変える原動力となったのである。しかし，フランス革命後にヨーロッパに広まった国民皆兵と国民主義とが，国際政治学者シューマンも指摘するように，ヨーロッパ文明を破壊へと導いたのかもしれない（シューマン，

1973)。

## 2 「大いなる幻影」——旧外交から新外交へ

### 古典外交の崩壊

ヨーロッパの衰退と世界的な大衆民主政治の登場とは、外交の世界にも大きな影響を及ぼした。それまでの地主貴族階級や商工業階級を中心とした外交のあり方は「旧外交」と呼ばれ、時代遅れの前世紀の遺物のような扱いを受けることになった。ウィーン会議の後にヨーロッパを席巻(せっけん)した外交は、高坂正堯の表現を借りれば「古典外交」と言うべきものであった。それは同質の文化を持つ者が抗争し、交流する世界であり、交際の作法は貴族社会のそれに基づいていて、しかも各国が相当の自立性を備えた国際社会であった。つまり、19世紀の古典外交の時代を支えていたものは、「同質性、貴族性、自立性」であり、同じ価値観と正義と秩序を重んじる貴族出身の外交官が活躍した時代であった（高坂, 1978）。

ところが世界大戦によって、その外交文化を支えてきた貴族階級自体が没落し、同質性も貴族性も失われてしまった。代わりに登場したのが、個々の国が国民主義を全面に出し、排他的な国益を追求するだけの世論に押されて当惑する、種々雑多な外交官の寄せ集めという状況であった。それがまた、「民族自決」と「委任統治」の名の下に、敗戦国ドイツやオーストリアの自国領土や植民地を貪欲に奪い尽くす戦後処理政策に反映されていった。

こうした新しい時代の国際政治の旗手として登場したのが、世界大国アメリカ合衆国の第28代大統領ウィルソン（Thomas Woodrow Wilson, 1856-1924）であった。彼は第一次世界大戦が終結する10カ月前に、早くも戦後の平和構想をアメリカ議会で発表していた。俗に言う「ウィルソンの14カ条原則」である（1918年1月8日）。その

## Column ⑰ 「ヨーロッパ協調」の終焉

　本書第4章以降でしばしば言及してきた「ヨーロッパ協調(コンサート・オブ・ヨーロッパ)」の観念は，「長い18世紀」という一世紀以上にわたった戦争の世紀に疲弊し切ったヨーロッパ各国，特にイギリス，フランス，プロイセン，オーストリア，ロシアの五大国の協調体制を象徴する言葉として，今日でも国際政治学の重要な用語になっている。

　それは，ウィーン会議で取り決められた領土的解決を重視し，戦争と革命の恐怖を共有し，各国が他のすべての国々を自己の生存を保障する政治組織に不可欠の一員として相互に認め合うという，大国間の共通認識の下に成り立った協調体制であった。そこでは，軍事的な解決はできるだけ避けて，道義的な説得こそが問題を解決する重要な手段とされた。

　こうした協調体制を築く上で重用(ちょうよう)されたのが「国際会議による平和」の構築であった。ウィーン会議（1814-15年）からヴェローナ会議（1822年）に至る，メッテルニヒ主導の「会議体制」も，パーマストンを議長役に据えたロンドン会議（1830-32年）以降の「会議外交」も，すべてそのような大国間の共通認識に基づいて開かれ，ヨーロッパに一定の平和をもたらしたのである。また19世紀半ばには，中小国もこの協調体制の構成員とみなされ，主権国家としての存在が保障された。

　転機となったのはクリミア戦争（1853-56年）であった。このときのパリ講和会議を最後に，主要な戦争の戦後処理問題を協議する国際会議

原則の第1条として，真っ先に掲げられたのが「秘密外交」の禁止，すなわち「旧外交」の否定であった。

　ウィルソンの考えでは，メッテルニヒやビスマルクなどが進めさせた貴族外交官同士の密約や同盟などが，戦争の悲劇につながったのである。この後は「公開外交」を原則とし，外交はつねに正直に，公衆が見守る中で進めていくべきであり，いかなる私的な国際的了解事項もあってはならないというのが，「民族自決」や「航海の自由」「軍縮」などに先駆けて，ウィルソンがいの一番に掲げた外交の基本であった。

終 章　「ヨーロッパの時代」の終わり

はほとんど開かれなくなった。普仏戦争（1870-71年）後に新たな安全保障体制として登場した「ビスマルク体制」の時代にも，国際会議が開かれる機会は見られたが，それは衰退の著しいトルコ周辺をめぐる「東方問題」とアフリカ分割問題とに，事実上は限定されていた。

　グラッドストンはヨーロッパの公法を守り，平和を侵害する者にそれを強制していくという意味での「ヨーロッパ協調」を訴えていたが，それは，そのような道義的・倫理的な外交よりも現実主義的な政策を重視したビスマルクには，受け入れ難い考えであった。グラッドストンの政敵でもあったソールズベリは，1882年の時点ですでに「ヨーロッパの協調など幻想にすぎない」と公言してはばからなくなっていた。

　その意味でも，1871年以後のヨーロッパは，高坂正堯が指摘するように「コンサートなき均衡」の時代であり（高坂，1978），ビスマルク失脚後に列強が露仏同盟と独墺同盟とに陣営化してしまうや，もはや協調それ自体が難しくなり，会議による平和も不可能な状態となる。

　「ヨーロッパ協調」とは，フランス革命とナポレオン戦争という悲惨な体験を共有したメッテルニヒやパーマストンなど，ウィーン体制を護持しようと努力した世代の外政家によって構築された，束の間の平和で優雅な時代の国際体制だったのかもしれない。

　このような「新外交」の時代の到来を宣言したウィルソンの姿勢は，同じく職業外交官に信頼を寄せていなかったイギリス首相のロイド＝ジョージ（David Lloyd George, 1863-1945）など，新しい世代の（さらには貴族階級出身ではない）政治家やマスメディアから絶大な支持を集めることに成功した。さらに，イデオロギー的にはウィルソンとは相容れなかったロシア革命の指導者レーニンも，「14カ条原則」公表と相前後して，やはり秘密外交を基本とした「旧外交」のあり方を真っ向から否定していたのである。

　かつて19世紀末のイギリス外交を首相・外相として主導したソ

ールズベリは、「旧外交」の典型的な外交指導者であるカースルレイを評して、以下のように述べたことがある。「外交とは極秘に行うものであり、外交官は公の場でも自由に話してはいけない。外交的な処置は公衆の面前から隠すべきであり、カースルレイ卿は己の名声のためにイギリスの利益を損なうようなまねはいっさいしなかった」(Chamberlain, 1988)。しかし、「新外交」の時代にあっては、貴族出身の外交官や政治家同士が同質の文化に基づいて、フランス語を国際共通言語に語り合い、国際政治を主導するという現象が、すでに「大いなる幻影(グラン・イリュージョン)」にすぎなくなっていることが意味されたのである。

### 「新外交」の光と影

それでは、「外交の民主化」を謳ったウィルソンの「新外交」は第一次世界大戦後の世界に新たな平和を構築したのであろうか。1919年1月18日、敗戦国ドイツの戦後処理問題を討議する会合が、フランスのクレマンソー首相 (Georges Clemenceau, 1841-1929) をホストに、パリ郊外のヴェルサイユ宮殿「鏡の間」で開催された。それはまさに48年前の同じ日、同じ場所で、フランス国民の誇りを傷つけるかたちで統一が成し遂げられた、ドイツ帝国を崩壊させるための「復讐」の会議でもあった。6月28日（サライェヴォ事件の5周年）に調印されたヴェルサイユ条約では、ドイツはヨーロッパでの領土の10%を失い、海外の植民地はすべて没収された。さらに1320億金マルクという天文学的な数字の賠償金を「100年賦」で支払うよう命じられたのである（ただし賠償金額の決定は1921年）。

「無賠償、無併合」を掲げて鳴り物入りでパリに乗り込んでいったウィルソン大統領を待っていたのは、ヨーロッパ大戦で傷ついた英仏両国の現実外交であった。「新外交」の一環として「公開外交」の原則が掲げられていたはずなのに、会議の最中に報道陣は排除さ

## 終章 「ヨーロッパの時代」の終わり

れ，結局は米英仏三国(ビッグ・スリー)の秘密の会合ですべてが決まっていった。ウィルソンが非難した「旧外交」の時代，たとえばナポレオン戦争後のウィーン会議にも，敗戦国フランスの代表タレーランが出席し，自国への懲罰的要求を最小限に食い止めることができていた。しかし，このときのパリ講和会議には，ドイツの全権は出席できず，6月28日の調印式で初めて見せられた条約の過酷な内容に愕然(がくぜん)とし，震える手で署名させられただけであった。

もちろん「新外交」にも重要な側面はあった。ウィルソンの14カ条原則の最後を飾る「国際紛争を解決するための国際組織の立ち上げ」である。第一次世界大戦勃発の直前に，イギリスのグレイ外相が戦争を未然に防ぐ国際会議を開けなかったのは，メッテルニヒ，パーマストン，ビスマルク時代には可能であった，大国の外交指導者が主導する会議外交がもはや機能不全の状態に陥っていたからであった。

ウィルソンが提唱する国際組織は，まさにこの会議外交を定例化・制度化していくためのものになると思われた。ヴェルサイユ会議の最中，1919年4月に「国際連盟」の設立が合意を見て，翌年立ち上げられることに決まった。そこでは，ウィーン体制以来無視されがちであった，小国の意向も反映され，国際紛争を集団安全保障体制の下で解決していくことになっていた。しかし国際連盟は，戦後の短期間に急ごしらえで作られたにすぎず，何よりも戦後に再び「モンロー主義外交(ドクトリン)」に戻ってしまったアメリカと，社会主義を採る異質の存在として英仏などから嫌われたソ連（1934年に加盟するが）とが加盟できなかったことで，中小国の紛争を調停することはできたが，大国同士の対立ともなるとその効力は限られていた。

「外交の民主化」は，国内世論の動向ばかりに気を使い，国民の反感をかわないように，相手国により攻撃的で排他的な外交を示す「大衆迎合主義(ポピュリズム)」につながった。さらに，その大衆からの支持を背

景に,先にも記したが,「民族自決」の原則を掲げて,自国内の少数派や外国系市民を弾圧し排除しようという動きが,アメリカ(1920年代前半の移民禁止法)やドイツ(1933年以降のナチス時代)などで生じることにもつながった。

その意味でも「新外交」の到来を高らかに謳ったウィルソンの理想は,確かに優れたものであったかもしれないが,何らの現実的考察や歴史的背景の支えもなしに,それを性急に推し進めようとしたところに挫折の要因があったと思われる。総力戦や,大衆民主政治,国民主義,社会主義が新たな展開を見せるようになった,第一次世界大戦後の国際政治が真の意味での「新外交」の時代の到来を確立するためには,人類は二度目の,しかもより大規模な世界大戦を経験しなければならなかったのである。

●引用・参考文献●

アンダーソン,ベネディクト/白石さや・白石隆訳,1997年『増補 想像の共同体——ナショナリズムの起源と流行』NTT出版。

大澤真幸・姜尚中編,2009年『ナショナリズム論・入門』有斐閣アルマ。

川北稔・木畑洋一編,2000年『イギリスの歴史——帝国=コモンウェルスのあゆみ』有斐閣アルマ。

木畑洋一,1997年『国際体制の展開』(世界史リブレット54)山川出版社。

君塚直隆,2006年『パクス・ブリタニカのイギリス外交——パーマストンと会議外交の時代』有斐閣。

高坂正堯,1978年『古典外交の成熟と崩壊』中央公論社。

サーヴィス,ロバート/中嶋毅訳,2005年『ロシア革命 1900—1927』岩波書店。

柴田三千雄・木谷勤,1985年『世界現代史』(世界現代史37)山川出版社。

柴宜弘,1996年『バルカンの民族主義』(世界史リブレット45)山川

出版社。

ジマー, オリヴァー／福井憲彦訳, 2009年『ナショナリズム 1890—1940』岩波書店。

志邨晃佑, 1984年『ウィルソン――新世界秩序をかかげて』清水新書。

シューマン, F. L.／長井信一訳, 1973年『国際政治』上・下, 東京大学出版会。

谷川稔, 1999年『国民国家とナショナリズム』(世界史リブレット35) 山川出版社。

ニコルソン, H.／斎藤眞・深谷満雄訳, 1968年『外交』東京大学出版会UP選書。

細谷雄一, 2007年『外交――多文明時代の対話と交渉』有斐閣Insight。

ローレン, ポール・ゴードン＝ゴードン・A. クレイグ＝アレキサンダー・L. ジョージ／木村修三・滝田賢治・五味俊樹・髙杉忠明・村田晃嗣訳, 2009年『軍事力と現代外交――現代における外交的課題〔原書第4版〕』有斐閣。

Bridge, F. R. and Roger Bullen, 2005, *The Great Powers and the European States System 1814–1914*, 2nd ed., Pearson Longman.

Chamberlain, Muriel E., 1988, *'Pax Britannica'?: British Foreign Policy 1789–1914*, Longman.

Gray, Colin S., 2007, *War, Peace and International Relations: An Introduction to Strategic History*, Routledge.

Lowe, John, 1993, *The Concert of Europe: International Relations 1814–70*, Hodder & Stoughton.

# ●関連年表●

| 年　　　月 | 事　　項 |
|---|---|
| 1517年10月 | ルター，「95カ条の論題」発表。 |
| 19年6月 | カール5世，神聖ローマ皇帝に即位。 |
| 24年6月 | ドイツ農民戦争（〜25年5月）。 |
| 26年8月 | モハーチの戦い。 |
| 29年9月 | 第一次ウィーン包囲（〜10月）。 |
| 34年11月 | イングランド国教会成立。 |
| 46年6月 | シュマルカルデン戦争（〜47年5月）。 |
| 47年4月 | ミュールベルクの戦い。 |
| 55年9月 | アウクスブルクの宗教平和令。 |
| 58年11月 | 英，エリザベス1世即位。 |
| 62年3月 | 仏，ユグノー戦争（〜1629年6月）。 |
| 68年4月 | オランダ独立戦争（〜1609年4月）。 |
| 71年10月 | レパントの海戦。 |
| 72年8月 | サン・バルテルミーの虐殺。 |
| 75年5月 | 日，長篠の戦い。 |
| 81年7月 | オランダ独立宣言。 |
| 88年7月 | スペイン無敵艦隊（アルマダ），イギリス攻撃に失敗（〜8月）。 |
| 98年4月 | 仏，ナントの勅令。 |
| 1618年5月 | 三十年戦争（〜48年10月）。 |
| 24年8月 | 仏，リシュリュー宰相就任。 |
| この年 | フランスに外務省設立。 |
| 32年11月 | リュッツェンの戦い。 |
| 42年8月 | 英，清教徒（ピューリタン）革命（〜49年5月）。 |
| 43年5月 | 仏，ルイ14世即位。 |
| 48年8月 | フロンドの乱（〜53年7月）。 |
| 10月 | ヴェストファーレン条約。 |
| 51年10月 | 英，航海法施行。 |
| 52年7月 | 第一次英蘭戦争（〜54年4月）。 |

| | |
|---|---|
| 60年5月 | 英,王政復古。 |
| 65年2月 | 第二次英蘭戦争(〜67年7月)。 |
| 72年3月 | 第三次英蘭戦争(〜74年2月)。 |
| 4月 | オランダ戦争(〜78年8月)。 |
| 82年5月 | 露,ピョートル1世即位。 |
| 83年7月 | 第二次ウィーン包囲(〜9月)。 |
| 88年9月 | 九年戦争(プファルツ伯継承戦争,アウクスブルク同盟戦争,〜97年9月)。 |
| 11月 | 英,名誉革命(〜89年2月)。 |
| 89年5月 | ウィリアム王戦争(〜97年9月)。 |
| 1700年8月 | 北方戦争(〜21年9月)。 |
| 01年1月 | プロイセン王国成立。 |
| 9月 | スペイン王位継承戦争(〜14年3月)。 |
| 02年5月 | アン女王戦争(〜13年4月)。 |
| 07年5月 | イングランドとスコットランドの合同。 |
| 09年7月 | ポルタヴァの戦い。 |
| 13年4月 | カール6世,国事勅書発布。 |
| 14年7月 | ハンゴー海戦。 |
| 33年10月 | ポーランド王位継承戦争(〜38年11月)。 |
| 40年5月 | 普,フリードリヒ2世即位。 |
| 10月 | マリア・テレジア,ハプスブルク世襲領を相続。 |
| 12月 | オーストリア王位継承戦争(〜48年10月)。 |
| 41年4月 | モルヴィッツ会戦。 |
| 44年3月 | ジョージ王戦争(〜48年10月)。 |
| 54年7月 | フレンチ・アンド・インディアン戦争(〜63年2月)。 |
| 56年5月 | フランスとオーストリア,防御同盟締結(外交革命)。 |
| 8月 | 七年戦争(〜63年2月)。 |
| 57年6月 | プラッシーの戦い。 |
| 59年8月 | クーネルスドルフの戦い。 |
| 60年10月 | 英,ジョージ3世即位。 |
| このころ | イギリスで産業革命始まる(1760-1830年代)。 |
| 65年3月 | 英,印紙法制定。 |
| 72年8月 | 第一次ポーランド分割。 |
| 73年12月 | ボストン茶会事件。 |
| 75年4月 | アメリカ独立戦争(〜83年9月)。 |
| 76年7月 | アメリカ独立宣言。 |

| 77年10月 | サラトガの戦い。 |
| 80年12月 | 第四次英蘭戦争（～84年5月）。 |
| 81年10月 | ヨークタウンの戦い。 |
| 83年9月 | パリ条約締結（アメリカ13植民地の独立を承認）。 |
| 89年4月 | 米，ワシントン大統領就任。 |
| 7月 | フランス革命（～99年11月）。 |
| 8月 | 仏，人権宣言採択。 |
| 91年6月 | 仏，ヴァレンヌ逃亡事件。 |
| 92年4月 | フランス革命戦争（～99年10月）。 |
| 9月 | 仏，第一共和政。 |
| 93年1月 | 第二次ポーランド分割。 |
| 2月 | 第一次対仏大同盟結成。 |
| 95年9月 | 仏，総裁政府樹立。 |
| 10月 | 第三次ポーランド分割。 |
| 99年3月 | 第二次対仏大同盟結成。 |
| 11月 | ナポレオン，ブリュメール18日のクーデタで統領政府樹立。 |
| 1800年6月 | ナポレオン戦争（～15年6月）。 |
| 01年1月 | アイルランド合同法発効。 |
| 3月 | 露，アレクサンドル1世即位。 |
| 02年3月 | アミアンの和約締結。 |
| 04年5月 | 仏，ナポレオン1世即位（第一帝政，～14年4月）。 |
| 05年4月 | 第三次対仏大同盟結成。 |
| 10月 | トラファルガー海戦。 |
| 12月 | アウステルリッツの戦い（三帝会戦）。 |
| 06年8月 | 神聖ローマ帝国消滅。 |
| 11月 | ナポレオン，大陸封鎖令。 |
| 07年3月 | イギリス帝国内での奴隷貿易を禁止。 |
| 12年6月 | ナポレオン，ロシア遠征（～12月）。 |
| | 英米戦争（～14年12月）。 |
| 13年10月 | ライプツィヒの戦い。 |
| 14年3月 | ショーモン条約締結。 |
| 9月 | ウィーン会議（～15年6月）。 |
| 15年6月 | ワーテルローの戦い（ナポレオン戦争終結）。 |
| 18年9月 | アーヘン会議（～11月）。 |
| 21年2月 | ギリシャ独立戦争（～29年9月）。 |
| 5月 | 墺，メッテルニヒ宰相就任。 |

| | |
|---|---|
| 23年12月 | 米,モンロー第七次教書発表。 |
| 30年2月 | ギリシャ独立。 |
| 7月 | 仏,七月革命。 |
| 11月 | 英,パーマストン外相就任。 |
| 31年1月 | ロンドン会議,ベルギー独立を承認。 |
| 33年3月 | ドイツ関税同盟条約成立(34年発足)。 |
| 8月 | イギリス帝国全域で奴隷制度を廃止。 |
| 37年6月 | 英,ヴィクトリア女王即位。 |
| 38年10月 | 第一次アフガン戦争(〜42年1月)。 |
| 40年4月 | アヘン戦争(〜42年8月)。 |
| 45年3月 | 米,テキサス併合。 |
| 48年2月 | 仏,二月革命。 |
| 3月 | 普・墺など,三月革命。 |
| 49年6月 | 英,航海法廃止。 |
| 52年12月 | 仏,ナポレオン3世即位(第二帝政,〜70年9月)。 |
| 53年7月 | ペリー,浦賀に来航。 |
| 10月 | クリミア戦争(〜56年3月)。 |
| 54年3月 | 日米和親条約調印。 |
| 56年10月 | アロー戦争(第二次アヘン戦争,〜60年10月)。 |
| 57年5月 | インド大反乱(シパーヒーの乱,〜59年10月)。 |
| 58年8月 | 東インド会社解散。インド,イギリスによる直轄支配に。 |
| 61年3月 | イタリア王国成立。 |
| | 米,リンカーン大統領就任。 |
| 4月 | 南北戦争(〜65年4月)。 |
| 62年4月 | 仏,メキシコ派兵(〜67年3月)。 |
| 9月 | アンティータムの戦い。 |
| | 普,ビスマルク首相就任。 |
| 63年1月 | リンカーン,奴隷解放宣言発布。 |
| 7月 | ゲティスバーグの戦い。 |
| 64年2月 | デンマーク戦争(第二次スレースヴィ戦争,〜10月)。 |
| 66年6月 | 普墺戦争(〜8月)。 |
| 7月 | ケーニヒグレーツの戦い。 |
| 67年3月 | アメリカ,ロシアからアラスカ買収。 |
| 6月 | オーストリア=ハンガリー帝国成立。 |
| 69年11月 | スエズ運河開通。 |
| 70年7月 | 普仏戦争(〜71年1月)。 |

| | | |
|---|---|---|
| | 9月 | スダンの戦い。 |
| 71年 | 1月 | ドイツ帝国成立。 |
| | 3月 | パリ・コミューンの戦い（〜5月）。 |
| 73年 | 10月 | 三帝協定（独墺露）成立。 |
| 77年 | 1月 | ヴィクトリア女王，インド女帝即位。 |
| | 4月 | 露土戦争（〜78年3月）。 |
| 78年 | 6月 | ベルリン会議（〜7月）。 |
| | 11月 | 第二次アフガン戦争（〜80年7月）。 |
| 79年 | 10月 | 独墺同盟成立。 |
| 81年 | 6月 | 新三帝協定（独墺露）成立。 |
| | 9月 | エジプトでオラービーの反乱。 |
| 82年 | 5月 | 三国同盟（独墺伊）成立。 |
| | 9月 | 英，エジプトを占領。 |
| 83年 | 1月 | スーダンでマフディー教徒が反乱。 |
| 84年 | 11月 | アフリカ分割に関するベルリン会議（〜85年2月）。 |
| 85年 | 1月 | スーダンで「ハルトゥームの悲劇」。 |
| 87年 | 6月 | 独露，再保障条約締結。 |
| | 12月 | 英墺伊，第二次地中海協定成立。 |
| 90年 | 3月 | 独，ビスマルク宰相辞任。 |
| 94年 | 1月 | 露仏同盟成立。 |
| | 8月 | 日清戦争（〜95年4月）。 |
| 98年 | 9月 | 英仏，ファショダ事件。 |
| 99年 | 10月 | 南アフリカ戦争（ボーア戦争，〜1902年5月）。 |
| 1900年 | 6月 | 清帝国で義和団鎮圧のための共同軍事行動開始（〜01年9月）。 |
| | 10月 | 英独，揚子江協定締結。 |
| 02年 | 1月 | 日英同盟締結（〜23年8月）。 |
| 04年 | 2月 | 日露戦争（〜05年9月）。 |
| | 4月 | 英仏協商締結。 |
| 05年 | 3月 | タンジール事件（第一次モロッコ事件）。 |
| 07年 | 8月 | 英露協商締結（三国協商成立）。 |
| 11年 | 7月 | アガディール事件（第二次モロッコ事件）。 |
| 12年 | 10月 | 第一次バルカン戦争（〜13年5月）。 |
| 13年 | 3月 | 米，ウィルソン大統領就任。 |
| | 6月 | 第二次バルカン戦争（〜8月）。 |
| 14年 | 6月 | サライェヴォ事件。 |

|  |  |
|---:|:---|
| 7月 | オーストリア＝ハンガリーがセルビアに宣戦布告，第一次世界大戦始まる（〜18年11月）。 |
| 8月 | イギリス，ドイツに対し宣戦布告。日本もドイツに宣戦布告。パナマ運河開通。 |
| 15年10月 | フサイン＝マクマホン協定締結。 |
| 16年1月 | 英，徴兵法成立。 |
| 5月 | サイクス＝ピコ協定締結。 |
| 7月 | ソンムの戦い（〜11月）。 |
| 17年3月 | ロシア二月革命。 |
| 4月 | 米，第一次世界大戦に参戦。 |
| 11月 | バルフォア宣言。 |
|  | ロシア十月革命。 |
| 18年1月 | ウィルソン米大統領，「14カ条」発表。 |
| 11月 | 独，休戦協定調印。 |
| 19年1月 | パリ講和会議（〜20年1月）。 |
| 6月 | ヴェルサイユ条約調印。 |
| 20年1月 | 国際連盟発足。 |

# ●事項索引●

## ア 行

アウクスブルク仮信条協定(1548年) 36
アウクスブルク宗教平和令(1555年) 37, 66, 71, 78
アウクスブルク同盟(1686年) 97, 99, 103
アウステルリッツの戦い(三帝会戦, 1805年) 188
アガディール事件(第二次モロッコ事件, 1911年) 303, 304
アゾフ要塞 114, 115
アヘン戦争(1840-42年) 12, 296
アーヘン会議(1818年) 214, 219
アーヘン条約(1668年) 92
アーヘン和約(1748年) 145
アミアン和約(1802年) 186
アメリカ独立(1783年) 153
アメリカ独立革命(1763-83年) 14
アメリカ独立戦争(1775-83年) 171, 180, 184
アメリカの世紀 322
アメリカ連合国(南部連合) 258, 259, 262, 263, 268, 269
アルヘシラス会議(1906年) 300, 301, 307
アルマダの戦い(1588年) 41, 59, 60
アロー戦争(第二次アヘン戦争, 1856-60年) 12, 241, 296
アン女王戦争(1702-13年) 163
アンティータムの戦い(1862年) 253, 264, 265, 268
イギリス海軍(ロイヤル・ネイヴィー) 116, 172, 174, 177, 188, 223, 241, 265, 298

イギリス議会(パーラメント) 159-162, 165-169, 200
イスラーム国際体系 4
イタリア戦争
　第二次——(1527-29年) 30
　第三次——(1536-38年) 31
　第四次——(1542-44年) 31, 35
イタリア統一戦争(1859-61年) 242, 243
イングランド国教会 34, 44, 45, 47, 56, 57, 159
印紙法(1765年) 165, 166
インド大反乱(シパーヒーの乱, 1857-59年) 12, 296
ヴァグラムの戦い(1809年) 192
ヴァルミの戦い(1792年) 183
ヴァレンヌ逃亡事件(1791年) 182
ヴァロワ家 22, 27
ウィリアム王戦争(1689-97年) 99, 163
ウィーン会議(1814-15年) 14, 81, 101, 196, 205-207, 209, 214, 215, 219, 225, 231, 326, 329
ウィーン会議最終議定書(1815年) 207
ウィーン条約
　第一次——(1725-26年) 134
　第二次——(1731年) 135
　第三次——(1738年) 136
ウィーン体制 100, 212, 214, 229, 230, 237, 240, 241, 245, 250, 271, 274, 329
ウィーン包囲
　第一次——(1529年) 32
　第二次——(1683年) 96, 99, 116
「ウェストファリア条約」 78, 79, 81, 82

ヴェストファーレン講和会議(1644-48年)　65, 76, 80, 81, 88
ヴェストファーレン講和条約(1648年)　56, 78, 79, 90, 91, 95
ウェストミンスター協定
　第一次――(1756年)　147
　第二次――(1758年)　149, 161
ヴェルサイユ　180
ヴェルサイユ宮殿　92, 97, 104, 147
　――「鏡の間」　249, 317, 328
ヴェルサイユ条約(1919年)　328
ヴェローナ会議(1822年)　218, 219, 326
失われた世代(ロスト・ジェネレーション)　320, 321
海乞食(ワーテルヘーゼン)　53
ウンキャル・スケレシ条約(1833年)　234, 235
英独建艦競争　305, 306, 312
英仏協商(1904年)　291, 300, 301, 303, 306, 312
英仏協定(1913年)　307
英蘭戦争　93, 163
　第一次――(1652-54年)　93
　第二次――(1665-67年)　93, 163
　第三次――(1672-74年)　93, 174
　第四次――(1780-84年)　174
英露協商(1907年)　302, 303, 307, 312
エムス電報事件(1870年)　249
王位継承争い　14
王朝(主義)　14, 16
大いなる競争(グレート・ゲーム)　275, 297, 302
オスタンド商業会社　132, 135
オーストリア王位継承戦争(1740-48年)　145, 163
オランダ戦争(1672-78年)　94
オランダ独立戦争(八十年戦争, 1568-1609年)　53, 57, 80
オレゴン協定(1846年)　254

## カ 行

会議(コングレス)　232
会議(コンファレンス)　232, 233
会議外交(コンファレンス・ディプロマシー)　16, 233, 241, 245, 326, 329
会議体制(コングレス・システム)　219, 220, 223, 226, 233, 326
外交　2, 4, 14, 325
外交革命(1756年)　147, 148, 173
外交儀礼　3, 13, 76, 80, 83
外交言語(〈国際〉共通言語)　14, 16, 81, 83, 86, 94, 328
　ラテン語　7, 9, 14, 20, 81, 83, 95, 276
　フランス語　14, 81, 83, 86, 94, 95, 97, 276, 328
　英語　15, 81, 276
外相→外務大臣
華夷秩序　5
外務省　16, 86, 306
　フランス――　16, 82, 83
　ロシア――　128
　イギリス――　306
　ドイツ――　314
外務大臣(外相)　15
　フランス――　82, 83
　ロシア――　129
カトリック　20, 26, 27, 31, 33, 34, 37, 45, 47, 49, 50, 57, 66, 67, 78, 118, 160
カルボナリ党　216, 218
カルロヴィッツ条約(1699年)　116
カンザス゠ネブラスカ法(1854年)　256, 257
カンポ・フォルミオ条約(1797年)　185
奇跡の年(アヌス・ミラビリス, 1759年)　149
北ドイツ連邦　247
旧外交　304, 325-329
95カ条の論題(1517年)　25, 37
九年戦争(プファルツ伯継承戦争, アウ

クスブルク同盟戦争，1688-97年)　100, 102, 105, 163
強圧的諸法(1774年)　168
協調(コンサート)なき均衡　310
共通言語(リングァ・フランカ)→外交言語
ギリシャ独立(1830年)　223-226
ギリシャ独立戦争(1821-29年)　218, 234
キリスト教　6, 7, 14, 20, 46, 82, 208, 215, 240, 267, 285
義和団の乱(1900-01年)　298
クーネルスドルフの戦い(1759年)　149
クリミア戦争(1853-56年)　11, 237, 239, 241, 243, 326
黒船(東インド艦隊)来航(1853, 54年)　12
軍事革命　20, 73
軍事企業家　73
啓蒙専制君主　15, 150
ゲティスバーグの戦い(1863年)　268
ケーニヒグレーツの戦い(1866年)　246
現実主義的な政策(レアルポリティーク)　213, 285, 327
光栄ある孤立(スプレンディッド・アイソレーション)　296, 297, 299
公開外交　326, 328
高貴なる者の債務(ノブレス・オブリージ)　321
公正なる仲介人(オネスト・ブローカー)　274, 278, 281, 283
皇帝絶対主義　71, 77
国王民兵制　90
国際会議　76
国際共通言語→外交言語
国際システム　6, 14
国際社会　6, 7, 13, 16, 213
国際政治　2-4, 8, 13, 16, 24, 82
国際法　7, 13, 86

国際連盟　329
国事勅書(プラグマティッシュ・ザンクツィオン，1713年)　133, 134, 136, 137
黒人奴隷制度　254, 255, 266
国法銀行法　260
国民国家(ネイション・ステイト)　14, 15, 86, 204
国民主義(ナショナリズム)　204, 210, 213, 214, 218-221, 225, 231, 236, 322, 324, 325, 330
国民全体の債務(ナショナル・オブリージ)　321
五国同盟(英露墺普仏，1818年)　215
五大国の協調体制　6, 7, 9, 173, 204, 207, 215-217, 232, 296, 326
黒海の非武装・中立化　239
国家理性(レゾン・デタ)　20, 75
古典外交　213, 325
ゴールド・ラッシュ(1848年)　254
コルベール主義(コルベルティスム)　90
「コンサートなき均衡」　327
コンスタンティノープル会議(1876-77年)　278
コンスタンティノープル条約(1724年)　128

サ　行

在外公館　241
財政＝軍事国家　86, 200
再保障条約　287, 289
砂糖税　165
サライェヴォ事件(1914年)　295, 309, 312
サラトガの戦い(1777年)　171, 174
三アンリの戦い　59
三月革命(独，1848年)　236, 276
産業革命
　イギリス——(1760-1830年代)　10, 163, 172, 180

アメリカ——(1870-90年代) 270
サンクト・ペテルブルク会議(1824年) 223, 224
サンクト・ペテルブルク議定書(1826年) 225
三国同盟(独墺伊, 1882年) 283, 290, 296, 301
三十年戦争(1618-48年) 7, 29, 78, 82, 83, 86, 88, 91, 106, 107, 112, 129, 177
サン・スティファノ条約(1878年) 278
三帝協定(独墺露, 1873年・1881年) 276, 277, 281, 282, 285, 287, 288
サン・バルテルミーの虐殺(1572年) 58
ジェンキンズの耳戦争(1739-42年) 142
四国同盟(英露墺普, 1815年) 209, 210, 215
四国同盟(英仏, スペイン, ポルトガル, 1834年) 233
四国同盟条約(1815年) 209, 215
七月王政(仏, 1830-48年) 197, 230, 231, 236, 242
七月革命(仏, 1830年) 231, 233
七年戦争(1756-63年) 151, 153, 162, 163, 165, 172, 173, 176
地主貴族(ユンカー) 213, 276, 281
地主貴族(ジェントルマン)階級 161, 200, 320, 325
市民権法(1866年) 270
社会主義 288, 324, 329, 330
社会民主主義 324
宗教改革 7, 20, 27, 28, 30, 31, 33, 35, 42, 47, 50, 56
宗教戦争 7, 14, 16, 37, 38, 52, 70
自由主義(リベラリズム) 210, 213, 214, 218-221, 225, 231, 233, 236
重商主義(経済)政策 90, 91, 93, 139
集団安全保障(コレクティブ・セキュリティー) 98

——体制 329
14カ条原則(1918年) 325, 327, 329
主権国家 2, 7, 14, 79, 86
シュマルカルデン戦争(1546-47年) 35
シュマルカルデン同盟(1531年) 31, 35, 44
シュリーフェン計画(1905年) 313, 314
シュレージエン戦争
  第一次——(1740-42年) 143
  第二次——(1744-45年) 144
商工業階級(ブルジョワジー) 180, 200, 230, 320, 325
焦土戦術 122, 193
常備軍 20, 75, 91, 125, 138, 139
植民地議会(コロニアル・アセンブリー) 164, 166, 167
諸侯戦争(1552年) 36, 37
諸国民戦争(1813年) 195
ジョージ王戦争(1744-48年) 163
ショーモン条約(1814年) 195, 215
シリア戦争
  第一次——(1831-33年) 234
  第二次——(1839-40年) 235
新外交 266, 327-330
神聖同盟(1815年) 208, 213, 215, 233, 240, 243
神聖ローマ皇帝 22, 24, 26, 27, 35, 36, 42, 47, 79, 80, 132, 134, 141, 189
神聖ローマ帝国 5, 6, 16, 27, 28, 46, 66, 71, 82, 95, 189, 198, 212
「新大陸」発見 22
スエズ運河 242, 275
スダン(セダン)の戦い(1870年) 229, 249
ステュアート王朝 98, 163
スペイン王位継承戦争(1701-14年) 103, 105, 110, 125, 132, 138, 163
スペイン無敵艦隊(アルマダ・インベンシブレ) 59, 60

# 事項索引

正教会　218
清教徒(ピューリタン)革命(英, 1642-49年)　93
正統主義(レジティマシー)　207, 226, 230, 245
西洋の衝撃　11, 204
政略結婚　102
勢力均衡(バランス・オブ・パワー)　8, 75, 86, 99-101, 127, 153, 194, 204, 207, 212, 226, 230, 274, 292, 304
セヴァストポリ要塞　238
赤十字　238, 239
絶対君主　210
宣教師外交　267
全国三部会　180, 181
選帝侯　28, 29, 31, 67, 69, 70, 71, 76, 78, 81, 134, 136, 138
選帝侯会議　72, 73
宗主国家システム　8, 14
総力戦(トータル・ウォー)　86, 318, 330
ソルフェリーノの戦い(1859年)　238, 242

## タ 行

第一次世界大戦(1914-18年)　204, 213, 304, 309, 318, 320, 322, 324
第一帝政(仏, 1804-14年)　192
大寒波(1709年)　104, 123
大国間での協調体制　207-209
大使　8, 9
大使館　8-10
　ミラノ公国──　9
　ロシア──　126
大使節団(ロシア)　115, 125
大衆迎合主義(ポピュリズム)　329
大衆民主政治　321, 325, 330
大同盟(英蘭墺)　143, 146
第二次世界大戦(1939-45年)　304
第二帝政(仏, 1852-70年)　197, 237, 242, 249

対仏大同盟
　第一次──(1793年)　184, 185
　第二次──(1799年)　185, 186
　第三次──(1805年)　187, 189
　第六次──(1813年)　194, 206, 215
　第七次──(1815年)　197
大陸会議　171
　第一回──(1774年)　168, 169
　第二回──(1775年)　169
大陸軍(グランド・アルメ)　193
大陸軍(コンティネンタル・アーミー)　169
大陸体制(コンティネンタル・システム)　190, 193, 198
大陸封鎖令(1806年)　190, 193, 198
タウンゼンド諸法(1767年)　166, 167
タンジール事件(第一次モロッコ事件, 1905年)　291, 300
治外法権　10
地中海協定
　第一次──(1887年2月)　288
　第二次──(1887年12月)　288
中継貿易　91
徴兵制　83, 120, 194, 319
　──の初期段階(兵役義務制度)　73
帝国議会　29, 30, 36, 66, 70, 71, 76, 77, 81, 148, 189
帝国主義(インペリアリズム)　12, 204, 296, 303
帝国の道(エンパイア・ルート)　275, 279, 303
ティルジット講和条約(1807年)　190
テキサス併合(米, 1845年)　254
鉄血宰相　274, 277, 279, 285, 287, 296, 312
テューダー家／王朝　33, 42, 62
デルカッセ体制　290, 291
デンマーク戦争(第二次スレースヴィ戦争, 1864年)　243-245
ドイツ帝国　250, 328
ドイツ統一(1871年)　240, 245, 247,

343

271, 274, 276
ドイツ連邦　210, 247
ドーヴァー密約(1670年)　93
同意権　77, 79
統合政策(レユニオン)　95-97, 99
東方教会(ギリシャ正教)　57, 118
東方問題(イースタン・クウェスチョン)　235, 327
同盟(ウニオーン)　66, 68, 69
同盟権　77, 79, 81
同門連合(ファミリー・コンパクト)　106, 160
独墺同盟(1879年)　281, 282, 312
独立宣言(米, 1776年)　171, 174
トラファルガー海戦(1805年)　188
トリエント宗教会議(1545-63年)　35
奴隷解放宣言(米, 1863年)　264-266, 274
奴隷制　255-259, 265, 266
奴隷貿易　255
　大西洋での——(取り締まり)　222, 265
ドレッドノート型戦艦　306
トレント号事件(1861年)　263
トロッパウ会議(1820年)　216, 218
トロッパウ議定書(1820年)　217, 219

### ナ　行

ナヴァリノ海戦(1827年)　226, 234
長い18世紀(1688-1815年)　5, 7, 9, 29, 81, 83, 86, 128, 172, 177, 199, 200, 204, 207, 209, 210, 214, 279
ナショナリズム→国民主義
ナポリ革命(1820年)　216, 218
ナポレオン戦争(1800-15年)　15, 200, 220
ナントの勅令(1598年)　100
南部連合→アメリカ連合国
南北戦争(米, シヴィル・ウォー, 1861-65年)　253, 258, 266, 268, 269, 271, 274

二月革命(仏, 1848年)　236, 237
二元主義(ドゥアリスムス)　151, 213, 245, 276
二国標準主義　306
ニスタット条約(1721年)　124, 126, 127, 132
ニスタット和平交渉(1721年)　124-126
日英同盟(1902年)　299, 306
日米和親条約(1854年)　13
日露戦争(1904-05年)　299, 301, 306, 307
日清戦争(1894-95年)　297
ネイメーヘン講和会議(1676-78年)　81
ネイメーヘン条約(1678年)　94, 95
ネーデルラント連邦議会　54, 58, 59
ネルチンスク条約(1689年)　113, 127

### ハ　行

ハーグ同盟(1701年)　103, 105, 125
パサロヴィッツ条約(1718年)　132, 136
八十年戦争→オランダ独立戦争
パッサウ条約(1552年)　36, 37, 71
ハノーヴァー王朝　158
ハプスブルク家／王朝　5, 22, 24, 27, 28, 42, 45, 49, 52, 66, 67, 74, 75, 80, 91, 94, 105, 133, 135, 140, 142, 144, 152, 198, 311, 320
ハプスブルク帝国　38, 134, 141, 153, 176, 210, 309, 310
パリ高等法院　89, 180
パリ講和会議(1856年)　239-241
パリ講和会議(1919年)　81, 317, 329
パリ講和条約(1856年)　239
パリ・コミューンの戦い(1871年)　249
パリ条約(1763年)　151, 162
パリ条約(1783年)　175
パリ条約

# 事項索引

第一次——(1814年)　195, 206, 214
第二次——(1815年)　209, 214
バルカン戦争　309
　第一次——(1912年)　308
　第二次——(1913年)　308
バルカン同盟(1912年)　308
バルト海(バルチック)艦隊　110, 116, 120, 124, 299, 306
バルト海帝国　82, 107, 112, 117, 124
ハンゴー海戦(1714年)　110, 124
ビアリッツ密約(1865年)　246
東インド会社
　イギリス——(1600年)　62, 135, 167, 168, 296
　オランダ——(1602年)　115, 135
　フランス——(1664年再建)　90
ビスマルク体制(システム)　274, 289, 290, 297, 311, 327
ピット氏の黄金　184, 200, 260
人および市民の権利の宣言(人権宣言, 仏, 1789年)　181
秘密外交　326, 327
百年戦争(1337/38-1453年)　46, 48
　第二次英仏——(1688-1815年)　198
ビョルケ密約(1905年)　301
ピルニッツ宣言(1791年)　183
ピレネー条約(1659年)　78, 90
ファショダ事件(1898年)　290, 298
フィッシャー論争　305
普墺戦争(1866年)　246, 247, 276
武装中立同盟(1780年)　174
不対等性　4, 5, 9
復旧勅令(1629年)　71, 72, 74, 78
不平等条約　13
普仏戦争(1870-71年)　197, 249, 275, 314, 327
フベルトゥスブルク条約(1763年)　151
ブライテンフェルトの戦い(1631年)　73

プラッシーの戦い(1757年)　149
プラハ条約(1866年)　247
プラハの窓外放出事件(1618年)　67
フランス革命(1789-99年)　15, 153, 181, 182, 324
フランス革命戦争(1792-99年)　183, 200
ブランデンブルクの奇跡(1759年)　150
フランドル戦争(遺産帰属戦争, 1667年)　92, 93, 95
ブルゴーニュ公爵　22, 27, 37, 45
ブルボン家／王朝　74, 88, 195, 197, 230
ブルランの戦い
　第一次——(1861年)　259
　第二次——(1862年)　263
プレスブルク条約(1805年)　189
ブレスラウ条約(1742年)　143
フレンチ・アンド・インディアン戦争(1754-63年)　146, 163, 172
ブレンハイムの戦い(1704年)　103
プロテスタント　20, 26-28, 31, 34, 36, 37, 47, 49, 52, 57, 66, 67, 78, 118, 160
　ルター派　26, 30, 31, 35, 37
　ツヴィングリ派　37
　カルヴァン派　37, 50, 52, 56, 78
　ユグノー　50, 56, 58
　清教徒(ピューリタン)　56
　長老派(プレスビテリアン)　56
フロンド(の乱)(1648年)　88, 89, 106
プロンビエール密約(1858年)　242
兵役義務制度→徴兵制の初期段階
兵站学(ロジスティックス)　172, 194, 298
ヘイ＝ポンスフォート条約(1901年)　303
ベールヴァルデ条約(1631年)　72
ベルギー独立(1830年)　231-233
ベルリン会議(1878年)　273, 278, 281, 282, 286

ベルリン会議(1884-85年)　284, 285
ベルリン条約(1878年)　280, 282
ホーエンツォレルン家／王朝　138, 149, 151, 249, 320
北部の反乱(1569-72年)　51, 53, 55
ボストン虐殺事件(1770年)　167
ボストン茶会事件(ティー・パーティー)(1773年)　167
北方三列強(露墺普)　217, 218, 220-222, 231, 236, 240, 243, 245, 323
北方戦争(1700-21年)　100, 118, 124, 125, 127-129, 132, 139, 177
北方同盟(1699年)　117, 119, 121, 124, 126
ポーツマス講和会議(1905年)　299
ポーランド王位継承戦争(1733-38年)　135, 136
ポーランド反乱(1830, 48, 63年)　243, 246
ポーランド分割　152, 183, 190
　第一次──(1772年)　152, 154
　第二次──(1793年)　153, 154
　第三次──(1795年)　153, 154, 184
ポルタヴァの戦い(1709年)　109, 123-125

## マ　行

マレンゴの戦い(1800年)　186
ミズーリ協定(1820年)　256
南アフリカ戦争(1899-1902年)　298, 300
ミュールベルクの戦い(1547年)　21, 35, 36
ミュンスター条約(1648年)　65, 78, 88
ミュンヘングレーツ協定(1833年)　233
民族自決　303, 322, 325, 326, 330
明白な天命(マニフェスト・デスティニー)　254, 256, 267
名誉革命(英, 1688-89年)　98, 99

メキシコ派兵(仏, 1862-67年)　242, 248, 262, 268
綿花王国(コットン・キングダム)　255, 258, 262
綿花飢饉　262
モハーチの戦い(1526年)　32
モルヴィッツ会戦(1741年)　141
モロッコ事件
　第一次──　→タンジール事件
　第二次──　→アガディール事件
モンロー主義外交(ドクトリン)　222, 329

## ヤ　行

有益なる怠慢(サルタリー・ニグレクト)　163-165, 167
ユグノー戦争(1562-1629年)　56, 58, 66, 75
ユトレヒト条約(1713年)　105, 138
揚子江協定(1900年)　299
ヨークタウンの戦い(1781年)　175
ヨーロッパ協調(コンサート・オブ・ヨーロッパ)　204, 213, 214, 216, 223, 231, 238, 267, 274, 285, 310, 326

## ラ　行

ライバッハ会議(1821年)　217, 218, 224
ライヒシュタットの密約(1876年)　278
ライプツィヒの戦い(1813年)　195
ライン連盟(ブント)(1806年)　189
ラシュタット講和条約(1714年)　105, 110
ラティスボン条約(1684年)　96
ラテンアメリカ諸国の独立　220, 222, 223
リュッツェンの戦い(1632年)　74
リューベック条約(1629年)　70
領域権　77, 79, 81
領土補償政策　279, 291

事項索引

リンカーン=ダグラス論争(1858年) 257
レイスウェイク講和会議(1697年) 81, 99
レイスウェイク条約(1697年) 101, 105
レパントの海戦(1571年) 53
連盟(リガ) 67-71
ロイテンの戦い(1757年) 149
ロシア遠征(1812年) 193, 194, 209
ロシア革命(1917年) 319, 324
ロシア正教 57, 118
ロスバッハの戦い(1757年) 148
露土戦争(1877-78年) 278, 279
露仏同盟(1894年) 290, 296, 302, 312
ローマ教皇 25, 46, 79, 179, 198
ローマ教皇庁 20, 25, 26, 35, 46, 47, 80, 82, 88

ローマ掠奪(1527年) 30, 34
ロマノフ王朝 110, 117, 152, 319
ロンドン会議(1827年) 225
ロンドン会議(1830-32年) 231, 326
ロンドン会議(1848-52年) 237, 243
ロンドン議定書(1830年) 226
ロンドン協定(1827年) 226
ロンドン協定(1840年) 235
ロンドン協定(1841年) 235
ロンドン講和会議(1912-13年) 308
ロンドン国際会議(1867年) 248
ロンドン条約(1913年) 308
ロンドン列国会議(1864年) 245

## ワ 行

和協(アウスグライヒ)(1867年) 247
ワーテルローの戦い(1815年) 197, 207

## ◉人名索引◉

### ア 行

アウグスト2世(強健王, August II, der Starke, 1670–1733, ザクセン選帝侯 在位 1694–1733, ポーランド国王 在位 1697–1704, 1710–33)　117, 120, 121, 124, 126, 134, 135, 138

アウグスト3世(August III, 1696–1763, ポーランド国王 在位 1733–63)　135, 136, 144, 152

アダムズ(John Quincy Adams, 1767–1848, アメリカ大統領 在任 1825–29)　222

アルバ公爵(Duque de Alba, 1507–82)　52–54

アルブレヒト2世(Albrecht II, 1397–1439, 神聖ローマ皇帝 在位 1438–39)　141

アレクサンダル公(Aleksandâr, 1857–93)　286, 287

アレクサンドル1世(Aleksandr I, 1777–1825, ロシア皇帝 在位 1801–25)　15, 111, 187, 191, 193, 206, 208, 209, 214–220, 223–226, 232, 240

アレクサンドル2世(Alexandr II, 1818–81, ロシア皇帝 在位 1855–81)　111, 276, 281, 282, 285

アレクサンドル3世(Alexandr III, 1845–94, ロシア皇帝 在位 1881–94)　111, 282, 286, 287

アレクセイ(Alexei Mikhailovich, 1629–76, ロシア皇帝 在位 1645–76)　111, 112, 117

アレクセイ(Alexei Petrovich, 1690–1718)　128

アンジュー公アンリ(Duc d'Anjou)→フランス国王アンリ3世

アンジュー公フィリップ(Philippe, Duc d'Anjou, 1683–1746)→スペイン国王フェリーペ5世

アンジュー公フランソワ(François, Duc d'Anjou, 1554–84)　54, 57–59

アンドラーシ(Gyula Andrássy, 1823–90)　277, 281

アンナ(Anna Ivanovna, 1693–1740, ロシア皇帝 在位 1730–40)　111, 140

アンヌ(Anne d'Autriche, 1601–66)　88

アンハルト・ツェルプスト(Fürst von Anhalt-Zerbst, 1690–1747)　144

アン・ブーリン(Anne Boleyn, 1507?–36)　34, 43

アンリ2世(Henri II, 1519–59, フランス国王 在位 1547–59)　36, 45, 47–49, 89

アンリ3世(Henri III, 1551–89, フランス国王 在位 1574–89)　53–55, 58, 89

アンリ4世(Henri IV, 1553–1610, フランス国王 在位 1589–1610)　43, 58, 89, 100

イヴァン4世(雷帝, Ivan IV, 1530–84, ロシア皇帝 在位 1533–84)　110, 118

イヴァン5世(Ivan V, 1666–96, ロシア皇帝 在位 1682–96)　111, 113

イエス(Iesous Christos)　46

イサベル(Isabel Clara Eugenia, 1566–1633)　60

イサベル1世(Isabel I, 1451–1504, カスティーリャ女王 在位 1474–1504)

349

22, 23
伊藤博文(1841–1909, 日本首相 在任 1885–88, 92–96, 98, 1900–01) 277
ヴァレンシュタイン(Albrecht von Wallenstein, 1583–1634) 70, 72–74
ヴィクトリア(Queen Victoria, 1819–1901, イギリス女王 在位 1837–1901) 14, 43, 298
ヴィットリオ・エマヌエーレ 2 世(Vittorio Emanuele II, 1820–78, イタリア国王 在位 1861–78) 243
ウィリアム 3 世(William III, 1650–1702, イングランド国王 在位 1689–1702) 43, 94, 98, 99, 103, 106
ウィルソン(Thomas Woodrow Wilson, 1856–1924, アメリカ大統領 在任 1913–21) 101, 266, 267, 304, 317, 325–330
ヴィルヘルム 1 世(Wilhelm I, 1797–1888, プロイセン国王 在位 1861–88, ドイツ皇帝 在位 1871–88) 137, 247, 249, 275, 276, 281, 288
ヴィルヘルム 2 世(Wilhelm, II, 1859–1941, ドイツ皇帝 在位 1888–1918) 15, 137, 288–292, 300, 301, 304, 305, 307, 309
ウィレム 1 世(Willem I, 1533–84, オランダ総督 在位 1579–84) 53, 54, 94
ウィレム 1 世(Willem I, 1772–1843, オランダ国王 在位 1815–40) 231
ウィレム 3 世(Willem III)→イングランド国王ウィリアム 3 世
ヴェーバー(Max Weber, 1864–1920) 267
ウェリントン(1st Duke of Wellington, 1769–1852, イギリス首相 在任 1828–30) 191, 195, 214, 219, 225, 226, 232
ヴォルテール(François Voltaire, 1694–1778) 139
ウォルポール(Sir Robert Walpole, 1676–1745, イギリス首相 在任 1621–42) 142, 158
エカチェリーナ 1 世(Ekaterina I, 1684–1727, ロシア女帝 在位 1725–27) 111, 128
エカチェリーナ 2 世(Ekaterina II, 1729–96, ロシア女帝 在位 1762–96) 15, 111, 129, 144, 150–152, 173, 185
エドワード 6 世(Edward VI, 1537–53, イングランド国王 在位 1547–53) 43–45
エドワード 7 世(Edward VII, 1841–1910, イギリス国王 在位 1901–10) 43, 291, 299, 307
エフモント伯爵(Graaf van Egmont, 1522–68) 53
エリザヴェータ(Elizaveta Petrovna, 1709–62, ロシア女帝 在位 1741–62) 111, 147, 150
エリザベス 1 世(Elizabeth I, 1533–1603, イングランド女王 在位 1558–1603) 34, 41–43, 46, 47, 49–56, 58–62, 66, 158
エーリック 14 世(Erik XIV, 1533–70, スウェーデン国王 在位 1560–68) 51
オイゲン公(Eugen Franz von Savoy-en-Carignan, 1663–1736) 103, 139
大久保利通(1830–78) 277
オステルマン(Ivan Osterman, 1725–1811) 129
オットー 1 世(Otto I, 912–73, 神聖ローマ皇帝 在位 962–73) 28
オットー・フォン・ハプスブルク(Otto von Habsburg, 1912–) 311
オルレアン公フィリップ(Philippe, Duc d'Orléans, 1640–1701) 98

## カ 行

カウニッツ(Wenzel Anton Graf Kaunitz-Rietberg, 1711–94, オースト

人名索引

リア宰相 1753-92) 145, 147, 173
カヴール(Conte di Cavour, 1810-61, サルデーニャ首相 在任 1852-59, 60-61, イタリア首相 在任 1861) 242
カースルレイ(Viscount Castlereagh, 1769-1822) 15, 195, 205, 206, 210, 213-215, 219, 220, 328
カトリーヌ・ド・メディシス(Catherine de Médicis, 1519-89) 50, 57, 58, 89
カートレット(Baron Cartret, 1690-1763) 142
カニング(George Canning, 1770-1827, イギリス首相 在任 1827) 219-226, 232, 296
カーネギー(Andrew Carnegie, 1835-1915) 271
カプリーヴィ(Leo von Caprivi, 1831-99, ドイツ宰相 在任 1890-94) 289, 292
カール1世(大帝, Karl I〈Charlemagne〉, 742-814, 西ローマ皇帝 在位 800-14) 28
カール5世(Karl V, 1500-58, スペイン国王 在位 1516-56, 神聖ローマ皇帝 在位 1519-56) 4, 16, 21-24, 27-38, 42, 44, 45, 52, 71, 100, 105, 151, 176, 220
カール6世(Karl VI, 1685-1740, 神聖ローマ皇帝 在位 1711-40) 102, 104, 105, 110, 124, 126, 127, 132-137, 140
カール7世(Karl VII, 神聖ローマ皇帝 在位 1742-45) 134, 136, 141, 143, 144
カール12世(Karl XII, 1682-1718, スウェーデン国王 在位 1697-1718) 118-125, 128, 135, 138
カール・アルブレヒト(Karl Albrecht, 1697-1745, バイエルン選帝侯 在位 1726-45)→神聖ローマ皇帝カール7世

カルヴァン(Jean Calvin, 1509-64) 35, 56
カール・ルートヴィヒ(Karl Ludwig von Österreich, 1833-96) 310
カルロス1世(Carlos I)→神聖ローマ皇帝カール5世
カルロス2世(Carlos II, 1661-1700, スペイン国王 在位 1665-1700) 23, 89, 91, 92, 96, 102, 103, 105, 106, 116
カンボン(Paul Cambon, 1843-1924) 300
ギーズ公アンリ(Henri, Duc de Guise, 1550-88) 55, 57, 58
キッシンジャー(Henry A. Kissinger, 1923-) 212, 213
ギボン(Edward Gibbon, 1737-94) 6
キャサリン(カタリーナ, Catherine of Aragon, 1485-1536) 33, 34, 42-45
ギールス(Nikolai Giers, 1820-95) 282
キング(Martin L. King, 1929-68) 57
グスタヴ2世アードルフ(Gustav II Adolf, 1594-1632, スウェーデン国王 在位 1611-32) 72-75
グラッドストン(William Ewart Gladstone, 1809-98, イギリス首相 在任 1868-74, 80-85, 86, 92-94) 161, 266, 267, 285, 286, 327
グラント(Ulysses Grant, 1822-85, アメリカ大統領 在任 1869-77) 261, 268, 269
クリスチャン4世(Christian IV, 1577-1648, デンマーク国王 在位 1588-1648) 70-72
クリスティーナ(Kristina, 1626-89, スウェーデン女王 在位 1632-54) 74
グレイ(Sir Edward Grey, 1862-1933) 302-305, 308, 310, 313, 314, 320, 329

クレマンソー(Georges Clemenceau, 1841-1929, フランス首相 在任 1906-09, 17-20) 317, 328
クレメンス7世(Clemens VII, 1479-1534, ローマ教皇 在位 1523-34) 30, 34
クロウ(Sir Eyre Crowe, 1864-1925) 306
グロティウス(Hugo Grotius, 1583-1645) 7, 11
ゲオルク(ハノーファー選帝侯)→イギリス国王ジョージ1世
乾隆帝(1711-99, 清皇帝 在位 1735-95) 1, 5
康熙帝(1654-1722, 清皇帝 在位 1661-1722) 113, 127
コリニー提督(Gaspard de Coligny-Châtillon, 1519-72) 57, 58
ゴルチャコフ(Alexandr Mikhailovich Gorchakov, 1798-1883) 273, 279
コルベール(Jean-Baptiste Colbert, 1619-83) 90, 91, 95
コルベール・ド・クロワシー(Charles Colbert de Croissy, 1625-96) 95
コロンブス(Christopher Columbus, 1451-1506) 22
コーンウォリス(2nd Earl Cornwallis, 1738-1805) 175
コンスタンティヌス帝(Cōnstantinus I, 274頃-337, ローマ皇帝 在位 306-37) 46
コンデ親王ルイ2世(Louis II, Prince de Condé, 1621-86) 89

## サ 行

佐野常民(1822-1902) 239
ザビエル(Francisco Xavier, 1506-52) 57
サマセット公爵(1st Duke of Somerset, 1506?-52) 44, 45
シェークスピア(William Shakespeare, 1564-1616) 62
ジェームズ1世(James I, イングランド国王 在位 1603-25) 43, 51, 62, 69, 163
ジェームズ2世(James II, 1633-1701, イングランド国王 在位 1685-88) 43, 98, 160
ジェームズ6世(James VI, 1566-1625, スコットランド国王 在位 1567-1625)→イングランド国王ジェームズ1世
ジャクソン(Thomas Jackson, 1824-63) 261
シャーマン(William Sherman, 1820-91) 261, 268
ジャーマン(Lord George Germain, 1716-85) 169
シャルル(Charles le Téméraire, 1433-77) 27
シャルル9世(Charles IX, 1550-74, フランス国王 在位 1560-74) 50, 57, 89
シャルル10世(Charles X, 1757-1836, フランス国王 在位 1824-30) 89, 225, 230
シュヴァーロフ(Pyotr Andreyevich Shuvalov, 1827-89) 279
シュリーフェン(Alfred von Schlieffen, 1833-1913) 312, 314
シュワード(William Seward, 1801-72) 262
ジョージ1世(George I, 1660-1727, イギリス国王 在位 1714-27) 43, 125-127, 138, 139, 158
ジョージ2世(George II, 1683-1760, イギリス国王 在位 1727-60) 43, 134, 143, 146, 158, 159
ジョージ3世(愛国王, George III, 1738-1820, イギリス国王 在位 1760-1820) 43, 157-160, 165, 167-171, 173, 175, 176, 183, 197
ジョゼフ(Joseph Bonaparte, 1768-

1844)→スペイン国王ホセ1世

ジョゼフィーヌ(Marie Joséphine, 1763-1814) 192, 196

スタニスワフ・アウグスト(Stanislaw Augst Poniatowski, 1732-98) 152

スタンリ(Henry Morton Stanley, 1841-1904) 284

スレイマン1世(大帝, Süleyman I, 1494-1566, オスマン皇帝 在位1520-66年) 4, 31-33, 100

セシル(William Cecil, 後の1st Baron Burghley, 1520-98) 49

ソフィア(Sophia Alekseyevna, 1657-1704) 113, 114, 116

ソールズベリ(3rd Marquess of Salisbury, 1830-1903, イギリス首相 在任1885-86, 86-92, 95-1902) 279, 286, 287, 299, 327

## タ 行

ダグラス(Stephen Douglas, 1813-61) 257

タリス(Thomas Tallis, 1505頃-85) 62

タレーラン(Charles Maurice de Talleyrand-Périgord, 1754-1838) 15, 192, 205, 206, 329

チャタム伯爵(大ピット, 1st Earl of Chatham, イギリス首相 在任1766-68) 149, 160, 167, 169, 173, 175

チャールズ2世(Charles II, 1630-85, イングランド国王 在位1660-85) 43, 93, 98, 160

ツヴィングリ(Ulrich Zwingli, 1484-1531) 35

デイヴィス(Jefferson Davis, 1808-89) 258

ディズレーリ(Benjamin Disraeli, 1804-81)→ビーコンズフィールド伯爵

ティルピッツ(Alfred von Tirpitz, 1849-1930) 305

テオドシウス1世(Theodosius I, 347-95, ローマ皇帝 在位379-95) 46

デュナン(Jean Henri Dunant, 1828-1910) 238, 239

テュレンヌ(Henri de Turenne, 1611-75) 75

デルカッセ(Théophile Delcassé, 1852-1923) 290, 291

ドストエフスキー(Fyodor Dostoevskii, 1821-81) 118, 119

ドレイク(Sir Francis Drake, 1543?-96) 54, 55, 59, 61

ドン・ファン(Don Juan, 1547-78) 54

## ナ 行

ナイチンゲール(Florence Nightingale, 1820-1910) 239

ナポレオン1世(Napoléon I, フランス皇帝 在位1804-14, 15) 23, 29, 86, 179, 185-200, 206, 207, 209, 212, 215, 220, 221, 230, 240, 276

ナポレオン3世(Napoléon III, フランス皇帝 在位1852-70) 197, 229, 237-243, 246-249, 262, 264, 266, 268, 314

ニコライ1世(Nikolai I, 1796-1855, ロシア皇帝 在位1825-55) 111, 225, 234, 240

ニコライ2世(Nikolai II, 1868-1918, ロシア皇帝 在位1894-1917) 15, 111, 301, 302

ニューカースル(1st Duke of Newcastle, 1693-1768, イギリス首相 在任1754-56, 57-62) 146, 149, 159, 161

ネルソン(1st Viscount Nelson, 1758-1805) 188

ノース(Lord North, 1732-92, イギリス首相 在任1770-82) 168-171, 175

ノーフォーク公爵(4th Duke of

Norfolk, 1536-72)　49

## ハ　行

バイエルン公マクシミリアン(Maximilian, 1573-1651)　66-68, 70

パーヴェル1世(Paver I, 1745-1801, ロシア皇帝 在位1796-1801)　111, 185, 187

パウルス3世(Paulus III, 1468-1549, ローマ教皇 在位1534-49)　35, 36, 44

バーゴイン(John Burgoyne, 1722-92)　171

バード(William Byrd, 1543-1623)　62

パーニン(Nikita Ivanovich Panin, 1718-83)　129

パーマストン(3rd Viscount Palmerston, 1784-1865, イギリス首相 在任1855-58, 59-65)　16, 232-237, 243-245, 263, 265, 266, 279, 296, 311, 326, 327, 329

林董(1850-1913)　299

バルバロス(Barbaros, 1475-1546)　32, 33

ピウス5世(Pius V, 1504-72, ローマ教皇 在位1566-72)　55

ピウス7世(Pius VII, 1740-1823, ローマ教皇 在位1800-23)　179

ビーコンズフィールド伯爵(1st Earl of Beaconsfield, イギリス首相 在任1868, 74-80)　161, 273, 274, 277-279, 282

ビスマルク(Otto von Bismarck, 1815-98, プロイセン首相 在任1862-90, ドイツ宰相 在任1871-90)　101, 229, 243, 245-250, 273-279, 281-292, 296, 301, 307, 311, 312, 314, 326, 327, 329

ピット(大ピット，William Pitt, the Elder, 1708-78)→チャタム伯爵

ピット(小ピット，William Pitt, the Younger, 1759-1806, イギリス首相 在任1783-1801, 04-06)　160, 177, 183-188, 296

ヒトラー(Adolf Hitler, 1889-1945)　304

ビュート伯爵(3rd Earl of Bute, 1713-92, イギリス首相 在任1762-63)　159-162, 173

ヒューム(David Hume, 1711-76)　6

ピョートル1世(大帝，Pyotr I, 1672-1725, ロシア皇帝 在位1682-1725)　109-111, 113-129, 132, 193

ピョートル3世(Pyotr III, 1728-62, ロシア皇帝 在位1762)　111, 150

ヒルズバラ(1st Earl of Hillsborough, 1718-93)　166, 167

フアナ(Juanna, 1479-1555)　22, 23, 33

ファン・カルロス1世(Juan Carlos I, 1938-, スペイン国王 在位1975-)　197

フィリップ(Philipp der Großmütige, 1504-67, ヘッセン方伯 在位1509-67)　31

フィリップ美公(Philippe le Beau, 1478-1506)　22, 23

フェリー(Jules Ferry, 1832-93, フランス首相 在任1880-81, 83-85)　284

フェリーペ2世(Felipe II, 1527-98, スペイン国王 在位1556-98)　23, 34, 37, 38, 42, 43, 45-47, 51-54, 58-62, 66, 220

フェリーペ3世(Felipe III, 1578-1621, スペイン国王 在位1598-1621)　23, 61

フェリーペ4世(Felipe IV, 1605-65, スペイン国王 在位1621-65)　23, 89-92

フェリーペ5世(Felipe V, スペイン国王 在位1700-24, 24-26)　23, 89, 103-106

フェルディナント1世(Ferdinand I,

人名索引

フェルディナント2世(Ferdinand II, 1578–1637, 神聖ローマ皇帝 在位 1619–37) 23, 67, 68, 70, 71, 74, 77

フェルディナント3世(Ferdinand III, 1608–57, 神聖ローマ皇帝 在位 1637–57) 23, 77

フェルディナンド1世(Ferdinando I, 1751–1825, ナポリ国王 在位 1815–25) 218

フェルディナンド1世(Ferdinand I, 1861–1948, ブルガリア国王) 287

フェルナンド2世(Fernando II, 1452–1516, アラゴン国王 在位 1479–1516) 22, 23

フェルナンド7世(Fernand VII, 1784–1833, スペイン国王 在位 1808, 1814–33) 191, 216, 219, 220

フォックス(Charles James Fox, 1749–1806) 161, 175

フス(Jan Hus, 1369?–1415) 26, 67

フョードル3世(Feodor, III, 1661–82, ロシア皇帝 在位 1676–82) 111, 112

フランクリン(Benjamin Franklin, 1706–90) 174

フランソワ1世(François I, 1494–1547, フランス国王 在位 1515–47) 27–36, 42, 44, 89, 99, 100

フランソワ2世(François II, 1544–60, フランス国王 在位 1559–60) 43, 47, 49, 50, 89

フランツ1世(Franz I, 神聖ローマ皇帝 在位 1745–65) 23, 136, 140, 141, 143, 144, 151, 152

フランツ1世(Franz I, オーストリア皇帝 在位 1804–35) 23, 184, 189, 206, 217

フランツ2世(Franz II, 1768–1835, 神聖ローマ皇帝 在位 1792–1806)→オーストリア皇帝フランツ1世

フランツ・シュテファン(Frantz Stephan, 1708–65)→神聖ローマ皇帝フランツ1世

フランツ・フェルディナント大公 (Franz Ferdinand, 1863–1914) 309–311

フランツ・ヨーゼフ1世(Franz Joseph I, 1830–1916, オーストリア皇帝 在位 1848–67, オーストリア＝ハンガリー皇帝 在位 1867–1916) 23, 242, 247, 249, 275, 310

フリードリヒ(Friedrich, der Weise, 1463–1525, ザクセン選帝侯 在位 1486–1525) 26, 28

フリードリヒ1世(Friedrich I, プロイセン国王 在位 1701–13) 137, 138

フリードリヒ2世(大王, Friedrich II, 1712–86, プロイセン国王 在位 1740–86) 15, 131, 137–141, 143–154, 158, 162, 173, 176, 182, 189, 190, 197, 207, 213, 223

フリードリヒ3世(Friedrich III, 1657–1713, ブランデンブルク選帝侯 在位 1688–1713)→プロイセン国王フリードリヒ1世

フリードリヒ3世(Friedrich III, 1831–88, ドイツ皇帝 在位 1888) 137, 288

フリードリヒ5世(冬王, Friedrich V, 1596–1632) 68–71, 78

フリードリヒ・ヴィルヘルム(大選帝侯, Friedrich Wilhelm I, 1620–88, ブランデンブルク選帝侯 在位 1640–88) 76, 137–139

フリードリヒ・ヴィルヘルム1世(軍人王, Friedrich Wilhelm I, Soldatenkönig, 1688–1740, プロイセン国王 在位 1713–40) 126, 137, 139

フリードリヒ・ヴィルヘルム2世 (Friedrich Wilhelm II, 1744–97, プロ

イセン国王 在位 1786-97) 137, 182
フリードリヒ・ヴィルヘルム 3 世 (Friedrich Wilhelm III, 1770-1840, プロイセン国王 在位 1797-1840) 137, 189, 206
フリードリヒ・ヴィルヘルム 4 世 (Friedrich Wilhelm IV, 1795-1861, プロイセン国王 在位 1840-61) 137, 217
プリンツィプ (Gavrilo Princip, 1894-1918) 310, 311
ブルゴーニュ公ルイ (Louis, Duc de Bourgogne, 1682-1712) 106
フレゼリク 4 世 (Frederik IV, 1671-1730, デンマーク国王 在位 1699-1730) 117, 119
ペイン (Thomas Paine, 1737-1809) 170
ペリー (Matthew Perry, 1794-1858) 12
ベリー公シャルル (Charles, Duc de Berry, 1686-1714) 106
ベーリング (Vitus Jonassen Bering, 1681-1741) 128
ヘンリ 8 世 (Henry VIII, 1491-1547, イングランド国王 在位 1509-47) 33, 34, 36, 42-44, 46, 47
ホーキンズ (Sir John Hawkins, 1532-95) 61
ホセ 1 世 (José I, スペイン国王 在位 1808-13) 191, 196
ボナパルト (Napoléon Bonaparte, 1769-1821)→フランス皇帝ナポレオン 1 世
ポンパドゥール (Marquise de Pompadour, 1721-64) 146

## マ 行

マカートニー (George Macartney, 1737-1806) 1

マクシミリアン 1 世 (Maximilian I, 1459-1519, 神聖ローマ皇帝 在位 1493-1519) 22, 23, 27
マクシミリアン 1 世 (Maximilian I, 1832-67, メキシコ皇帝 在位 1864-67) 23, 242, 248
マクシミリアン 2 世 (Maximilian II, 1527-76, 神聖ローマ皇帝 在位 1564-76) 23, 51, 66
マザラン (Jules Mazarin, 1602-61, フランス宰相 在任 1642-61) 88-90
マゼッパ (Ivan Mazepa, 1639-1709) 123
マティアス (Mattias, 1557-1619, 神聖ローマ皇帝 在位 1612-19) 23, 67
マリー (Marie de Bourgogne, 1457-82) 22, 23
マリア・アマリア (Maria Amalia von Österreich, 1701-56) 134
マリア・ヴァレヴスカ (Maria Walewska, 1786-1817) 196, 197
マリア・テレサ (マリー・テレーズ, Marie-Thérèse, 1638-83) 23, 89, 90, 92
マリア・テレジア (Maria Theresia, 1717-80, オーストリア大公 在位 1740-80) 23, 132, 134, 136, 140-146, 150-152, 173, 182, 213
マリー・アントワネット (Marie Antoinette, 1755-93) 23, 89, 173, 182
マリー・ルイーズ (Marie Louise, 1791-1847) 23, 192, 196
マルグリット (Marguerite de Valois, 1553-1615) 58
マルゲリータ (Margherita, 1522-86) 52
マールブラ公爵 (1st Duke of Marlborough, 1650-1722) 103, 104, 125
マーロウ (Christopher Marlowe, 1564-93) 62

人名索引

ミハイル(Mikhail Romanov, 1596–1645, ロシア皇帝 在位 1613–45) 110–112

ミュラ(Joachim Murat, 1767–1815, ナポリ国王 在位 1808–14) 196

ムハンマド・アリー(Muhammad 'Ali, 1769–1849) 233–235

メアリ(Mary of Guise, 1515–60, スコットランド皇太后) 44

メアリ(Mary Stuart, 1542–87, スコットランド女王 在位 1542–67) 43–45, 47, 49–51, 54, 55, 57, 59, 62, 89

メアリ1世(Mary I, 1516–58, イングランド女王 在位 1553–58) 23, 33–35, 42, 43, 45, 46

メアリ2世(Mary II, 1662–94, イングランド女王 在位 1689–94) 43, 98

メッテルニヒ(Klemens von Metternich, 1773–1859, オーストリア宰相 在任 1821–48) 15, 192, 194, 205, 206, 209, 210, 212–220, 223–226, 232–236, 276, 279, 311, 326, 327, 329

モーリッツ(Moritz, 1521–53, ザクセン選帝侯 在位 1547–53) 36

モルトケ(Helmuth von Moltke, 1800–91) 246, 249

モンモランシ・ラヴァル(Duc de Montmorency-Laval, 1767–1826) 219

モンロー(James Monroe, 1758–1831, アメリカ大統領 在任 1817–25) 222

## ヤ 行

ヨーク公爵→イングランド国王ジェームズ2世

ヨーゼフ1世(Joseph I, 1678–1711, 神聖ローマ皇帝 在位 1705–11) 23, 104, 106, 132–134

ヨーゼフ2世(Joseph II, 1741–90, 神聖ローマ皇帝 在位 1765–90) 15, 23, 141, 142, 145, 152, 153, 176, 177, 182

ヨーゼフ・フェルディナント(Joseph Ferdinand, 1692–99) 102

ヨハネス12世(Johannes XII, 938頃–64, ローマ教皇 在位 955–64) 28

ヨハン(Johann, 1468–1532, ザクセン選帝侯 在位 1525–32) 31

ヨハン・フリードリヒ(Johann Friedrich, 1503–54, ザクセン選帝侯 在位 1532–47) 35, 36

## ラ 行

ラッセル(1st Earl Russell, 1792–1878) 263, 265, 266

ラヨシュ2世(Lajos II, 1506–26, ハンガリー国王 在位 1516–26) 32

ランズダウン(5th Marquess of Lansdowne, 1845–1927) 299, 300, 302

リー(Robert Edward Lee, 1807–70) 261, 264, 268, 269

リオンヌ(Hugues de Lionne, 1611–71) 90, 91, 93

リシュリュー(Armand Jean du Plessis de Richelieu, 1585–1642, フランス宰相 在任 1624–42) 74, 75, 82, 83, 88, 90

リシュリュー(Duc de Richelieu, 1766–1822, フランス首相 在任 1815–18, 20–21) 214

リンカーン(Abraham Lincoln, 1809–65, アメリカ大統領 在任 1861–65) 253, 257, 258, 262, 264, 266, 268–271, 274

ルイ(Louis, Grand Dauphin, 1661–1711) 23, 102, 103, 106

ルイ13世(Louis XIII, 1601–43, フランス国王 在位 1610–43) 23, 74, 83, 88, 89, 92, 214

ルイ14世(Louis XIV, 1638–1715, フランス国王 在位 1643–1715) 23,

56, 86-107, 110, 116, 123, 126, 127, 129, 143, 180, 199, 200, 207, 249

ルイ15世(Louis XV, 1710-74, フランス国王 在位 1715-74)　23, 89, 106, 126, 135, 136, 141, 143, 145-147

ルイ16世(Louis XVI, 1754-93, フランス国王 在位 1774-92)　23, 89, 173, 174, 180-183, 196

ルイ18世(Louis XVIII, 1755-1824, フランス国王 在位 1814-24)　89, 196

ルイ・ナポレオン・ボナパルト(Louis Napoléon Bonaparte, 1808-73)→フランス皇帝ナポレオン3世

ルイ・フィリップ(Louis Philippe, 1773-1850, フランス国王 在位 1830-48)　89, 197, 230, 231, 234, 236

ルイ・ボナパルト(Louis Bonaparte, 1778-1846, オランダ国王 在位 1806-10)　196, 197

ルヴォワ(François-Michel Le Tellier de Louvois, 1641-91)　90

ルター(Martin Luther, 1483-1546)　25, 26, 28, 30, 31, 33, 35, 42, 47, 56

ル・テリエ(Michel Le Tellier, 1603-85)　90

ルードルフ2世(Rudolf II, 1552-1612, 神聖ローマ皇帝 在位 1576-1612)　23, 66, 67

レオポルト1世(Leopold I, 1640-1705, 神聖ローマ皇帝 在位 1658-1705)　23, 89, 95-97, 100, 102, 106, 116, 133, 138

レオポルト2世(Leopold II, 1747-92, 神聖ローマ皇帝 在位 1790-92)　23, 176, 182

レオポルト2世(Leopold II, 1835-1909, ベルギー国王 在位 1865-1909)　284

レシチンスキ(Stanislaw Leszcyński, 1677-1766, ポーランド国王 在位 1704-09, 33)　120, 135, 136

レスタ伯爵(1st Earl of Leicester, 1533-88)　55, 59

レーニン(Vladimir Il'ich Lenin, 1870-1924)　304, 324, 327

レーフォルト(Franz Lefort, 1655-99)　115

ロイド=ジョージ(David Lloyd George, 1863-1945, イギリス首相 在任 1916-22)　317, 327

ローズベリ(5th Earl of Rosebery, 1847-1929, イギリス首相 在任 1894-95)　298

ロックフェラー(John D. Rockefeller, 1839-1937)　271

ロドニ(1st Baron Rodney, 1719-92)　175

ロートリンゲン公カール(Prinz Karl von Lothringen, 1712-80)　143

## ワ 行

ワシントン(George Washington, 1732-99, アメリカ大統領 在任 1789-97)　146, 169, 171, 175, 180

● 著者紹介

**君塚 直隆**(きみづか なおたか)

1967年,東京都に生まれる。

1990年,立教大学文学部史学科卒業。1993-94年,英国オクスフォード大学セント・アントニーズ・コレッジ留学。1997年,上智大学大学院文学研究科史学専攻博士後期課程修了。

現在,関東学院大学国際文化学部教授(イギリス政治外交史,ヨーロッパ国際政治史専攻),博士(史学)。

著作に,『イギリス二大政党制への道――後継首相の決定と「長老政治家」』(有斐閣,1998年),『パクス・ブリタニカのイギリス外交――パーマストンと会議外交の時代』(有斐閣,2006年),『立憲君主制の現在――日本人は「象徴天皇」を維持できるか』(新潮選書,2018年。サントリー学芸賞受賞),『国際政治学をつかむ』(共著,有斐閣,2009年)など多数。訳書に,ベンノ・テシィケ『近代国家体系の形成――ウェストファリアの神話』(桜井書店,2008年)など。

有斐閣コンパクト

## 近代ヨーロッパ国際政治史
*History of International Relations in Modern Europe*

2010年10月30日　初版第1刷発行
2022年 1月25日　初版第5刷発行

|著　者|君　塚　直　隆|
|発 行 者|江　草　貞　治|

郵便番号　101-0051
東京都千代田区神田神保町2-17

発 行 所　株式会社　有　斐　閣
http://www.yuhikaku.co.jp/

印刷・株式会社理想社／製本・大口製本印刷株式会社
© 2010, Naotaka Kimizuka. Printed in Japan
落丁・乱丁本はお取替えいたします。
★定価はカバーに表示してあります。
ISBN 978-4-641-17371-2

JCOPY　本書の無断複写(コピー)は,著作権法上での例外を除き,禁じられています。複写される場合は,そのつど事前に(一社)出版者著作権管理機構(電話03-5244-5088, FAX03-5244-5089, e-mail:info@jcopy.or.jp)の許諾を得てください。